教育部人文社会科学重点研究基地黄河文明与可持续发展研究中心、黄河文明省部共建协同创新中心资助

河南大学黄河文明与可持续发展研究中心、黄河文明省部共建协同创新中心、黄河文化研究院自设重大项目"少林拳文化系列著作"（2020M24）项目成果

Songshan Shaolin Boxing Chronicles

嵩山少林拳志

栗胜夫 栗晓文 著

人民出版社

责任编辑：郭　娜
封面设计：石笑梦
责任校对：吴焕超

图书在版编目（CIP）数据

嵩山少林拳志／栗胜夫，栗晓文 著 . —北京：人民出版社，2024.4
ISBN 978 - 7 - 01 - 024267 - 5

I. ①嵩…　II. ①栗… ②栗…　III. ①少林拳 - 史料 - 汇编　IV. ① G852.15

中国版本图书馆 CIP 数据核字（2021）第 246029 号

嵩山少林拳志
SONGSHAN SHAOLINQUAN ZHI

栗胜夫　栗晓文　著

人民出版社 出版发行
（100706　北京市东城区隆福寺街 99 号）

中煤（北京）印务有限公司印刷　新华书店经销

2024 年 4 月第 1 版　2024 年 4 月北京第 1 次印刷
开本：787 毫米 ×1092 毫米 1/16　印张：24.25　插页：0.5
字数：326 千字

ISBN 978 - 7 - 01 - 024267 - 5　定价：98.00 元

邮购地址 100706　北京市东城区隆福寺街 99 号
人民东方图书销售中心　电话（010）65250042　65289539

少林寺山门

塔林

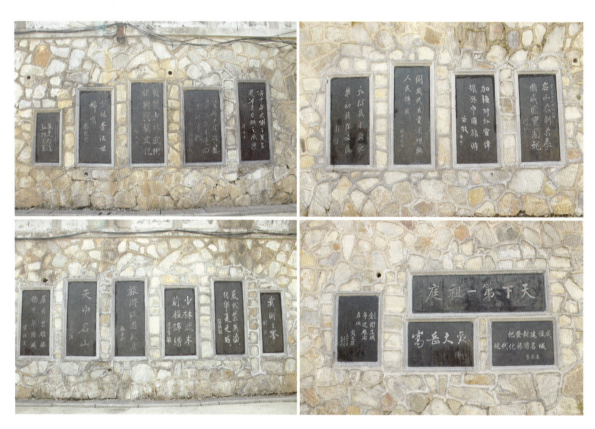

少林寺武术馆碑廊展示的部分现代名人题词碑刻

少林寺武术馆门前的武术塑像

少林武僧练习头倒立

自　序

"天下武功出少林"。纵览中华武术的发展史，考察林林总总的武术拳种流派概况，少林拳无论在历史的长度上，还是在内容及类别的丰富程度上，任何一个拳种流派都无法与其比肩。少林拳是中华武术的代表与缩影，凝聚着武林志士的智慧与心血，见证着高尚的民族精神。以技击为内核、以强健体魄为要旨的技击艺术是其外在形式，以国民为本、道德至上的行为理念是其长盛不衰的内在原因。少林拳的千年发展，早已演变成一套风格独特的文化系统，成了国人引以为豪的文化名片。

1988 年秋，河南大学与登封县政府、嵩山少林寺武术馆联合创办了"河南大学少林武术学院"，笔者受命主持日常工作达 7 年之久。由于学校距少林寺近在咫尺，所以，晨至少林寺门前活动筋骨，夜伴佛梆钟声归寝入眠。武术圣地的生活，时至今日常有所忆。尤为难忘的是，常常有幸与当地众多的少林高僧、民间拳师、青年新秀们广泛接触，促膝谈心、交流技艺。与少林结缘，为进一步领略少林真谛、收集整理少林武术资料奠定了得天独厚的基础。

一方水土养一方人。常年与少林寺地区的武术人接触，使笔者感到敬佩的是，不少当地的老拳师们，生活简朴，为人忠厚，性格开朗，豪侠仗义。提到少林武术时，他们都有自己的一技之长。论起武理拳谱时，他们口若悬河，妙语连珠，把掌握的拳谱背得滚瓜烂熟。若搭手论技，他们更是兴奋无比，论攻防，讲技巧，精到入微。每每回忆到这些，笔者就会甚感欣慰，同时也体察到肩上责任的重大。

少林拳驰名中外，影响极大，早已成为中华优秀传统文化走向世界的一张名片。2018年，文化部门曾就中华文化在世界上的认知度进行调查，少林功夫名居榜首。主要原因在于它具有丰富的文化底蕴，多彩的传奇故事，感人的民族精神。随着历史的演进，如今的少林武术也与其他门派武术一样，功能作用也在悄然发生着变化。在勇者思斗的冷兵器时代，它是战争取胜的有力助手。火器的创造发明，使其军事作用逐步弱化。可少林拳自身又具有灵活开放、包容吸收、与时俱进的适应性调节功能，在智者思谋、文明进步的今天，它又成了强身健体、修身养性的良好方法。

少林武术作为中华民族的宝贵财富，既有高妙深奥的哲理内涵，也有简洁明了的使用技巧、谚语歌谱、技击秘诀等。这些都是少林武术的立足之本，是延续技艺的重要支撑。作为史志类的书籍，要把历史悠久、内容庞杂的少林拳文化书写完整，谈何容易！

40余年来，虽说少林武术的爱好者数不胜数，但若认真考察少林武术的历史与现状便不难发现，明代至清代，少林拳各项套路达近千套之多，而现在保留下来的、常练习的大致不过几十种。面对少林拳的现状，少林寺现任方丈释永信说过，少林武术这一"非物质文化遗产传承的核心是生活在该文化空间或习得文化表现形式的人……二十世纪以来，越来越多的少林寺高僧大多身怀绝技而逝，拳谱秘诀和禅武合一的精髓也逐渐消亡。"① 很显然，他所说"习得文化表现形式的人"指的是深谙少林武术文化的大师级人物，并非是对少林武术感兴趣的一般习练者。盛名之下的少林拳，爱好者虽多，可以领会其博大精深的文化内涵者却少，再加上现代生活方式的冲击，导致少林拳传承面临困境。面对这一事实，国家已经将

---

① 释永信：《少林功夫》，少林书局2006年版，第176页。

少林武术作为文化遗产进行保护，还试图将少林拳带进中小学体育课堂，这的确是一件值得庆幸的大事。

作为一名长期研究少林拳的高校学者，编写一部《嵩山少林拳志》，对零散的秘本或其他史料中有关少林拳的内容进行系统整理，是我义不容辞的使命和责任。

笔者认为，要想对少林拳进行全面而准确的整理，确实困难重重。由于它历史久远，与禅宗、中医又关系密切，资料丰富但芜杂，例如明代程冲斗虽然在少林寺习武十年之久，所得棍术之祖也没有交代十分清楚。

再者，不少文献资料存在附会或夸张成分，而这些文献恰恰是少林拳的重要组成部分，是最早或较早的少林拳专著。我们不能视而不见或因有质疑而忽视其重要价值抛至一边。

另外，永祥大和尚带病抄写出少林寺珍藏的《少林拳谱》，对少林拳的保护立有大功。其后，德虔在这些资料的基础上，整理成书，公布于世，这也是一件功在当代、利在千秋、值得肯定的大事。尽管其中也有不足，但瑕不掩瑜，《少林拳谱》中的大部分内容属于少林寺僧们代代相传的文化宝藏。系统阅读《少林拳谱》，可以肯定地讲，只有漫长的历史积淀才能使少林武术由"北冥之鲲"演化成为"南冥之鹏"。

为了尊重史料的本来面目和文化特征，作者除了对资料中错漏之处进行甄别梳理外，力求维持它的原貌。

《嵩山少林拳志》是初创之作，也是全国单项拳种中少有的一部志书，虽然少林武术是禅武医相融的文化综合体，但本书还是以武术为中心，其他方面只能简要提及。

在资料整理的过程中，笔者凭一己之力，难免顾此失彼、存有错漏。例如在整理《易筋经》的过程中，笔者共参考了九个不同版本。为少林拳撰写志书，如履薄冰，诚惶诚恐，甚至想中途退却。

"路漫漫其修远兮，吾将上下而求索"。尽管此成果仍有很多不足，但也是笔者 40 余年来的汗水结晶。在写作过程中，虽然枯燥清冷、耗时耗力耗资金，但作为一个武术工作者，深知少林拳的价值，也就能够静下心来继续研究。笔者希望，随着时代的发展，《嵩山少林拳志》不会成为死的化石，可以为后人研究少林拳提供有力参考。

栗胜夫

2019 年 7 月于河南大学

目　录

第一章　少林寺概况

少林寺是闻名遐迩的佛教禅宗祖庭，也是驰名中外的少林拳发源地，它始建于我国南北朝时期的 495 年，距今已有 1500 多年的历史。少林寺位于河南省登封市城西十三公里的中岳嵩山西麓，寺院坐北朝南，面对少室山，背依五乳峰，四周群山环抱，山峦秀丽，层叠若莲，苍松翠柏，郁郁葱葱，百鸟之声此起彼伏，少溪河水从寺门前缓缓流淌，深山千年古寺神秀清幽。由于寺院坐落于嵩山支脉、少室山阴的密林丛处，故称少林寺，也称嵩山少林寺。

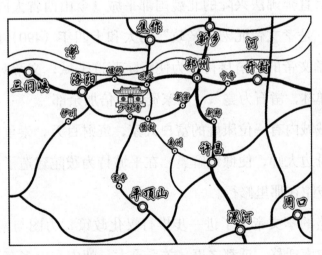

图 1-1　少林寺位置示意图①

---

① 朱歌绘制。

第一节 少林寺的由来

南北朝时期，北魏孝文帝笃信佛教，"善谈老庄，尤精释义"，"每与名德沙门，谈论往复"，执政期间，不但极力倡导佛教，而且令良家男女百余人进入空门，并亲自为他们削发，施以僧服。太和元年（477）三月，京城内佛寺已建百所，从佛僧尼已达二千余人。京城之外，上行下效，诸寺六千四百七十八所，僧尼数量高达七万七千二百五十八人。鉴于这种形势，一些高僧，尤其是外国来中国传教之僧就理所当然地成了皇家的座上客。西域高僧跋陀，就是在这种背景下来到孝文帝身边的。

跋陀，印度高僧，来华音译为佛陀，意为"觉悟之人"。他从小出家，在印度，"学务静摄，志在观方"，即一面学习禅观之法，一面漫游各地。他游历诸国，先是西行，到过罗马帝国，接着又沿丝绸之路东行，经过西域诸国，最后直奔佛法兴隆的北魏国都平城（今山西省大同市）。他到达平城的时间，是孝文帝元宏"亲政"的太和十四年（490）前后，跋陀在那里受到了孝文帝的热情接待。为使跋陀落迹平城，文帝对他敬隆诚至，为他"别设禅林，凿石为龛"，"国家资供，倍加余部"。

当时平城城内有一位康姓的富户人家，资财百万，崇重佛法，见跋陀成了孝文帝身边大师，便慷慨解囊，在平城特为跋陀建造了一个精致的小型寺院，供跋陀在那里修行。

雄才大略的孝文帝为了进一步推行汉化政策，力图与南朝争霸神州，决意将国都向南迁移。迁都之事，关系重大，朝内重臣多有不满。后经几番周折，断然下定决心，于太和十七年（493）九月，南迁国都于洛阳。太和十九年（495）九月，六宫及文武百官尽迁洛阳。此时来自印度的佛教高僧——跋陀也随帝同行。为了照顾跋陀大师，孝文帝又在洛阳为跋陀设立了"静院",以供禅修。但由于跋陀是一个有理想的高僧,历尽千辛万苦至中国,目的是传扬佛法,对京师尘嚣心觉厌烦,对宫廷衣来伸手、饭来张口的奢侈生活不感兴趣。加之他"性爱幽栖,林谷是托。屡往嵩岳,高谢人世",孝文帝便根据跋陀的心愿,敕令在少室山阴为之建造寺院,时值太和二十年(496)。因寺建于嵩山支脉少室山阴的密林丛中,故取名少林寺,"少林者,少室之林也"。

图1-2 少林寺山门

自此,"跋陀立少林寺而居之","净供法衣,取给公府"。各地息心修禅,慕跋陀之名而聚集于少林寺者,有数百人之多。出于教学的需要,跋陀一面教弟子们诵经,一面又辑出一些经义,供弟子们学习,少林寺俨然成了北魏一个重要的佛学圣地。

跋陀是一位严守佛教经典的高僧,论起跋陀之业绩,可圈可点者有三:其一,不远万里,不畏艰辛,来中国传教;其二,不忘初心,诚心大业,舍去宫廷荣华,毅然决然到深山老林创建寺院;其三,广招弟子,翻译经典、讲解佛学,培育出了如慧光、僧稠等一批优秀弟子,为中国佛教的发展作出了突出贡献。少林寺实由"跋陀开创"。

第二节　禅宗祖庭的由来

从脉络而言，禅宗由达摩开创，后经慧可、僧璨、道信、弘忍、惠能等人的坚守与改革，至唐代中期，大乘佛教（禅宗）一派名声大震，成为佛坛主流。达摩是527年来到中国的，而大乘佛教获得巨大发展是在武则天执政期间。在这长达一百多年的时间中，大乘佛教在佛教领域得到了各派承认，"不立文字，直指人心""教外别传"等修禅方法与理念成了禅学的核心要义。

到了宋代，禅宗的内涵就发生了巨大的变化，从事禅宗文化学习与研究的人群并非只限沙门弟子与大众百姓，为数众多的士大夫也热衷于禅宗文化。他们不但喜交禅宗大师，而且参与佛教经典撰写。两宋期间，禅宗师徒们撰写了数部禅宗史。简而言之，第一部是真宗时期法眼宗道原的《景德传灯录》；第二部是仁宗时期临济宗李遵勖的《天圣广灯录》；第三部是徽宗时期云门宗惟白的《建中靖国续灯录》，以上三著号称北宋

图1-3　达摩塑像

三灯；第四部是南宋孝宗时期临济宗悟明的《联灯会要》；第五部是宁宗时期云门宗正受的《嘉泰普灯录》。以上五灯，每灯各三十卷，共计一百五十卷。由于派系不同，在书写禅宗的发展史上，相互间多有重复，众多弟子对此也有不同认识。理宗淳祐时期，临济宗的普济将五灯汇编一起，另立名为《五灯会元》。此外，北宋云门宗的重要代表人物契嵩在仁宗期间撰有《传法正宗记》九卷、《传法正宗论》二卷。以上各书，均为研究禅宗的重要史料，为禅宗的传播与发展起到

了巨大的推动作用。

总的看来，宋代是禅宗理论与实践的跨越发展时期，理论上有众多的专著面世，而这些专著大多又是一些具有儒学素养的文人完成的，并得到皇家的积极支持，信徒中有不少士大夫参与其中。更重要的是，自唐朝以后，宋代禅宗结束了封闭、单线传承的方式，开始从山林走向城市，经由了一个从出世到入世的漫长而艰苦的发展过程。他们受皇室推崇，来到城市，名望大增，知名禅师与士大夫一起切磋佛理，士大夫研读佛经之风日盛。禅宗大师与儒学大师进行文化交流是禅宗吸收儒学思想的直接途径，这对少林寺弟子们参政入世的迫切愿望的形成具有重大作用。

宋代的少林寺在皇家眼里，地位不凡。在建造永泰陵期间，时任登封县令楼异为扩大禅宗影响，利用大兴土木、修建皇家陵寝之时，向负责承修永泰陵的龙图阁学士吴居厚提出了为达摩修建初祖庵的请求。其理由如下：一是禅宗之祖达摩在嵩山一个洞穴里面壁而终，应该设有一个便于纪念与供养的新场所。二是达摩生前没有进住过少林寺，虽然此时的少林寺已是皇室推崇、最为著名的佛门寺院之一，但已经是禅宗门下曹洞一宗在做住持了。三是达摩不应没有归宿，达摩洞一向属少林寺地盘，禅宗之祖达摩纪念亭选址于少林寺西侧，可谓合情合理。四是创建初祖庵是当任皇帝大力支持禅宗的大功大德之举。所以，修建初祖庵的提议迅速得到了批准，一座宋代的建筑院落——初祖庵就这样呈现出来了。

初祖庵虽然院落不大，但文化内涵十分丰富，与其同代的文物有蔡京亲书的"面壁之塔"。塔已毁坏，但匾额尚在院中，内有历代古碑四十余通，均旨在赞颂达摩一派。初祖庵现有山门、大殿、东西两亭、千佛阁等。另外，大殿前现有一株苍劲柏树，相传为六祖惠能用钵盂从广东带回柏树小苗植于此地，以表对宗师达摩的崇拜感恩之情，树下有一清代石碑，上书："六祖手植柏，从广东到此。"此事虽为传说，但后人崇敬之心，难能可贵。看到此碑，后人马上就可以联想到禅宗的曲折发展史，并勾起对六祖惠能尊师重道的敬仰之情。

禅宗与少林寺原本并非一家，但是到了宋代，"革律为禅"渐成风气。禅宗的普及与推广，与达摩地位日隆有着直接联系。达摩洞和初祖庵都属少林寺的辖区，少林寺是禅宗的曹洞一派，禅宗祖师达摩的修禅之所就在寺院旁边，因此少林寺僧们积极把少林寺与达摩紧密联系在一起，很快，"天下第一名刹"的美名就传扬开来。达摩洞、初祖庵顺理成章地成了少林寺的一部分，少林寺也成了中国禅宗的祖庭。严格说来，少林寺成为禅宗祖庭是从宋代开始的。

少林寺由南北朝时期孝文帝下诏所建。唐代之初，少林十三僧帮助李世民同王世充作战立下大功，威名震世，常受皇家宣慰。纵观其漫长历史，真正让少林寺闻名于世的原因不单单在于武功，还在于它是我国佛教禅宗的发祥地、世所公认的禅宗祖庭。

达摩来中国传教，以大乘佛法为名，开局虽然不利，自身受害，但后来几位忠实弟子的坚守与改革使禅宗逐渐发扬光大，独占鳌头。禅宗的兴旺，使少林寺成为禅宗祖庭，并且地位日渐提升，接着，少林寺就有了各种不寻常的称谓，如"少林禅寺""大少林寺""天下第一名刹""禅宗祖庭"等。

如今，有不少与达摩有关的传奇故事流传下来。主要有以下几例：

1.达摩洞。因达摩在此修行而得名。达摩在面壁修禅期间被他人下毒致死，"面壁九年，端坐而逝"，表明了达摩对大乘佛教的坚定信念。他虽然身处他乡，面临逆境，举步维艰，但其理念不失，终成正果，后人对其执着精神无限敬仰。

2.断臂求法。达摩逝世后，慧可继承达摩衣钵，宣传大乘佛法，遭反对派斫臂之苦，而《景德传灯录》把此事写成慧可为向达摩求取真经，雪中久立，为示决心，自己主动"断臂求法"，表现出了慧可对真经的无限崇拜及舍身求真的执着。这种精神留给后人的启示是深刻的。

3. 只履西归。达摩死后三年，宋使宋云去西天取经，在天山与达摩相遇，彼此一番对话后，达摩手提一鞋扬长西去。故事意在表明达摩历尽千辛万苦，终潇洒地西去彼岸，并颂扬佛教弟子们不畏艰辛、一心向善。

4. 一苇渡江。说达摩来北朝时，渡长江不需船筏，捡了一支芦苇放至江中，以苇代舟，乘风过了长江，来到北朝。此故事意在表明达摩来中国之前就是一位具有高深道行的高僧。

5. 面壁神石。讲达摩在山洞里坐禅，天长日久，影像入石，山洞石壁里有了一幅清晰的达摩影像。九年端坐面壁致使影像入石，非常人所能及，赞扬的是达摩超人的毅力，大器晚成，终成正果。

以上五例，都是歌颂达摩的佛教故事。少林寺是一处文化宝库，每一处建筑、每一通石碑、每一副对联、每一件物品等都有不凡来历与深刻内涵。作为一座历史悠久的著名寺院，少林寺在教育世人修德行善方面，发挥了重要作用。

宋代是少林寺全面发展的阶段。王公贵族、文豪巨匠以少林寺为依托，对禅宗无限崇拜，少林寺终获"禅宗祖庭"之称。

第三节　少林寺常住院

进入少林寺首先要经过山门，山门即指少林寺大门。它由正门、东门和西门组成。建于清雍正十三年（1735），正中大门上挂有黑色横匾，"少林寺"三字金光闪烁，属清代康熙四十三年（1704）御笔。山门两侧各有影壁长墙，斜形对称而立。东墙书有"大乘胜地"，西墙书有"禅宗祖庭"。

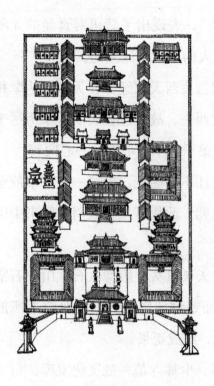

图 1-4 少林寺常住院示意图

门前两侧各立有石质牌坊,东面牌坊横额一面写有"祖源谛本",另一面为"跋陀开创"。西面牌坊横额一面写有"大乘胜地",另一面为"嵩少禅林"。大门前一对石狮分别立于两侧,门前百余株古老松柏挺拔耸立,枝叶蔽日,风景别致,庄严大方。

少林寺院为七进院落,在中轴线上分布着山门、碑林、天王殿、大雄殿、藏经阁、方丈室、立雪亭、千佛殿。中轴线两侧分布有钟楼、鼓楼、六祖堂、锤谱堂、白衣殿、地藏殿等附属建筑。寺院依山而建,院落层层渐高,空间疏密有致,中轴线上的单体建筑规整对称,等第分明。四周的建筑虽然布局错落变化,但在整体上尽显古刹的庄严,符合"七堂伽蓝"的格式。佛教传入中国后,早期的寺院经过了从以佛塔为中心到以佛殿为中心的转变,而以中轴线贯穿大佛殿的格局,一则表明了佛教对儒家思想的容纳,二则表明中正理念也已渗透到佛教建筑之中。少林寺(常住院)为唐代以来中国佛教寺院的代表,中轴线建筑总面积约3万平方米。

一、山门

是一座面阔三间、进深六架的单檐歇山房。门前台阶7级,门宽3.1米,高2.58米,门额悬挂长方形黑底金字"少林寺"匾额,正中钤有"康熙御笔之宝"印玺一方。门两边相对配以圆形巨窗,窗直径为2.06米。正门两边各有掖门，略低山门，为雍正十三年（1735）奉敕创建。1974 年按原制落架翻修。掖门外边存有"八"字墙，东墙外题"嵩少禅林"，内题"大乘胜地"；西墙外题"祖源谛本"，内题"跋陀开创"。墙端各有石坊，均为双柱单孔庑殿顶建筑，坊高 5.85 米，宽 1.95 米，坊顶雕有脊式瓦垄，下边雕有斗拱。东坊挂有楹联："地在天中四海名山为第一，心传言外十方法教是初元"。坊建于明嘉靖二十三年（1544）夏。西坊挂有楹联："心传古洞严冬雪拥神光膝，面接高峰静夜风闻子晋笙"。向西尚有："双双玉井碧澄冷浸千秋月，六六玄峰翠耸光连万壑云"。坊建于明嘉靖三十四年（1555）孟秋。

两坊之间，翠柏遮天。山门两边，一对 1.73 米高的石狮蹲坐于 1.7 米的石座上，雄狮前按一石雕绣球，雌狮前爪抚护小狮子，石座四面浮雕飞马、麒麟、游龙等。两狮左右石上各有立旗杆，属明代时任住持僧小山派兵抗倭有功所置。广场前紧临少溪河，河水潺湲，清澈见底，河上有单孔石拱桥一座，桥长 48.7 米，宽 7.5 米，涵洞高 5.6 米，正顶雕刻青石龙头向西，突出桥身 0.56 米，龙尾向东突出 0.7 米（已毁）。

山门内佛龛中，有一座手握念珠、祖胸露肚、笑容可掬的弥勒佛像。正像一副对联所说："肚大能容容天下难容之事，慈颜常笑笑天下可笑之人。"与弥勒佛像相背的屏后，是手持剑杆的护法伽蓝韦陀木刻像，左右两壁分别以文图简介少林寺的历史简况。

二、碑林

山门后是碑林，原有各代碑碣 40 余通，1985 年改建碑林东慈云堂为林碑院，将某些碑碣移走，今甬道东仍有碑 11 通，甬道西有 13 通。甬道两边有高大的银杏树 4 株，树高约 30 米，树围最粗者 4.5—5.6 米。

三、慈云堂

原建筑塌毁,1984 年重修,改建为环廊式四合院建筑。门额"慈云堂"。门联"谁开东土西方法,人在千崖万壑间",清咸丰辛亥秋故城贾臻退崖题。院内面积 1840 平方米,廊下、壁上碑碣 78 通。其中著名者有:唐代王知敬书写的《大唐天后御制诗书碑》,崔琪撰文的《灵运禅师塔铭》,宋代书法家米芾的"第一山"石刻,参寥书写的《三十六峰赋》,元代日僧邵元撰文的《息安禅师碑》,明代的《释迦如来双迹灵像图碑》,明代金忠士书写的《题达摩面壁》草字碑,张钦的《千万壑》刻石,扶桑国沙门德始书写的《淳拙和尚碑》《宜山竹碑》,元代书法家赵孟頫的《裕公碑》和明代董其昌的《道公碑》等。这些碑刻在书法、绘画和雕刻艺术上都有很高的造诣。1992 年,少林寺出资 7 万余元,登封县文物局组织技术力量修复保护碑刻 356 通,其中粘补、修复、加固 48 通,并以玻璃镶罩,加以保护。①

四、西来堂（锤谱堂）

与慈云堂相对,原为寺僧真喜创建,民国初年毁于兵火。1985 年重修扩建为长廊式四合院 42 间,面积 1858 平方米,并改为锤谱堂。堂外门联:"效劳社稷永葆中华男儿志,除暴安良传续炎黄子孙风。"堂内泥塑拳谱像 14 组 215 尊。门内自左至右为:

第一组为"坐禅",也叫"禅坐",又叫"坐静",即众僧盘膝而坐,双足交叉分别放在股上,双手合十,双目微闭,舌抵上颚,调整呼吸,心注一境、排除杂念,默念阿弥,以至入定。"入定"就是一种心里完全纯净、

① 河南嵩山风景名胜区管理委员会编著:《嵩山志》,河南人民出版社 2006 年版。

似睡非睡的状态。这是达摩祖师创立禅宗、修持办法的最显著特点。寺僧多在早课、晚课的佛事活动中，在钟磬法器的伴和下，共同背诵经文时坐禅，其余时间由自己安排是否禅坐默悟。

图1-5 锤谱堂

第二组为"绕佛"，也叫"跑经"。禅坐的时间长了，需要起来活动活动筋骨。每当早、晚课的中间，僧人都要起来活动，进行绕佛念经这项活动。一般要绕佛三圈以上。人少时在大殿内绕佛诵经，人多时就在外绕佛殿诵经。佛徒们一边跑，一边齐声诵念，这也是僧人坐禅后活动身体的一种运动形式。

第三组为立式"八段锦"。此组动作要求大幅度地伸筋拔骨，进行全身锻炼。此组塑像表现了八个动作，分别为：双手托天理三焦、左右开弓似射雕、调理脾胃单举手、五劳七伤向后瞧、摇头摆尾去心火、两手攀足固肾腰、攒拳怒目增气力、背后起颠百病消。

第四组为"小洪拳"。少林武术招招式式讲究攻防实战，"小洪拳"是少林武功中的初级套路，动作较为简练，是少林拳术典型套路。

第五组为"大洪拳"。这是少林武功中的中级拳术套路动作。从这一组开始，少林拳的难度与动作数量明显增加，强调了少林拳的实战意义，刚柔相济，运柔成刚。看起来不柔不刚，实战时亦柔亦刚、柔中带刚，并能随初而动、变化无穷。使观者久久回味，懂行者感叹妙道。

第六组为"六合拳"。所谓六合，即内有精、气、神三合，外有手、眼、身三合，内外交融，是六合的特点。通常指：眼与心合，心与气合，气与身合，身与手合，手与脚合，脚与胯合。六合拳的种类较多，少林拳最常用的有：咬手六合拳，开手六合拳，耳把六合拳，踢打六合拳，走马六合拳等。本组泥塑，为六合对打，动作名称分别为：滚手虎坐，上步对拳，震脚冲天炮，横拳撩阴捶，搋手倒踢，上步连环三捶，等等。招招式式非打即防，攻防之意明显。

第七组为"通臂拳"。少林的通臂拳与其他门派通臂拳的风格特点并不相同，它讲的是通臂猿之意，属猴拳之列，是少林拳法中较为高级的拳路，动作灵活，身法多变，其难度较前有明显提高。此组所塑动作有：金沙飞掌，打虎靠山，定心镖拳，二郎担山等。拳势威猛灵巧，技法奥妙。

第八组为"罗汉拳"。此组动作依据十八罗汉的不同身姿组合而成。其中的动作名称有：双手合十，童子拜观音，罗汉睡觉等。

第九组为"朝阳拳"。朝阳拳讲求闪展腾挪，干净利落，快速有力，灵活多变。

第十组为"基本功"。自古以来，少林寺僧所练习的基本功极为丰富，人们常讲的七十二艺，就源自少林寺武术基本功。另外，还有内功、外功、硬功、轻功、气功等。但最为基本的有梅花桩功、沙包功、抗击打功、龙游功、卧虎功以及贴壁功、吊臂功、跑立砖、跑滑板和插沙功等。无论何功，只要长期坚持练习，便可功到自然成。本组所折射的不但是武术精神，也是万事成功的基本规律。

第十一组为"十三棍僧救唐王"。是指隋末唐初少林僧人善护、昙宗等十三位僧人搭救唐王李世民的传奇故事。整组塑像表现的是他们攻破了洛阳城东门后，被郑王王世充带兵追杀，十三棍僧且战且走，其后，秦叔宝带领人马来解围的情景。

第十二组为"小山和尚挂元帅"。明代嘉靖年间，中国东南沿海倭寇为患，少林寺第二十四代住持小山禅师，奉嘉靖皇帝、明世宗朱厚熜旨意，挂印为元帅，带领僧兵前去东南沿海平倭的故事。此组泥塑表现了小山和尚带兵将要走出少林寺山门时的壮观情景。少林寺山门外，当年小山和尚挂帅时的夹杆石依然存在。

第十三组为"月空和尚平倭寇"。嘉靖年间，寺内高僧坦然和尚，接都督万表求援书信后，派大弟子月空，带领月忠、玉田、太虚、性空、古泉、大用、古峰、了心、彻堂等三十二名武僧，前去江浙助战平倭，斩杀贼首，大获全胜。这组泥塑表现的就是少林僧在江浙一带同倭寇进行血肉搏斗时惊心动魄的激烈场景。

第十四组为"群众性的练武活动"。从这组泥塑可以看到，一队队青年男女，在武术教练的指导下，苦练少林拳。少林武功正成为人们所喜爱的一种强身健魄、延年益寿的体育活动，也是平时防身自卫、战时杀敌卫国的一种技击功夫。

锤谱堂的塑像是少林武术方面的代表性内容。2018年6月，本书即将完笔之时，笔者再次进入锤谱堂，意外发现十四组塑像正在被拆除改造，惜也！

五、天王殿

为寺内三大佛殿之一，原殿于1928年兵火中烧毁。1980年河南省旅游局投资82万元对少林寺天王殿、达摩亭、紧那罗殿等进行了重修。1982年5月，河南省文物古建研究所工程队按原貌重建，殿为重檐歇山式建筑，面五间，进深五架，红墙绿瓦，斗拱彩绘，四角挂铃。殿门额上原为"天下第一祖庭"，现改为"天王"竖匾一方。内迎门两边各塑跣脚赤背的金刚巨像，后塑有四天王泥像。四天王也叫护世四天王。印度佛教传说，须弥山腰有一山，名叫犍陀罗山，山有四峰，各有一王居之，各护一方。塑像中身为白色持琵琶者为东方持国天王；身为青色持宝剑者为南方增长天王；身为红色左手托塔者为西方广目天王；身为绿色右手持伞左手持银鼠者为北方多闻天王。另外左右对称有两道硬山式掖门，各距 1.7 米，面阔一间。与天王殿组成主次分明、统一完整的古建殿堂。

六、钟楼

在天王殿后、中轴线东侧，1928 年因遭兵火而毁，仅剩残址，台基为长宽各 14.6 米的正方形，基高 0.9 米，台基正中是一尊铁铸的地藏王菩萨坐像，铁像袈裟搭肩，胸膛袒裸，跏趺坐在莲花座上，座高 0.9 米，长 6.5 米，宽 8.8 米。像高 1.7 米，铸于明弘治元年（1488）。像前有一大铁钟，系钟楼焚烧时坠落于地。钟高 2.1 米。钟上有裂口三道。钟面有"金泰和四年，重一万一千斤"的字样，造型美观大方，铁质良好，钟面铭文清晰。下半部铸有"汝阳县梅庄村孙净信妻净明奉为皇帝万岁文武官僚禄位常居法界众生同登觉岸""宣武将军芝田县尉兼管常平仑事完颜住"等字。1994 年钟楼按原貌重建，楼高 33 米余，面阔三间、进

图 1-6　钟楼

深三架，三层歇山重楼阁式建筑。楼内供地藏菩萨像，三楼上悬铜钟一口，重 1300 斤。

七、鼓楼

在天王殿后中轴线西侧，与钟楼对称。
1928 年被兵火烧毁，仅存楼基。台基高 0.8
米，长宽均为 6.8 米，为正方形。楼基长宽
各为 14.6 米，残存雕花柱础四个，直径 1.45
米，青石柱 12 根。正中佛座高 1 米，长 6 米，
宽 2.3 米。1995 年按原样重建，与钟楼样式
相同。

图 1-7　鼓楼

钟、鼓楼之间有《太宗文皇帝御书碑》，
碑文叙述当年寺僧助战平乱之事，文中有唐太
宗李世民草签的"世民"二字，下有裴漼撰
书的《皇唐嵩岳少林寺碑》。旁有清高宗弘历
诗碑。

八、紧那罗殿

位于钟、鼓楼之北，1980 年，河南省旅游局拨款重建。紧那罗殿坐东
朝西，面阔三间，门联"默坐炊爨世无闻，挥棍嵩少显禅门"。殿内祀紧
那罗泥塑像三尊，其一执棍踏崖形象威严。

九、六祖殿

坐西朝东，面阔三间，门联"悲云印覆三天竺，宝座香沾六祖衣"。
殿内迎面祀观音菩萨、文殊、普贤、大势至、地藏王菩萨；两边祀达摩、
慧可、僧璨、道信、弘忍、惠能等六祖泥塑像。两殿之北各有一殿，分别
为寺内客室。

十、大雄宝殿

为寺内正殿,寺里僧人的活动中心。原为金代建造,明清重修。1928年3月毁于兵火。1984年7月至10月,由河南省文物研究所古建队按原貌重建。大殿五间,红墙绿瓦,宏伟壮观。门额原挂"大雄殿"额一方。殿内悬挂清康熙四十三年(1704)御书"宝树芳莲"匾额。殿内供释迦牟尼、药师、阿弥陀佛及二弟子泥塑佛像。后壁悬塑竹林观音像。殿内四根粗大的明柱重新改制为狮子、麒麟柱础。雕工精致,栋梁彩绘,富丽堂皇。

十一、西禅堂

位于大雄宝殿西后,1928年3月毁于兵火,1984年重建,占地285平方米。西为接待宾客之处,中有元代《大元重建河南嵩山少林禅寺萧梁达摩大师碑叙》和明刻《关帝诗竹》碑石以及1988年4月《少林总监贞绪纪念碑》等。院内存大铁锅一口,石磨一具。铁锅直径1.68米,内深0.82米,周长5.3米,壁厚2厘米,重1300斤,明万历四年(1576)铸造。石磨直径1.2米,厚0.32米,周长3.8米,明嘉靖四十三年(1564)制造。空地上还有1981年3月日本友人宗道臣等来访时栽植的6株油松。

十二、东禅堂

后为僧人院。东、南、北三面僧房等建筑物均为1984年前后修建,占地900余平方米,为老年僧人住所。西禅堂后为塔院,整个院落面积为1300平方米。

台下以东8米处是一座单层密檐式砖塔,室内有泥塑弥勒佛像,是后人模拟补塑的。塔门上横额:"下生弥勒佛塔",写有:"共诸众生,明心达本"。这两座塔均有方石塔铭，铭载：二塔均建于北宋元祐二年（1087）。

十三、藏经阁

又名法堂。原为面阔五间、进深三架的歇山式建筑，内藏 12 大柜藏经 5480 卷，尚有明大藏经铜版和其他各种佛经资料、法器等。惜全毁于 1928 年兵火，仅存殿基和周围石柱。1993 年按原制重建，内供白玉卧佛一尊，为缅甸友人敬送。存放藏经一部，为台湾友人赠送。阁西甬道上下有两株国槐，均高 15 米，围 1.2 米。相传秦穆公游嵩山至此，困坐欲睡，梦见亡母，为纪念亡母栽下槐树一株，故称秦槐。

十四、方丈室

原为寺内方丈起居和处理寺内各种事务之处。系大式硬山房，面阔五间，进深三架。清乾隆十五年（1750）高宗弘历游嵩山时，在此殿住过一宿，后来称为"龙庭"。殿前月台高 1 米，东间下有木架悬挂大铁钟一口，铸有："至元二年十月二十五日，重六百五十斤"字样，并有"主持嗣祖传法沙门息庵"和日本僧人邵元的名字。

方丈室之西有耳房三间，额上原有"方丈退居"四字，是住持僧年老时休息之处。东耳房三间原为廊然堂，系明巡抚蔡汝南所建，沈荃题额，今已废，仅有砖刻，方丈室前左右为对称的两排用房。东房五间，挂有楹联"禅室从来尘外赏，香台岂是世中情"。西房五间，挂有楹联"少室山下禅林静，五乳峰前钟磬悠"。

方丈室前有垂花门，门原为清代建筑，1928 年被兵火所烧，1984 年依原样修复。正门垂花彩绘，两边掖门与正门之间有"法轮常转""日月增辉"字样。基台高 4 米，台阶 13 级。台下两边有木槿、紫荆等花卉 20 余株。

十五、立雪亭

又称达摩亭，传为二祖慧可立侍达摩，求法于严冬，雪深过膝站立不动，断臂得法之处。亭在高台，是一座单檐庑殿式建筑，殿占面积140平方米。殿门外有立雪亭碑

图1-8　立雪亭

门联："禅宗初祖天竺僧，断臂求法立雪人。"月台下两株并生相长的千枝柏，各高10余米，相映成荫。殿内佛龛中供达摩铜像，为明嘉靖时司礼太监张永所施。龛正上方悬清高宗弘历御书"雪印心珠"横匾一方。殿东南角悬挂明万历十七年（1589）铸造的铜钟一口。钟高0.96米，直径0.8米，重500余斤。钟下供地藏王坐像，东北角置紧那罗铁像。2004年落地翻修。

十六、文殊殿

位于立雪亭东，三开间，硬山房。原殿于1928年烧毁，1985年修复。殿内供汉白玉南无阿弥陀佛像一尊，系从千佛殿移来。惜手指、鼻头已在"文化大革命"中被毁。佛像两边书有"皆以无为法，当生如是心"。北山墙下置达摩面壁影石，为后人仿制物。影石书有"九年面壁佛祖在，灵石显影精气神"。影石下有董其昌撰书，僧通慧立木牌"震旦虽阔别无路，要假儿孙脚下行。金鸡喜衔一粒米，供养十方罗汉僧"，"路行跨水赴逢羊，独自凄凄暗渡江。日下可怜双相马，二株嫩桂久昌昌"。南墙和东墙上有

"百佛图"，书有"万法皆空旧性海，一尘不染正禅宗"。殿外檐下悬一铁制云板，为寺里做佛事的法器。

立雪亭西有普贤殿，与文殊殿对称。今为寺内少林武术器械、资料销售商店。

十七、千佛殿

又称毗卢阁，是寺内最大殿宇。始建于明万历十六年（1588）。明崇祯三年（1630）、清乾隆四十年（1775）两次大修。1981 年至 1982 年之间，东山墙遭风雨侵蚀、行将倒塌的殿堂落架翻修，并整贴了壁画。殿为大式硬山殿宇，面阔七间，进深三架，殿门匾额"西方圣人"。殿内正中佛龛高 8 米，内供身披袈裟、盘腿而坐、袒胸露腹、气度威严的毗卢佛像，像高 2 米许。龛上匾额"法印高提"系清高宗乾隆御书。两边书有："山色溪声涵清照，喜园乐树绕灵台"。殿内东、西、北三面墙壁上绘有"五百罗汉朝毗卢"大型彩色壁画，高 7 米，长 42.9 米，总面积 300 多平方米。壁画分上、中、下三层，上层背景为山林，中层为风云，下层为水浪。在各层背景上绘有各种姿态的罗汉 35 组，每组围绕一个核心主题，有的持体显法，有的高谈阔论，有的降龙伏虎，有的朝觐上尊，有的袒胸露腹。他们光头赤足，神采奕奕，形象生动。其人物线条粗犷有力，轮廓清晰，着色轻淡，协调雅致。唯人物面部和肌肤袒露处多为茶色、灰

图 1-9　脚窝

白色、深棕色或黑色，这是由于着色时入铅粉，日久变暗之故。此画无作者姓名，为民间无名氏之作。

千佛殿原为储藏经书与佛像的殿堂，雍正执政以后，对民间习练武术之风进行了限制，于是，少林僧便把习武时间由白天改为晚间，由公开改为隐蔽，千佛殿就这样成了僧人夜练武术的场所。

千佛殿的地面由古代烧制的青色方砖铺成，千佛殿内的地面上有四十八个深浅不同的脚窝，呈四行排列、前后左右间隔一米有余，最深者达五十厘米，这些脚窝是少林武僧习练武功所致。据1987年少林寺住持僧德禅大师讲，这些脚窝的确是百年来僧徒们在这里练武震脚踏地形成的。少林武术重视腿上功夫，进寺学武，须先练三年腿功：站桩功、蹲桩功、腰腿功、柔韧功，灵敏、力量、耐力等多在其中。能在这里习武的弟子大多为功夫高深者，属精英僧徒。大师傅教弟子，要求腿上的基本功特别严格。几十个人汇集在千佛殿内，两手侧平举，前后左右保持适当距离散开。因受大殿四壁和十二根屋柱及中间毗卢佛龛的限制，能够活动的最大容量，也只能有四十八个位置。寺僧经常固定在这些位置练腿上功夫，久而久之，也就自然踏成了四十八个脚窝。至于为什么中间的两行脚窝比较深些呢？原因就在于"少林拳打一条线"。弟子练武，左右躲闪、龙腾虎跃，跃起如燕凌空，落下犹山压顶，一起一落只能在一两米左右的位置上完成。练这种功夫，师傅又常采用单个教练法，以便讲解动作路线与使用方法。此时，其他徒弟在四周观摩，年深月久，中间两行脚窝便自然形成异样。少林武功特别重视轻功，而轻功重练又是最为见效的方法之一。传统的轻功练习方法，要先将沙袋绑在脚踝上部的小腿处，开始每条腿上只能绑一斤重。绑上之后，沙袋就成了腿部的一部分，睡觉、挑担、蹿跳、翻筋斗等都不能去掉，只有在洗澡时，可暂时去掉。一直练到毫无负重感觉之时，再二两、半斤地逐渐加量，最终可增加到十斤、二十斤或更重。这还要看个人的体格、毅力、吃苦精神而酌定。但是，在每条腿上绑到五斤重的时候，上肢也要开始带重物了，以便上下均匀，上肢所带之物即为铁袖圈、铁护胸、铁护背、铁压肩等。全身上下负重三十斤以上，仍能蹿、跳、翻筋斗，当把这些重物去掉时，便会感觉身轻似燕。

在练绑沙袋、增长身上功夫的同时，还要练"跑滑板""跑立砖""跑石筐""梅花桩""踢石头""铁砂掌""举重物""练样刀"（大刀重70斤）等。

清代席书锦于光绪二十年（1894）撰写的《嵩岳游记》中是这样描述的："今（千佛）殿后壁，绘罗汉手搏像，屋地下陷，深数寸，传为习武场。"

十八、白衣殿

在千佛殿东南，面阔三间，进深三架，清大式硬山建筑。殿内供白衣大士像。其像盘膝端坐，双目眇合，两手合十，相貌慈祥安逸。白衣殿里的彩色壁画是清代末年作品，共有大小八幅。佛龛两厢壁上绘制有降龙、伏

图 1-10 攻防练习图

虎、文殊、普贤彩像和"少林十三棍僧救秦王""紧那罗王御红巾军"等故事。南北两壁各绘有少林武术大师湛洛、湛举指导僧徒练武和清廷大员麟庆视察祭祀中岳时来少林观武的宏大场面。绘画构图精美，对研究少林武术的历史发展、风格特点具有重要价值。

十九、地藏殿

与白衣殿相对，形制与白衣殿同。1979年坍塌，1980年下半年重建，并金装佛像。殿内佛龛中供地藏王像，两边侍立闵公、道明像。南北两壁前，原有十殿阎君泥塑像，即秦广王、楚江王、宋帝王、杵官王、阎罗王、卞城王、泰山王、都市王、平等王、转轮王。相传主管地狱的十个阎王，分居地狱十殿。现已更换为"西天佛图玉雕"。壁上绘有二十四孝图。大殿重修以后，图由方城县李魁忠绘制。

1979—1989年，少林寺得到全面修整，1990年以后，又依据日本人1928年前所拍照片资料，对少林寺中轴线及其两侧的紧那罗殿、六祖堂、斋堂、客堂、白衣殿（含壁画揭取、加固）、立雪亭、文殊殿、普贤殿、方丈室、廓然堂等殿堂落架重修，尤其两侧的硬山堂舍，统统向后移位，且改修为歇山式出前檐建筑。

2000—2003年，少林寺聘请清华大学建筑学院郭黛姮教授和河南博物院总工程师李传泽先生为规划设计和技术指导，在少林寺常住院两侧恢复或增建了一些僧人作佛事活动的建筑设施。2004年在少林寺常住院东侧新建了两座僧居院，均为坐南向北的四合院。大门为垂花门楼，院内为仿古式硬山、灰筒瓦房，地下室的天窗悬架院中，犹如一颗透明的宝珠，显得院落分外雅致。再北面，有一座大型仿古建筑，主体部分为庑殿式。楼上为戒坛，楼下为禅堂，戒坛正中房顶置有藻井等构件。

2005年在常住院西侧建设方丈院（原方丈室可供接待宾客之用），地下室为库房。方丈院北为僧居院，地下室为培训班学员住室。僧居院北为教学院，地下室为电脑培训室。

二十、少林药局

"少林药局"始于 1217 年，早在元末便被损毁，现恢复的"少林药局"位于少林寺山门西侧，坐北向南。建筑制式同常住院东侧的僧居院。其大门为歇山式三开间的绿琉璃瓦房，大门两侧为走廊。院北正中为建制五开间的药房，房前两通碑记载着"少林药局"的来历。东侧有诊疗室，院中地下室为制剂室。①

第四节　少林寺周边的相关建筑

随着少林寺的不断发展壮大、名望不断提升，其分支机构也日渐增多，这里仅就少林寺周边的相关建筑给予陈述。

一、少林武僧迎宾雕像

从登封市一路往西去少林寺，在进入少林风景区的三岔路口处，立有一尊高大的少林武僧迎宾雕像。武僧身穿僧服，并步直立，头正颈直，挺胸立腰，收腹敛臀，眼睛平视，精神威武。左手并掌，右手持拳，二者屈肘于胸前相对，以抱拳状致礼，意在热烈欢迎十方来客。

图 1-11　少林武僧迎宾雕像

---

① 河南省嵩山风景名胜区管理委员会编：《嵩山志》，河南人民出版社 2007 年版。

此尊雕像系建设部、河南省建设厅、郑州市财政局、嵩山管理局等单位于1992年出资，由郑州市黄河环境雕塑研究院李宗初设计，郑州水工机械厂建造。

二、"嵩山少林"石牌坊

进入少林寺景区，须经新建造的"嵩山少林"石牌坊。它建于2003年。牌坊由中国西北建筑设计院设计，古建筑专家张家泰参与修改，山东省济宁市嘉祥县长城石雕厂雕刻，气势恢宏，古朴典雅。该牌坊为四柱、三门、七楼庑殿顶式，增加了斗拱和屋檐加以装饰，形成屋脊顶式牌坊，大小石料共1386块，全部采用福建泉州"606"花岗岩石材制作，其中最大构件为重达70吨的主楼屋盖。牌坊楹联面向全国征集，并请中国当代著名书法家书写，汇聚了各派的精华。牌坊气势恢宏，古朴典雅，庄重威严，展示了禅宗文化无限的包容空间，给人一种融百家之长、纳十方灵秀的博大之感。

图1-12 "嵩山少林"石牌坊

向东立面，中门正上方横额"嵩山少林"四字，由启功题书；次间上方横额"武林胜地，禅宗祖庭"八字，由李铎题书；两边对联为"胜地有缘听法雨，少林无处不雄风"，由张海题书；中间对联"百代衣钵赓承一花五叶，千秋山河襟带四水三城"，由沈鹏题书。

牌坊的西立面，中门正上方横额仍为"嵩山少林"四字，由欧阳中石题书；次间上方横额为"跋陀开创，大乘胜地"，由张海题书；两边对联为"香火千秋兴宝刹，关河万里拱神山"，由李铎题书；中间对联"一苇渡长江修持九载，两山藏古寺参拜十方"，由黄均题书。主明间小额枋、单额枋以及次间大小额枋上正中面空档无字也不加图案，代表佛教弟子四大皆空。夹杆石上面雕刻有麒麟、春、夏、秋、冬和梅、兰、竹、菊等吉祥图案。

三、"天下第一名刹"石牌坊

从少林景区入口处的"嵩山少林"石牌坊继续向西约700米处，另有一座"天下第一名刹"的石牌坊。其坊位于少林寺东约800米处。石坊由建设部、河南省旅游局投资建造，1987年2月20日动工，6月20日落成，耗资13.3万元人民币，由河北省曲阳县卢进桥建筑艺术雕塑公司承建施工。整个石坊由64.24平方米石灰岩石雕制而成，宽十米，高八米。坊起三架、飞檐翘角，额坊和柱上雕有二龙戏珠，八个抱鼓石上雕有四对雄狮，有的滚绣球，有的戏小狮，形象各异，雕工精湛。中侧栏板上刻有张爱萍题"天下第一名刹""禅宗祖庭""武林胜地"十四个大字。中门两柱东西两面刻有对联，前面楹联为："少室山下禅林静，五乳峰前钟磬悠"，后面楹联为："九年面壁开禅祖，五百僧兵留武风"。

图 1-13 "天下第一名刹"石牌坊

四、十方禅院

明嘉靖四十年（1561），抗倭名将俞大猷北伐山西以后南征时特意取道少林寺，要求观看少林武僧表演，时任住持小山和尚组织众武僧举行大规模武术表演。俞大猷此次来少林，还参观了达摩洞、初祖庵、二祖庵等胜地。回到少林寺门前时，俞大猷在寺前对小山和尚指着寺门对面说道："此地可建一个十方禅院，以增少林之胜。"小山随即应诺："建院之责，愚僧任之，即可平治地基以经始也。"

至隆庆元年（1567），小山和尚因长期劳累病故。可惜他负责的十方禅院还在建造中，临近完工之际，少林寺新住持普明和尚进京面见俞大猷，汇报十方禅院的建造情况，并请俞大猷为禅院题词，俞大猷欣然应诺，挥笔写下"新建十方禅院"六字。俞大猷对此解释说道：建立十方禅院，"一则愿圣天子寿考之万年；一则愿四海民物之康阜；一则四方游僧有所栖止；一则宗擎剑法又得广传"①，少林寺十方禅院的新建，表明国家对少林寺发展十分重视，体现了当时少林武僧队伍的庞大与社会需求。

十方禅院作为少林寺的一部分，其兴衰交替与少林寺息息相关。1958年前，存有大殿3间，面积70平方米，后倒塌，仅存石柱12根，前墙柱上刻有"大明正德七年壬申正月初七创建"字样。院内有一残碑（已移至少林寺碑廊）为清顺治十年八月所立，碑载："十方禅院盖寺中之邮亭，行脚之旅舍也。"由此可知，此地为历代邮递旅居之地。1993年，郑州市盐务局、登封县商业局联合投资800万元人民币，进行重建。建成后的十方禅院在四正位建有东、西、南、北四座殿宇，贯通四座卷顶廊房。殿（廊）内安放着千姿百态、逼真传神、妙趣横生的502尊罗汉塑像。中宫位主建筑上方是重檐十字脊歇山顶，雄浑庄重、高达20余米的毗卢阁。阁中供奉着四尊面目慈祥、高达10米的毗卢舍那佛和八尊文殊、普贤菩萨的塑像。毗卢阁下方建有地宫，塑画有十殿阎君、六曹判官、奈何桥及

图 1-14 十方禅院

---

① 温玉成：《少林访古》，百花文艺出版社1999年版，第114页。

阴曹地府各种景象。在四隅方营造有春夏秋冬四座各具特色的景园。阳春：春风拂柳，桃李争艳，奇花异草，满园吐翠。盛夏：池塘游金鱼，小桥架石山，石榴畔曲柳，水浮红睡莲。金秋：八角邮亭，天圆地方，枫树红叶，金枝飘香，菊花月季，争奇斗艳。隆冬：松竹梅花，岁寒三友，玉地红墙，松柏雪帘。

十方禅院设计精巧古朴典雅，总体布局浑然一体，结构严谨，密集柔和，错落有致，宏伟新奇，雕梁画栋，色彩斑斓。四殿四廊，组成一幅五百罗汉朝毗卢、十方僧众会少林的恢宏画面。四时景园怪石嶙峋，魅力无穷。这一集禅学、建筑、雕塑、彩绘、园林艺术于一体的壮丽景观，实为少见。

五、塔林

塔林在少林寺西约 300 米的五乳峰脚下、少溪河北岸野树丛林之中，因塔之数量众多，且高低、大小、粗细不等，又散布在沟林中，故称塔林。

塔是高僧和尚的墓。少林寺塔林是我国最大的塔群。相传塔林原有墓塔 500 多座，因长期受风雨侵袭，加之洪水冲毁，现保存下来的塔最早的是唐代的两座，另有宋代三座，金代六座，元代四十座，明代一百三十八座，清代十座，还有年代不明之塔共计 231 座。塔林占地面积约为 1.4 万平方米。

塔的层级一般为一至七级，塔身几乎都雕刻有塔铭和佛像，塔铭大小不一，有的镶嵌在塔的正面，有的放在塔的后壁。塔的造型多种多样，有四方形、锥形、直线形、抛物线形、花瓶形、喇叭形等，有的独石雕刻，有的砖石层叠。

图1-15　塔林

六、初祖庵

初祖庵位于少林寺西北一公里许的五乳峰下小丘上，坐北面南，三面临壑，风景清幽。

初祖庵，也叫面壁庵。此庵为宋人纪念达摩面壁而修建的一座完整庵院。

初祖庵的修建，得益于宋陵的修建。宋代皇帝在巩县大修陵寝，因守陵的需要，于景德四年（1007）割偃师、登封、巩县各一部分成立了"永安县"。当时少林寺及其下院永庆寺（在今偃师市缑氏镇）均属永安县。

在修永泰陵时，时任登封县令楼异向负责修永泰陵的龙图阁学士吴居厚请求，以修永泰陵的余力创修"面壁兰若"，此计划获准后，乃在少林寺西北一公里处兴建了"初祖庵"。

由于达摩没有住过少林寺，故于寺外另建兰若，以应"革律为禅"后对禅宗的崇拜。但兰若归少林寺管理，所以二者又合二为一。加之少林寺

图 1-16 初祖庵

住持僧又是达摩曹洞一派，时间一久，人们便称少林寺为禅宗祖庭了。初祖庵整个庵院由红墙围起，墙高 3 米，周长 245 米，占地面积达 3304 平方米。中轴线上有山门、大殿、千佛阁，共三进。除大殿为北宋建筑外，其他均为明清建筑。1984 年前后，政府拨款新修了通往庵院的石板路（原为寺内老僧行夏所修），还重建了山门，落架翻修了大殿和其他亭台，使庵院原貌得以恢复。

山门早废，1985 年重建。门宽 9.67 米，深 5 米，高 4.1 米。内外红漆柱四根，门房绿琉璃瓦盖顶，古朴庄重。

大殿在山门内中轴线上，红墙殿房，灰筒瓦盖顶，绿琉璃瓦剪边，飞檐、斗拱、歇山式大殿堂。殿前有月台，台高 1.3 米，宽 14.8 米，长 15.2 米。大殿面阔三间，进深三架，殿周有雕花石柱 12 根，柱呈八棱形，明露于室内部分，每面都做成统一格式。正门两侧石柱上，雕造缠枝莲、石榴花和伎乐人物。此为古典佛教图中最为显贵的一种。两柱的正面均雕有舞乐神像。他们分别演奏、笙、箫、琵琶、拍板等乐器；侧面刻有各种花草和化生童子、人头鸟身的神像等。前角檐柱雕刻海石榴花。其他檐柱雕刻宝相花、牡丹花、荷花以及各种卷草花纹，并杂以人物和飞鸟等。

殿内石柱四根，上刻披甲戴盔的天王像，其手中分别执剑、执钺、执宝杵，形象威武。天王像后刻有云龙、翔凤或人头鸟，形象逼真。中柱间为石雕佛台，上有木制佛龛，龛上悬黑底金字"明阳统立"巨匾，龛内供达摩泥塑像，络腮瞪目，气势威严，左右立二、三、四、五祖脱纱塑像。殿堂两山后墙上彩绘达摩之后的三十六代佛祖像。画长 7.75 米，高 2.6 米。绘画下边的裙墙石刻内外两面各雕有精美图画，皆以水浪为底，其上为各种人物、动物、神怪、宝山等。动物、神怪多在外壁各面，有龙、蛟、鱼、龟、蜘蛛、蟾蜍、海马、大象、山羊、人头鱼等。人物画多在殿内各壁，有高僧、童子、力士、官宦、侍者和神人等，还杂以鱼龙及建筑物。

佛台须弥座正面和两侧雕有狮子、绣球、卷草，背景是层层山峦。东端为半隐山中的殿堂、宝塔，旁为高树，树上搭一鸟巢，近有两只鸟雀盘旋思落。两边山间有人牵驴赶路，一个游方和尚负笈向寺院赶来，河中有人撑船，桥头有人行走，樵夫砍柴而归等等，表现出寂静山林河道中浓郁的生活情趣。

图1-17　六祖柏

殿内前东柱上部有题记曰："广南路，韶州仁化县潼阳与珠经塘村居奉佛男弟子刘善恭谨施此柱一条……大宋宣和七年佛成道日焚香书。"可见此殿建于北宋末年，后来几经重修。1984 年至 1985 年，河南省文化厅拨款复原重修，使殿堂的主要构件保持了北宋的建筑风格。初祖庵大殿前左侧有一株高 20 米，围径 4.1 米的大松柏。据说是六祖惠能用钵盂从广东带回栽植，树旁有清康熙四十四年（1705）的石碑一通，上刻"六祖手植柏，从广东到此"。

七、达摩洞

达摩洞在初祖庵北一公里 782 级石阶路上端、五乳峰之中峰顶 10 余米处。石洞洞口朝南，洞门前有明万历三十二年（1604）用灰岩石雕造的石坊，坊高 4 米、宽 2.2 米、跨 1.9 米，阳面横额雕刻有"默玄处"三字，乾清宫监胡滨题书；阴面雕刻"东来肇迹"，燕都近溪题书。额面上下均饰以二龙戏珠或双凤朝阳等精美图案。石坊内外有场地，外宽 4.2 米，深 8 米；内宽 3 米，深 5 米，左右被崖石夹挡。洞在北壁，内窄外宽深 4 米，宽 3.31 米，高 3.5 米，为水侵风化而成。洞壁，东呈蜂窝状，有无名氏刻字"本来面目"。西呈水面波纹，连卷层迭，亦有刻字，但模糊不可辨认。石洞幽邃，入洞则有寒冽阴冷之感。洞口西壁处有凿刻痕迹，据传为达摩面壁九年（因跨越十个年头，亦有说十年）处，影印入石。之后，其弟子将影石凿下保存于少林寺。又传达摩来此之时，内已有火龙穿凿盘踞。达摩一来，火龙便自洞中裂缝遁去。洞中和洞口石纹便是龙行痕迹。洞西有"养龙湟"，洞下还有"饮龙池"。今洞中供达摩石像，两边侍立其弟子像。洞门外右侧立有明万历三十三年（1605）初祖庵《修建牌坊无量功德碑》一通，记述洞外修建殿堂之事。洞外西壁崖石上有长垣苏民望题诗

图 1-18　达摩洞

曰："西来大意谁能穷？五乳峰头九载功。若道真诠尘内了，达摩应自欠圆通。"

八、二祖庵

二祖庵在少林寺西南 3.5 公里的少室山钵盂峰顶，寺僧又俗称为南庵，传为二祖慧可求法断臂后养伤的地方。庵院坐北面南，长 31.8 米、宽 28.25 米，面积 898.35 平方米。

前有一山门（韦驮殿），西为紧那罗殿，东为菩萨殿，各三间，皆已毁。北有正殿三间为二祖殿，硬山灰瓦房。檐下有明柱，殿内供慧可塑像。殿前檐下有大铁钟一口，重 1000 斤，明天顺六年（1462）正月，本院住持江耐化施集资铸造，保存完整，声音洪亮。

殿前东西有千枝柏两株，枝叶茂盛。南有古柏三株，东边的径围 3.45 米，西边的径围 3.5 米，靠南的径围 2.25 米，高皆达 25 米。因树根空洞，鸡于洞中常卧，称三百（柏）大鸡窝。可惜东边的被几股粗大的卫茅藤寄生缠绕而死。西边的也因 1979 年根部着火，树干多处烧焦。院后有古柏二株，径围都在 1.85 米、高 20 米以上。庵内有少林僧人看守，他们又在二祖庵内外种植松柏 108 株。

院中甬道两边有四眼井，"水皆清，相去咫尺，水味各别"，被称为"苦、辣、酸、甜"四眼井。传为初祖达摩来看慧可时，以卓锡扎地而得，故叫卓锡井，或叫卓锡泉。庵院南半公里的山崖上突出 6 米见方的平坦崖石，人称"天削石芙蓉"，传为慧可养伤地，又叫养臂台，也称经行处、修心台、炼魔台。明刘东星《登炼魔台》诗曰："岩峣千仞上，盘纡一径开。悬崖卧石壁，传是炼魔台。"

院落北坡上有唐武则天万岁登封元年（695）修建的单层单四角砖塔一座，塔高 7 米，已残破，塔铭风化龟裂，字迹模糊难辨。院外南洼地里有元泰定元年（1324）觉志等为缘公和尚建造的六角单层寿塔一座，塔高5米，基本完好。院外西北崖下有明代砖塔一座，也较完好。此外，院内还有碑碣多通，皆为明、清重兴二祖庵的述记碑。

九、三祖庵

三祖庵在嵩岳寺后1.5公里的太室山中峰之下，相传为竹林寺旧址，原有大殿三间，"文革"中损毁，今殿址犹存。尚存殿东四角七级空心砖塔一座，金代元光二年（1223）建。塔高8米，塔门上石额有线雕图案。塔内三壁有彩色绘画，但多已脱落。塔前地上有伏碑一通，为明成化九年（1473）九月初五日，登封县僧会官兼峻极寺开山嗣祖沙门宝岩惠福撰文，少林禅寺沙门金台文颖书丹，三祖庵住持道兴立的《重修三祖庵记》。文曰："隋文帝仁寿三年，三祖僧璨镜智大师远往湘潭而经过少林也。"另有嘉靖二十年（1541）孟冬碑、1939年正月初八日碑，皆为重修三祖庵记碑。今庵内有古银杏二株，大者径围2米，高10米，生长旺盛。据传三祖庵前有白莲庵，今已无。庵后1公里处的山崖上罗汉洞犹在，幽深森冷，蝙蝠飞鸣，三五人结伴也不好探其底。

十、南院

南院在少溪河南十方禅院东100米处。明万历三十四年（1606）周藩王建，亦称周府庵。院内永化堂是周藩王为无言正道所建。此院属少林寺的门头房院，明清时期，在少林寺众多的门头房中，永化堂是优秀者之一。据岳晓锋《当代少林十讲》所述：清朝的少林寺与民国和现在的少林寺有明显的不同。当时的少林寺常住院只是住持、四大班首、八大执事办公和居住的地方，除非重大节日和佛事活动，一般情况下，少林寺各门头房的僧人并不去常住院。少林寺各个门头房对外皆称少林寺，但各个下院对外也各有名称。少林寺的住持并非由某一个门头房垄断，而一直坚持能者执事的原则，由门头房推举产生。此时的各门头房中，永化堂属于少林寺的主流之一。在永化堂内，也有很多分支。正道—园明—通来—行安—超吉—明阳—玄相—祖心—净志—真魁—如真—海璋—湛寿—寂元—淳祥等，这是一个公认的传承序列。新中国成立后圆寂的少林寺住持贞绪就是永化堂的僧人。

南院今仅存清乾隆时建的白衣殿小院，面积约300平方米。殿为三楹，门首额题"白衣大士"字样，殿内原供"白衣大士"铜像，后移至少林寺白衣殿内。

十一、甘露台

甘露台位于少林寺常住院西200米处的土台上。台高10米，圆形，台顶面积500平方米。台上原有殿堂三楹，内祀真武像，系明清之物。此高台为少林寺首任僧跋陀译经之处，因时降甘露而得名。1984年9月，因

图1-19 甘露台

农户堆积麦草着火，台上树木被毁，尚存两株古柏，东侧一株径围 2.1 米，高 20 余米，枝叶茂盛，苍劲挺立；西侧一株径围 1.9 米，高 20 余米，因受火灾，外皮烧焦，已枯死，仅剩树干遗存。另有台外东南隅数株老态龙钟的古树，依台而生，盘根错节，姿态各异。2018 年 6 月，当地政府拨款修缮甘露台，在甘露台中央塑起一尊观音菩萨手持宝瓶抛洒甘露的巨型塑像，通体洁白，甚为壮观。周边树木枝上挂有不少红色结条，均系游客祈福所系。加有两株古柏陪衬，此处显得庄重美丽。

第二章　少林拳的起源

少林拳源于少林寺，它是以中华传统文化为基础，以攻防技击为核心，以套路、散手、功法等内容为主要运动形式，以强身健体、防身自卫为主要目的，具有形神兼备、内外合一特征的体育运动体系。

少林拳不仅是一种武术技艺，更是一种特殊的民族文化现象。纵观它的发展历程，与我国的政治、军事、宗教、哲学、中医等有着密不可分的关系。少林拳的理论与技术可称得上是中华武术的母体。"天下武功出少林"就是世人对少林拳的赞誉。

关于少林拳的起源，长期以来，有多种说法。

第一节　少林寺最早武僧——僧稠

496年，北魏孝文帝敕令为印度高僧跋陀建造少林寺。跋陀主持少林寺时，四方学者，闻风皆至，徒众数百。其中有一位名叫僧稠的和尚，"一览佛经，涣然神解"，备受跋陀器重，夸他"葱岭以东，禅学之最"，乃更授秘要。后来，僧稠进步迅速，成了大名鼎鼎的禅师。

僧稠是佛门名师，但又是一位武术高手，是少林寺第一个有史可稽的习武之僧。据唐人张鷟《朝野佥载》所述，僧稠幼时落发为沙弥，因身体弱小，常受其他弟子戏弄，心中十分恼火，无奈之下，入殿中，闭门抱金刚足求助。数日后，金刚显圣，赐予僧稠武技，刹那间，便能横踏壁行，引重千钧。曾经欺负过他的道友们看到眼前情景，个个羞愧不已，俯伏流汗。再据清代洪亮吉的《登封县志》所载，僧稠在怀州西王屋山修炼佛法期间，"闻两虎交斗，咆响震岩，乃以锡杖中解，各散而去"。以上资料成了僧稠为少林寺最早武僧的佐证。

第二节　关于达摩创拳说

自明清至今，诸多文献载有达摩创少林拳之说。南北朝时期，印度高僧达摩航海来中国传教，落迹少林。少林寺僧们在修炼禅法的过程中，不少因久坐而身体困倦，精神萎靡不振。于是，达摩就为弟子们传授了一套健身动作，久而久之，这套健身术经后人不断充实提高，就成了少林拳法的基础，这就是少林拳起源的常见说法。

追溯源头，少林拳源于达摩的说法来自《易筋经》三原李靖之序。经考证，《易筋经》系明代天启年间天台紫凝道人托名达摩之作，并非南北朝时期的达摩亲为之果。《易筋经》有多种版本，其中不少版本附有李靖所作的序言。李靖是唐初人，为明代《易筋经》作序，系后人伪托无疑。因为在此之前，有关达摩与少林拳的记述一无所有，此序以后，达摩创拳之说便盛行起来。为了便于读者识别真伪，将其序附上：

《易筋经》序

后魏孝明帝太和年间，达摩大师自梁适魏，面壁于少林寺。一日，谓其徒众曰："盍各言所知，将以占乃诣。"众因各陈其进修。师曰：某得吾皮，某得吾肉，某得吾骨，惟于慧可曰：尔得吾髓云云。

后人谬解之，以为入道之浅深耳，盖不知其实有所指，非谩语也。迨九年功毕，示化，葬熊耳山脚，乃遗只履而去。后面壁处碑砌坏于风雨，少林僧修葺之，得一铁函。无封锁，无际会，百计不能开。一僧悟曰："此必胶之固也，宜以火。"函遂开，乃熔蜡满注而四著故也。得所藏经二帙，一曰《洗髓经》，一曰《易筋经》。《洗髓经》者，谓人之生，感于爱欲，一落有形，悉皆滓秽。欲修佛谛，动障真如，五脏六腑，四肢百骸，必先一一洗涤净尽。纯见清虚，方可进修，入佛智地。不由此径，进修无基，无有是处。读至此，然后知向者所谓得髓者，非譬喻也。《易筋经》者，谓髓骨之外，皮肉之内，莫非筋联络周身，通行血气。凡属后天，皆其提挈。借假修真，非所赞襄，立见颓靡，视作泛常。曷臻极至，舍是不为。进修不力，无有是处。读至此，然后知所谓皮肉骨者，非譬喻，亦非谩语也。

《洗髓经》帙归于慧可，附之衣钵，共作秘传，后世罕见。惟《易筋经》留镇少林，以永师德。第其经字，皆天竺文。少林诸僧，不能遍译。间亦译得十之一二，复无至人口传密秘，遂各逞己意，演而习之。竟趋旁径，落于枝叶，遂失作佛真正法门。至今少林僧众，仅以角艺擅长，是得此经之一斑也。

众中一僧具超绝识，念惟达摩大师既留圣经，岂惟小技！今不能译，当有译者。乃怀经远访，遍历山岳。一日抵蜀，登峨眉山，得晤西竺圣僧般剌密谛。言及此经，并陈来意。圣僧曰："佛祖心传，基先于此，然而经文不可译，佛语渊奥也。经义可译，通凡达圣也。"乃一一指陈，详译其义。且止僧于山，提挈进修，百日而凝固，再百日而充周，再百日而畅达。得所谓金刚坚固地，驯此入佛智慧地，诚为有基筋矣。僧志坚精，不落世务，乃随圣僧化行海岳，不知所之。徐鸿客遇之海外，得其秘谛，既授于虬髯客，虬髯客复授于予。尝试之，辄奇验，始信语真不虚。惜乎未得《洗髓》之秘，观游佛境。又惜立志不坚，不能如僧不落世务，乃仅借六花小技，以勋伐终，中怀愧歉也。然则此经妙义，世所未闻。谨序其由，俾知颠末。企望学者，务期作佛。切勿区区作人间事业也。若各能作佛，乃不负达摩大师留经之意。若曰勇足以名世，则古之以力闻者多矣，奚足录哉。

贞观二年春三月三原李靖药师甫序

图2-1 少林寺碑

《易筋经》是在达摩去世一千余年以后首次出现的，研读李靖序之内容，其中达摩去世后，少林僧惊喜获得《易筋经》《洗髓经》宝书之说，以及"至今少林僧众，仅以角艺擅长，是得此经之一斑"之说等，成了达摩创少林拳的根据。这在后来的各个时期，在研究少林武术的产生与发展问题上有着巨大影响。

1915年，署名"尊我斋主人"的《少林拳术秘诀》问世，作者说："吾宗术法，虽创始于达摩禅师，而推阐变化以臻厥大成者，则以圆性禅师为首屈一指。"又说："五拳之法，人多以传自梁时之达摩禅师。其实达摩师由北南来时，居于此寺……为徒众示一练习法，其前后左右共不过十八手而已。"

1919年郭希汾的《中国体育史》出版，其中说道："少林拳实始于达摩十八手"，其语气较前更为肯定。1921年，朱鸿寿《少林拳法图说》出版；1924年孙禄堂《太极拳》问世；1926年，汤显《达摩派拳诀》发行。他们都附说达摩禅师创制了少林拳，是少林拳鼻祖。直至如今，托达摩名的各种武术书籍或达摩创少林拳之说，可谓多如牛毛、不胜枚举。

中华人民共和国成立后，不少专家学者对达摩创少林拳之说进行了深入考证，并通过著书或发表文章，澄清了达摩与少林拳的关系。

达摩禅师来中国传教，行迹清楚，传承有序，他死后，留有衣钵各一传于慧可，慧可传僧璨，僧璨传道信，道信传弘忍，弘忍传惠能，史称禅宗六祖。他们都是禅宗传承与发展的功臣，而与少林拳并无关系。所谓的达摩创少林拳之说与历史事实不符，属后人附会。

第三节　唐、郑之战是少林武术
扬名天下的开端

关于少林武术的起源，真正的有力史证还是隋末唐初的唐、郑之战。

隋末唐初，世道大乱，农民纷纷揭竿而起，矛头不但直指腐朽的隋炀帝政权，与隋政权密切相关的佛教寺院也受到了严重冲击。此时，军阀乘机割据为王。大贵族李渊、李世民父子，起兵太原，占领了隋都长安称帝，国号唐。621年，李世民以太尉、尚书令、秦王等身份率兵出关，同盘踞在洛阳的原隋朝大将、自称郑王的王世充交战。在战斗的紧要关头，少林寺僧志操、昙宗等人，率众出其不意地攻打王世充军队后营，活捉了王世充侄子王仁则并将其捆绑送至唐营。少林寺众僧这一行动，对唐军是一个极大的鼓舞，对郑军是一个沉重的打击。为表彰少林武僧的战功，李世民"嘉其义烈，频降玺书宣慰""赐地肆拾顷，水碾硙一具"，对十三位立功和尚各有封赏，其中昙宗被封为大将军。唐、郑之战，少林和尚助李世民立功受封，使少林寺名声大振。贞观以后，少林寺深受唐王朝

历代皇帝支持，寺院发展极快，名僧层出不穷。寺院还被允许自立营盘，常设僧兵五百。唐王朝还命少林寺遴选十名大德和尚，参政议政，讨论国家大事。

唐、郑之战以后，少林寺僧们不断受到皇室的加封，此举强烈地刺激着寺僧们的崇武之心，于是，他们"昼习经曲，夜演武略……修文不废武备"，习武与实战相结合，自此走上了直接为皇家服务的道路。少林十三僧助唐立功受封，是僧兵的最早作战记录，是少林武功出世成名的关键一步。"僧兵起于少林寺"，"僧自隋唐好武名"，"自唐太宗击退王世充，赐昙宗官，僧各习武，武艺俱绝"，开创了少林寺僧徒代代习禅练武的独特宗风，也是少林寺区别于其他寺院的优良传统。

唐、郑之战给了少林武僧们大显身手、一鸣惊人的机会。立功和尚受到大唐皇帝的频频宣慰，使少林寺名声大振，门位高升，荣耀无比。贞观以后，唐王朝对少林寺倍加关照，"景龙中，敕中岳少林寺置大德十人，数内有阙，寺中抽补，人不外假，座无虚授"（《皇唐嵩岳少林寺碑》）。选少林寺德高望重的和尚进皇室担任国师，参政议政，如此殊荣，是对少林僧人们的极大褒奖。不久，少林寺便成了"天下第一名刹"。在历代皇室的支持下，他们"昼习经曲，夜演武略……修文不废武备"（《西来堂志善碑》），习武同实战紧密结合起来。"谈玄更演武，礼佛爱论兵"，一部分少林寺和尚变成了皇家所供养的特殊军队。少林僧人自此走上了与众不同的修业之道。

少林僧参加唐、郑之战立功受封，才使得少林寺武功出世有名。昙宗等武僧们的助唐之举，是中国历史上"僧兵"的最早作战记录，是少林武功出世成名的开端，少林武术源头应该从此说起。

少林寺内有一通《皇唐嵩岳少林寺碑》，碑的正面左上方"世民"二字为李世民亲手渴笔草书嵌入，碑的阴面附有十三位立功和尚的名字，这是一通记述少林寺从创建到唐中期重大历史事件的石碑，它对研究少林寺与少林武术历史具有重要价值。现将碑文及有关的两份文书附录如下，以供论鉴：

皇唐嵩岳少林寺碑

银青光禄大夫守吏部尚书上柱国正平县开国子裴漼文并书

原夫星垂梵界，圣缘开万化之先；日照王宫，神迹蕴三灵之始。包至虚以见世，象教久传于旷劫；笼群有以示凡，法身初应于中古。见神通之力，广拔苦因；开智慧之门，深明乐界。鹤林变色，观其恋慕之心；雁塔开扉，通其瞻仰之路。少林寺者，后魏孝文之所立也。东京近甸，太室西偏，正气居六合之中，清都控九州之会。缑山北峙，亘宛洛之天门；颍水南流，连荆河之云泽。信帝畿之灵境，阳城之福地。

沙门跋陀者，天竺人也。空心元粹，惠性淹远。传不二法门，有甚深道业。缅自西域，来游国都。孝文屈黄屋之尊，申缁林之敬。太和中，诏有司于此寺处之。净供法衣，取给公府。法师乃于寺西台造舍利塔，塔后造翻经堂，香水成涂，金绳为约，苦心精力，俾夜作昼。多宝金身之地，不日就工；如来金口之说，连云可庇。西缘长涧，夹松柏之萧森；北拒深崖，覆筠篁之冥密。烟花浓霭，暝下天香；泉籁清音，晓传空乐。跋陀息心兹地，乐静安居，感而遂通，境来斯证。寤寐之际，若有神人致石磬一，长四尺，规制自然，声律咸具。得之河曲，空闻汉使之谈；浮于泗滨，徒入夏王之贡。管弦风夜，合清响于中天；钟梵霜晨，谐妙音于上劫。时有三藏法师勒那，翻译经论，游集刹土稠禅师探求正法，住持塔庙。虬箭不居，光尘易远。虹梁所指，象设犹存。

周武帝建德中，纳元嵩之说，断释老之教。率土伽蓝，咸从废毁。明皇帝继明正位，追崇景福。大象中，初复佛象及天尊像，乃于两京各立一寺。因孝思所置，以陟岵为名。其洛中陟岵即此寺也。隋高祖受禅，正朔既改，徽号已殊，惟此寺名。特令仍旧。开皇中有诏：二教初兴，四方普洽，山林学徒，归依者众。其柏谷屯地一百顷，宜赐少林寺大业之末，九服分崩。群盗攻剽，无限真俗。此寺为山贼所劫，僧徒拒之。贼遂纵火焚塔院。院中众宇，倏焉同灭，瞻言灵塔，岿然独存。天龙保持，山祇福护，神力所及，昔未曾有。寺西北五十里有柏谷墅。群峰合沓，深谷逶迤，复磴缘云，俯窥龙界，高顶拂日，傍临鸟道。居晋成坞，在齐为郡。王世充僭号，署曰辕州。乘其地险，以立峰戍，拥兵洛邑，将图梵宫。

皇唐应五运之休期，受千龄之景命，扫长蛇荐食之患，拯生人涂炭之灾。太宗文皇帝龙跃太原，军次广武，大开幕府，躬践戎行。僧志操、惠玚、昙宗等，审灵眷之所往，辨讴歌之有属。率众以拒伪师，抗表以明大顺，执充侄仁则以归本朝。太宗嘉其义烈，频降玺书宣慰，既奉优教，兼奉宠锡，赐地四十顷，水碾一具，即柏谷庄是也。迨海寓既平，宪章云始，伪主寺观，尽令废除。僧善护洞晓二门，远该三行，诣阙进表，特蒙置立。武德中，寺有白雀见。贞观中，明禅师造重塔之辰，白雀复瑞见。璿图肇启，初欲呈样，宝殿才兴，遽闻相贺。

高宗天皇大帝，光绍鸿业，钦明至理，尝因豫游，每延圣教。咸亨中，乘舆戾止，御飞白书题金字波若碑，留幡像及施物。永淳中，御札又飞白书一"飞"字题寺壁。云开顾鹤，电转游龙，神草竞秀于椒涂，云泉迥飞于锦石。雕甍增耀，若缀春葩；金叠分辉，似悬秋露。天皇升遐，则天大圣皇后为先圣造功德。垂拱中，有冬竹抽笋，塔院后复有藤生。证圣中，中使送钱于藤生处，修理阶陛。寺上方普光堂功德随日修造，自尔飞鸟莫敢翔集。此寺跋陀疏置，业造神微。皇家尊宠，事光幽秘。珍符荐臻于动植，灵应亟发于庭除。累圣属心，每颁渥泽。王言宸翰既叠映于鸡峰，宝像珠幡亦交驰于龙壑。皇上睿图广运，神用多能。藉明台之化清，绎天池之墨妙。以此寺有先圣缔构之迹，御书碑额七字。十一年冬，爰降恩旨付一行师，赐"少林寺"镌勒。梵天宫殿，悬日月之光华，佛地园林，动烟云之气色。汉元、魏武，徒衔奇于篆素；钟繇、蔡邕，虚致美于细简。日者，明敕令天下寺观田庄，一切括责。皇上以此寺地及碾，先圣光锡，多历年所，襟带明山，廷衮灵迹。群仙是宅，迈罗阅之金峰；上德居之，掩育王之石室。特还寺众，不入官收。曾是国土崇绝，天人归仰；固以名冠诸境，礼殊恒刹矣。

高僧跋陀，明三藏心禅诸门弟子惠光、道房、稠禅师等，精勤梵行，克传胜业。惠光弟子僧达、昙隐、法上法师等十大德亦号十英。复有达摩禅师，深入惠门，津梁是寄。弟子慧可禅师等，玄悟法宝，尝托兹山。周大象中，寺初复，选沙门中德业灼然者，置菩萨僧一百二十人。惠远法师、洪遵律师即其数也。皇唐贞观后，有明遵、慈云、玄素、智勤律师，虚求一义，洞真谛之源。复有大师讳法如，为定门之首，传灯妙理。弟子惠超，妙思奇拔，远契玄踪，文翰焕然，宗涂易晓。景龙中，敕中岳少林寺置大德十人。数内有阙，寺中抽补，人不外假，座无虚授。澄什联华，林远接武。星霜殆周于二纪，兰菊每芳于十步。上座、寺主、都维那等，牢笼法藏，游息禅林，德莹神珠，戒成甘露。

海内灵岳，莫如嵩山。山中道场，兹为胜殿。二室回合，八谷潆洄。地匝贝花，门连石柱。妙楼香阁，俯映乔林。金利宝铃，下摇清汉。法界之幽赞如彼，皇家之福应如此。天长地久，不传忉利之宫；劫尽尘微，孰记铁围之会？精求贞石，博访良工。将因墨客之词，或颂金仙之德。聿宣了义，远喻真空。其词曰：恒沙国土，微尘品类。妄见飞奔，正心蕴柜。昏途莫晓，净根将坠。乐于盖缠，若安梦寐。烝哉大圣，降迹阎浮。潜回宝轴，广运慈舟。实无灭度，示有降柔。绀宫西辟。白马东流。迷因慢生，悟为信起。玉刹斯建，宝山载峙。花台竹林，清泉妙水。静惟真相，湛然攸止。岩岩嵩岭。河洛巨镇。下属九溪，上干千仞。天磴重阻，仙都清峻。式创招提，是资诱进。婉彼上德，载诞耆阇。传业西土，演教中华。孝文申敬，恩赐仍加。经营宴室，迥出云霞。中岳北阯，嵩高西麓。斜界玉池，洞开柏谷。纡馀岗涧，连延水木。郁起旃檀，云谁卜筑。我师苦行，清修道场。励精像宇，专力经堂。金界绳直。椒涂水香。散花有地，栖禅得方。解空应真，默识开土。乘杯游集，振锡庋止。翻译幽偈，发挥妙理。仙磬感灵，神雀降祉。运交土木，代历周隋。劫火递起，魔风竞吹。法身咸翳，净国同隳，或闻兴复，讵振崩离。神尧应期，拨乱反正。皇矣觉力，大弘福庆。式遏丑徒，聿扶神圣。屡降恩旨，兼敷锡命。高宗时豫，先后卜征。丞廻雕辇，屡倚虹旌。岩题玉札，地振金声。珍符荐至，在物斯呈。我皇龙兴，有典咸秩。懿兹上界，式储神笔。云摇大围。鸾回少室。草垂仙露，林升佛日。护持八正，每候能仁。跋陀降德，稠公有邻。阙后真侣，更传了因。辩才高行，无替请尘。卓焉梵众，代有明哲。今我诸公，蕴彼禅悦。芳越衡杜，净逾冰雪。远缔津梁，无非苦节。颖上灵岳，山闲宝殿。秀出梵天，孤标神县。芥城可竭，桑田有变。贞石永刊，灵花常遍。

少林寺准敕改正赐田牒

上件地往因寺庄翻城归国，有大殊勋，据格合得良田一百顷。去武德八年二月，蒙敕赐寺前件地，为常住僧田，供养僧众，计勋仍少六十顷。至九年，为都维那故惠义不闲敕意，妄注赐地为口分田。僧等比来知此非理，每欲咨改。今既有敕，普令改正，请依籍次附为赐田者。又问僧彦等。"既云翻城有勋，准格合得赐田，当时因何不早陈论？翻城之时，头首是谁？"复谁委知？得款："称但少林及柏谷庄。去武德四年四月翻城归国，其时即蒙赏物千段，准格合得者，未被酬赍之间。至五年，以寺居伪地，总被废省，僧徒还俗，各从徭役。于后以有翻城之功，不伏减省，上表申诉。至七年七月，蒙别敕：少林寺听依旧置立。至八年二月，又蒙别敕：少林寺赐地肆拾顷，水碾硙一具。前寺废之日，国司取以置庄，寺今既立，地等并宜还寺。其教敕案今并在府县。少林若无功勋，即是雷同废限，以有勋绩，别敕更听存立。其地既张顷数，恩敕还僧。寻省事原，岂非赐田？不早改正，只是僧等不闲宪法？今谨量审，始复申论，其翻城僧昙宗、志操、惠玚等，馀僧合寺为从。僧等不愿官爵，唯求出家行道报国。若论少林功绩，与武牢不殊。武牢勋赏合地一百项，自馀合赏物及阙地数，不敢重论，其地肆拾顷，特敕还寺。既蒙此贲，请为赐田，乞附籍从正。又准格以论，未蒙金赏，但以出家之人，不求荣利，少亦为足。其翻城之时，是谁知委者？伪輾州司马赵孝宰、伪罗川县令刘翁重及李昌运、王少逸等，并具委者。"依问僧彦、孝宰等所在，款称"其人属游仙乡"，任饶州弋阳县令无身。刘翁重住在偃师县，李昌运、王少逸等二人属当县现在者。依状牒偃师勘问翁重，得报称：依追刘重勘问。得报称："少林寺去武德四年四月内，众僧等翻輾州归国是实。当翻城之时，重见在城所悉者。"又追问李昌运等，问得款与翁重牒状扶同者。又问僧彦等，既称少林僧等："为归国有功勋，未知寺僧得何官？"款称："僧等去武德四年四月二十七日翻城归国，其月卅日即蒙敕书慰劳。敕书今并见在。又至武德八年二月，奉敕还僧地肆拾顷，敕书今并见在。当时即授僧等官职，但僧等止愿出家，行道礼拜仰报国恩，不取官位。其寺僧昙宗蒙授大将军，赵孝宰蒙授上开府，李昌运蒙授仪同。"身并见在者，并追在手敕教，及还僧地符等勘验有实者。少林僧等先在世充伪地，寺经废省。为其有功翻柏谷坞，功绩可嘉，道俗俱蒙官赏，特敕依旧置立其寺。寺既蒙立，还地不计俗数，足明贲田非惑。今以状牒帐次，准敕从实改正，不得因兹浪有出没，故牒。

唐太宗《告柏谷坞少林寺上座书》

太尉、尚书令、陕东道益州道行台、雍州牧、左右武侯大将军、使持节凉州总管、上柱国、秦王世民，告柏谷坞少林寺上座寺主士以下徒众，及军民首领土庶等：比者，天下丧乱，万方乏主，世界倾沦，三乘道绝。遂使阎浮荡覆，戎马载驰，神州糜沸，群魔竞起。我国家膺图受篆，护持正谛，驭鸟飞轮，光临大宝，故能德通黎首，化阐缁林，既沐来苏之恩，俱承彼岸之惠。王世充叨窃非据，敢逆天常，窥觎法境，肆行悖业。今仁风远扇，慧炬照临，开八正之途，复九宇之迹。法师等并能深悟机变，早识妙因，克建嘉猷，同归福地，擒彼凶孽，廓兹净土。奉顺输忠之效，方著阙庭；证果修真之道，更宏象观。闻以欣尚，不可思议。供养优赏，理殊恒数。今东都危急，旦夕殄除，并宜勉终茂功，以垂令范，各安旧业，永保休祐。故遣上柱国、德广郡开国公安远往彼，指宣所怀。可令一二首领立功者来此相见，不复多悉。

第三章　少林拳基础理论

少林拳历史悠久内容丰富，涉及中国传统文化的各个领域。本章择其基础性、代表性的理论进行介绍，以期读者对少林拳能有一个基本了解。

第一节　拳理、拳法

少林拳之所以能不断进步，延续发展，精益求精，靠能人、靠诀窍、靠法则。注重实战，朴实无华，是少林武术的主要特点。长期以来，少林拳根据社会、军事和现实生活的需要，总结出了许多宝贵要诀。它们饱含玄机妙理，寓兵法策略于其中。其内容初看简单，而细察实践，方知其深邃之道。这些要诀是代代少林寺僧以血为代价总结出的切身体会，是他们与中华武林先辈们共同的智慧结晶。习武之人若清楚武术法则，深刻领悟要诀，可事半功倍，收效迅速。

一、少林拳（捶把）十要秘诀

一要明三节

一身而论，分上三节，中三节，下三节也。上三节即肩为根节，肘为中节，手为梢节。中三节即丹田为根节，心为中节，胸为梢节。下三节即胯为根节，膝为中节，足为梢节。诸三节之间，不外于起、随、追而已。

盖梢节起，中节随，根节追之。起、随、追劲法也，三节明虽不一而劲法则一也，盖通身之劲，则梢节起，中节随，根节追。起要起出，随要随定，追要追上，一动而三节皆动，则劲生矣。故要求心一动手脚相随，要将两拳并一腿，前手起，后手随，两手护，步前追，步到不如身到，身到不如心到。先到以心，紧跟以身。心一动而百体从令。身以滚而起，手以滚而出，身进脚手随，内外一体，三节自可齐也。

二要齐四梢

四梢即发为血梢、（指）甲为筋梢、牙为骨梢、舌为肉梢也。武艺之用，决斗也。决斗需勇、需劲、需技、需智也。一拳出，即全身精神抖擞，内外各部无不启动。如兽斗之际，毛发竖起，威、劲、力、勇瞬间备齐。必使发欲冲冠，甲欲透骨，牙欲断金，舌欲推齿，意念一发动，心一颤而四梢皆至，则四梢齐也。而内劲出关矣。盖气从丹田而生，如虎之恨，如龙之惊。气发而为声，声随手落，手随声发，一枝动而百枝动，则四梢齐，而内劲无不出矣。故有诀曰"上提下赘中束练，动静呼吸一气连，身心一动脚手随，要将两手并一腿，前手领、后手追，两手互换一气催"。

三要闭五行

五行者，金、木、水、火、土也。人体内有五脏，心、肝、脾、肺、肾也。心属火，心动勇力生；肝属木，肝动火焰冲；脾属土，脾动大力攻；肺属金，肺动沉雷声；肾属水，肾动快如风。人体又有外五行，即目、耳、口、鼻、舌也。目通于肝，鼻通于肺，耳通于肾，口舌通于心，人中通于脾，此五行之规于外也。故有诀曰：五行宛如五道关，无人把守自遮拦，逼真之论也。其所当知者。如手心通心属火，鼻尖通肺属金，火到金化，自然之理也，余可类推，天地交合，去蔽日月（搅乱目光），武艺相争，先闭五行。四两可以拨千斤，闭己之五行，即以克人之五行，此与四梢法相参。手打鼻痛，火到金化，自然之理也。

四要身法活

身有八法，起、落、进、退、反、侧、收、纵而已。夫起落者，起为横，落为顺也。进展者，进步低，而退步高也。反侧者，反身顾后、而侧身顾左右也。收者，收如伏猫而纵如放虎也。大抵以中平为宜，以正直为妙。与三节法相合，此又不可不知也。有诀曰：起望高束身而起，落望低展身而落。

五要步法连

步法者，寸、垫、过、快、溅（跃）也。如近距二三尺远，则用寸步，寸步即一步可到也。若四五尺远，则用垫步，必垫一步方能到也。若遇身大力强者，则用过步，进前脚，急过后腿，所谓步起在人前，落过于人也。如有一丈八尺远，则用快步，快步者，左右步急步交替，平飞而去。溅步者，并非跳跃而往也。此马奔虎窜之意，非艺不成者，不可轻用。惟远不发脚而已。如遇人多，或有器械，即连腿带脚并溅（跃）而上，进前脚带后脚，如鹞子钻林，燕子取水，步法灵活，主旨服务于技击目标助力于功能实效。学者随便用之，习之纯熟，用之无心，方为其妙也。

六要手足合

手法者，出、领、起、截也。当胸直出者，为之出手。劲至稍发，有起有落，曲而非屈，直而非直，谓之起手。劲至稍发起而落者，谓之领手。顺起顺落，参以领搓者，谓之截手。但起前手，如鹞子钻林，须束身束翅而起。推后手如燕子取水，往上一翻，长身而落，此单手之法也。两手交互，并起并落，起如举鼎，落如分砖，此双手之法也。概之，肘护心发，手起撩阴，起如虎之捕食，落如雄鹰之捉兔掠鸡也。

足法者，起、翻、落、钻，忌踢宜踩而已。盖脚起望膝，膝起望怀，脚打膝分而出，而其形上翻，如手之撩阴，落则如以石钻物。忌踢者，脚踢浑身是空，所以，踢腿动作要快起快落。即足落如鹰捉小鸡是也。手足之理相同，而足之用，如虎行之无声，龙行之莫测，然后可也。手法、足法，取其轻利活泼，万不可习有滞气，以自陷于被动所谓滞气不打人也。

七要上进法

上法、以手为奇，进法以足为妙，总之以身为要。其起手如单凤朝阳是也。其进步，如前步抢上、抢下，进步后脚踩打是也。必三节明，四梢齐，五行闭，身法活，手足之法连，视其远近，随其老嫩，一动而即是也。然其方亦有六：工、顺、勇、疾、狠、真也。工，巧妙也。顺，自然也。勇，果断也。疾，紧急也。狠，仇怒也，动不容情，心一颤而内劲齐出。真也，发而必中，见之使其彼难以变化也。六法明，则上法进法得矣。

八要顾法、开法、截法、追法

顾法者：单顾、双顾、上顾、下顾、顾前后左右也。单顾者，则用截手；双顾者，则用横拳；顾上用冲天炮或用括身炮；顾下用卧底炮；顾前后，用前后稍拳或用前后斩拳。顾左右用括边炮或用括身炮。此以随机而用，非若他人之钩连棚架也。

开法者：开左、开右、硬开、软开也。硬开如前六势之硬劲，软开如六势之软劲是也。左开用里括，右开用外括。

截法者：截手、截身、截言、截面、截心也。截手者，彼先动，而被我截之也。截身者，彼身未动，而我先截之也。截言者：言露其意，而即截之也。截面者，彼面露奇色，而即截之也。截心者，彼眉喜面笑，言甘貌恭，而我察其心内如何，而迎机以截之也。面笑不动唇，提防有恶人是也。

追法者：追法、上法、进法一气贯注，即所谓随身紧进，追风赶月不放松也。彼虽欲走而不能，使技又不成，拳如密雨穷追猛击之。

九要三性调养

三性调养，即眼为见性，耳为灵性，心为勇性，此三性，术中之妙用也。故眼中不时常循环，耳中不时常报应，心中不时常惊省，则精灵之意在自己，庶不致为人所误矣。可为临阵须提防，小心没大差。三性融一体、习武成行家。

十要使内劲

夫劲卧于无形之中，接于有形之表，而难以言传。然其理亦可参焉。盖志者气之帅也，气者体之充也，心动而气随之动，气动而力即赴之。今以功于艺者言之，以为撞劲者非也！功劲者非也！及抖劲、崩劲者，皆非也！则颤劲是也。撞劲直，而难起落。功劲太死，难于变化，抖劲、崩劲太促，而难为展招，惟颤动出没甚捷，可使日月无光，而不见其形。手到劲发，天地交合，而不费其力。总之，劲运于三性之中，发于一颤而顷。如虎之伸爪不见爪，而物不能逃。龙之用力不见力，而山不能阻。

以上十法合而为一，而克人岂有不利乎。

二、临敌移身闪挪战法要诀

移身者，将身移于一旁也。闪者，闪其猛来之势也。站者，我步站立稳，而不至于倾跌也。盖交手之际，彼来若缓，接法易见，彼来势若猛，急于攻击，必恍惚难以提防。故见其扑身而来，我镇静机灵，观其来向，随将我身移闪于一旁，闪其势，懈其力。而后待机以取之也。移闪之法最为出奇，战斗中之妙技，计谋中之妙着也。然亦贵乎善用焉，彼未来而我先移，则失于早。早则见我移，而不来，成变势而来。彼已动而慢移，移则失于晚，晚则我欲移而不得，必身受其毒。用此术者，须将眼位审明，身法辨明，步法分明，手法捷明，呼吸气练，迎其风而闪之，乘之间而取之，一存一尽，一动一静，而动捷矣，所谓捶打人不知，捶打人不防也。

要诀一：拳把妙术在移闪，动静呼吸一气连。来来往往需顺便，接取尽在一瞬间。要诀二：通臂名移闪，心意号腾挪。近移便接取，远挪够不着。一气通天地，二气隔山河。密云蔽日月，玄妙在灵活。

三、有无虚实法

有，力至也。无，力抽也。虚，势中有实，而若虚也。实，势中有虚，而若实也。当与人交手之际，将势踏定。看着无力而势虚，却又有力而势实。以为势实而有力，却又无力而势虚。时有时无，忽虚忽实，运用之妙，施于一身。而抖擞之威，灵于一心，即可谓不滞于有，不沦于无。运实变虚，以虚为实。若与人相交，不可妄动轻进。要将我身秀住，上提下赘，手不离口，前领后追，足紧随身，退存进尽，眼为见性，时常循环。身为灵性，时常报应；心为勇性，时常惊省；蓄吾势，以养神灵之精，则见可进而进，接取必得，不然恃其强壮，而无门可进，有不为人所悟者寡矣。

歌诀曰：拳把莫轻言教人，滞气不化最可怕，若能灵悟变化理，妙术不落他人下。

四、筋擎懈绽法

筋者，接其来之力劲也。擎者，执其肱而轻扶之，以付其来力，去力也。懈者，散也。散其来力而使不得来前也。绽者，过硬挡，即反手转进也，然皆懈之也。绽之以内懈之也，推之或者点退，或斩截，或移身转身，以及搅掠搂劈，挑押钩挂，拨拍托架，冲握括挎等，凡接取之妙，无非懈也，其法要贵善用焉。

歌诀一曰：上提下要赘，身进脚手随。接取合呼吸，定送暴客回。莫忘撩阴手，勤走一字路。拳把玄妙理，尽在此中伏。

歌诀二曰：人言捶把十分力，一遇懈手不敢出。验过四两拨千斤，方知他力助我力。

五、见死反活法

交手作战，最忌死势。或嫩或老皆死势也。势死易输于敌人，若能反活，犹可取胜。如尔失嫩之，速将后手往前紧抢，后腿往前紧追，身贴敌体，变被动为主动，方可以求活。或尔觉失势老了，则用里束法求活。如从下进，则用里外法求活皆可。起横不见横，落顺不见顺，两手出入紧随身，脚心发气到昆仑。人有心我亦有心，人无心我亦无心，三起不见，三进不见，势站中央难变化，直起直落人不知。

与人相战须明三前：即眼前、手前、脚前。踩定中门去打人，如蛇吸食，势正者不上，势远者不上，两手不离身，脚手快似风，疾上加疾，迅雷不及掩耳。起手三节不露形，露形不为能。内要提，外要随，打要近，气要摧，拳如炮，龙折身，遇敌好似火烧身。内贯精神，外示安逸，见之如伏猫，夺之如猛虎，布形气候与神俱往，捷若脱兔，追形逐影，纵横目不及瞬。

诀曰：若遇人多不用慌，打前顾后是老方，来来往往休停站，诈敌三方战一方。一枝动则百枝动，手到不如身到好，身到不如心到妙，先由心进后领身。

六、白猿洗脸法诀

前手虚，后手实，前一叫，后随递，一瞬抓了脸上皮。有钩挂、有搂劈，一来一去疾中疾。或左取，或右取，两手互换快如飞。拨拍妙，挑压奇，势势变，招招易，拳把欲得此中妙，想出猴形自不迷。

七、扳唤搅撂法

扳者反手打去也，唤者叫也，叫之动而观其可以来也，叫之不动而即动，则将迎风转变其术，以可取之也。叫之动，彼不动，即便先人一着，紧人一步，随使日月无光，而盲乎莫睹也。搅者阻也，见其来而阻之，使不得前进也。掠者搂也，乘其势而掠之，使不得不退也。扳唤使于彼未动之先，搅掠使于彼已动之后，必须观其头先来，手先来，脚先来，或高或低，或左或右，随势打势，得门飞入，能叫一思进，莫叫一思存，临场最忌思悟，产生迟钝，失去时机。

歌诀曰：手起撩阴，脚打膝分，足起望怀，肘起护心。未用打法先秀身，眼位身法要定真，迎风使去方为妙，接来送去巧如神。

八、呼吸动静法

呼吸者，气也。动静者，心也。心一动而气一吸，则无力而势虚矣。心一动而气一呼，则有力而势实矣。然静要专一，动要精神，吸必紧急，呼必怒发，心为元帅，气为先行。目为旌旗，目若恍惚，指示不明。动静失宜，呼吸倒置，阵必乱矣。习此艺者，先要讲明眼位，视之不至恍惚，则目之所注，意必至之，志之所到，气必随之。心一动，而百体从令，振其精神，扬其武威。动静呼吸之间，而接法、取法尽纳于一气中矣。所谓捶把尚一气，两气不打人。身之起落，步之进退，手之出入；法活而气练，来速而去疾，不战则已，战则必胜矣。

九、迎风转换法

凡交战，双方皆非常人也，临场应敌，要足智多谋，蛮力者，凭侥幸。善变者多得胜。迎风转换即随机应变也。迎者，向前接也；风者，彼来所带之风也；转换者，即改变也。眼见彼之来，按其风而改其术，以巧技取之。如初用扳进，见其来接，改用绽进，或改搂劈，或用搅摆，接取之术，变化无常，且不可执一法而论之。唯视彼来之十招，应以百招之余精，方能万无一失，百战百胜矣。

十、六合练身法

所谓六合（也有人称其为外三合与内三合）即手与足合，肘与膝合，肩与胯合，心与意合，意与气合，气与力合。

另还有十二合之说，即除上述六合外，再加上如下六合：左手与右足合，左肘与右膝合，左肩与右胯合，左右皆同，内外共十二合。

武术精究于攻防进退，而攻防实战技术的运用在于手眼身法步的协调统一。身法是应变的关键。六合之法是制胜法宝。

十一、五官合心法

五官者，是指目、耳、鼻、口、手、心也。耳与心合益聪，使人机灵过人。目与心合益明，使人眼明手捷，反应神速。口与心合益勇，口的动作有助于力的增生，可使勇气旺盛。鼻与心合益力，鼻是气的调节器官，气的适时运用有助于力的生成。手与心合益疾，手受心的指示，心意到则拳力妙，神速也。

十二、练身行功法

人为血肉之躯，有思维，有感情，喜怒哀乐均由外界事物所起，万事万物传感入脑，脑迅速得出决定，发出指令，各内脏器官及时相辅。

十三、严察交口法

欲与敌人相战，不可忘记交口①法，务要知其远近。一有所忽，远则

———————————

① 交口：两人交手时的适当距离。

失之于嫩，嫩则敌人易逃；近则失之于老，老则已身难起。若犯二病，难免遭不测之辱。

十四、战时五劲法

少林武功内容丰富，招式繁多，动动有法，非打即防。但就劲力而言着重打有五劲。何为五劲？即踩劲、扑劲、括劲、束劲、搓劲。

踩劲：如物于足下，膝低抬而重踏即为踩劲。

扑劲：如猛虎扑食，勇不可当，起手横拳，领手钻拳，皆为扑劲也。

括劲：如包状括物，四下严密不露，如十字拳，左右边括等皆为括。

束劲：忽大忽小，忽高忽低，无有定形。望眉钻等皆是束劲。

搓劲：随四劲而打，但拳法非搓不灵，身照着落，着落二字指身平，武艺要盛，四梢要齐，于人相战，云蔽日月。

歌诀曰：内要括，外要随，起要横，落要顺；打要近，气要缩，拳如炮，龙折身；连环进，莫思存，遇敌好似火烧身。内盘精神，外示安逸，守如处女，犯若猛虎，心神惧往，惊如腾兔，纵横往来，目不及瞬。起望高束身而起，落望低展身而落。起高落低，中平为宜。低之中上发为高，非有心为高，高之中怀收为低，非有心为低。起不起所以在起，落不落所以在落。

十五、拳脚捷要论

右来右迎，此谓捷取。远了便上手，近了便加肘。远了使脚踢，近了便加膝。远近宜知拳，打膀切足踢。能教一思进，有意莫带形，带形必不赢。捷取人法，审顾地形。拳打上风手要急、足要轻，把式走动如猫形。心要整，目聚精，手足齐到定然赢。若是手到步不到，打人不得妙，手到步也到，打人如蒿草。所以善拳者，先看地形后下手势，上打咽喉下打阴，左右两肋中在心。前打一丈不为远，近者只在一寸间，意深自悟也。

十六、天远机论

身动如崩墙倒，脚落如树栽根，手起如炮直冲。身动如活蛇，击首则尾应，击尾则首应。打前要顾后，知进须知退，心动快似马，肾动速如风。操演时面前如有人，交手时有人如无人。前手起后手紧催，起前脚后脚紧随。面前有手不见手，胸前有肘不见肘。见空不打，见空不上，拳不空打，打起亦不空落。手起足要落，足落手要起。心要占先，意要胜人，身要攻人，步要过人。前腿似弓，后腿似钉。首要顶起，胸要微含，腰要立起，丹田要运起。自项至足一气相贯，战时心寒者必不能取胜。不能察言观色者，不能防人，必不能先动。先动者为师，后动者为弟。能教一思进，莫教一思退。三节要明，三心要实，三尖要照，四梢要齐。明了三心多一方，明了三节多一力，明了四梢多一精，明了五行多一气。明了三节不贪不欠，起落进退多变化，三四九转是一势，总要以气为主将，以心为统领，五行运乎。二气时时运化朝夕，盘打始虽勉强，久而自然。

十七、论技法

上右进左，上左进右。发步时脚跟先着地，脚趾抓地，步要稳当，身要庄重。捶要沉实而有骨力。去时撒手，着人成拳。用拳要拳紧，用把要有气。上下气要匀，一出入以心窝为主宰，手眼足随之。去不贪不欠，不即不离。肘落肘窝，手落手窝。右足当先，膊尖向前，此谓换步，拳从心发，以身力催手，手以身把进人进身，一步一捶，一枝动，百枝俱随。发中有绝，一曲浑身皆曲，一伸浑身皆伸，要伸得进，曲要曲得狠，如卷炮卷得紧，崩得有力，无论提打按打、群打哄打、旋打斩打、冲打劈打、肘打膊胯打、掌打头打、进步打退步打、顺步打横步打，以及前后左右百般打法，皆要一气相随，出手先占正门，此是诀窍。骨节要对，不对则无力。手把要灵，不灵则生变。发手要快，不快则迟误。举手要火，不火则不快。打手要狠，不狠则不齐。存心要毒，不毒则不准。手脚要活，不活则担险。存心要精，不精则受渔。发作要鹰扬勇猛，泼皮胆大，机熟连环勿畏惧迟疑。心小胆大，面善心恶。静如书生，动是猛虎。人之来势，亦当审查。

十八、真功六字诀

少林功夫有六字真诀，即工、顺、勇、疾、狠、真。

工是指所练功夫已达上乘，技艺精益求精，巧妙灵活是也，拳脚招式，得心应手，熟练自如。

顺是指气宜顺行，架宜顺从，借人之力，顺人之势，不与来势顶撞，以智代力，懂巧劲而不轻用拙力。

勇是指聪明勇敢，机灵果断。狭路相逢勇者胜。勇是取胜的关键因素。与人相战，审势进取，闪空即入。平时多流汗，战时戴花环。交战胜负一瞬间。最忌临场胆怯思悟而失计、失机。

疾是指速度闪快。拳之有形，打之无形，少林拳的"屈而不屈，直而不直"，就是有利于快速攻防的最佳手势。"出拳如放箭，收拳似火烧""见形不为能"之说，就是对动作闪快的基本要求与形象描述。

狠是指出手无情，击其要害，若能一招制敌，决不用二手出击。双方交战，非胜即败，非伤即亡，尤其狡猾之敌，不可受其蒙蔽，反遭祸殃。

真是指求真务实，练攻防之真功，不练花拳绣腿，平时讲究拳无空来掌无空回，建立攻防意识，体现功夫真谛。

十九、练拳八大劲

拳打心劲如火攻，拳打膀劲如开弓；拳打腹劲如刁翎，拳打胯劲疾如风；拳打足趾如虎爪，拳打手指如钢钉。拳脚交加威力大，内外一致是真经。八劲合一真功夫，八劲不合力量轻。

二十、八打八不打

一打眉头双眼，二打唇上人中；三打穿腮耳门，四打背后骨缝；五打肋内肺腑，六打撩阴高骨；七打鹤膝虎胫，八打破骨千斤。

一不打太阳为首，二不打正对锁口；三不打中心两壁，四不打两肋太极；五不打海底撩阴，六不打两肾对心；七不打尾闾缝府，八不打两耳扇风。

二十一、八刚十二柔

八刚是指：一刚泰山压顶，二刚迎面直通，三刚顺步双拳，四刚叠肘硬攻，五刚贴门靠壁，六刚硬崩伏底，七刚左右双棍，八刚摔拶两分。

十二柔是指：见刚而回手，入手而偷手，截手而滚手，棍手而漏手，直手而勾手，采手而入手，搂手而进手，磕手而入手，扑手而进手，挑手而入手，开手而叠手，粘手而破手。

二十二、短打手法论

短打，即螳螂打也。见刚而提步，回手而贴臂，起手即双棍，出于见截手，偷手急入肘，入肘而崩捶，崩捶即还步，还步直通入，遇道通即磕手，逢磕手即滚漏，若滚漏即双勾，逢双勾即入手，见入手即崩砸，崩砸而闪步，闪步即护眼，见护眼即进底漏，底漏而采手，采手即粘拿手，逢粘拿而即入头捶，入头捶而必下底势，逢底势而双手过脑，打下而取上，取上而取捎下，打左须要防右，打右一定防左，不招不架，实是通家。

二十三、三前六要法诀

两人来交手，劝君莫发急。三前与六要，时刻记心里。

眼手脚三前，一节不能漏。眼前拳械施，锐目注两头。

手足上下来，挡躲凭眼瞅。眼灵百合顺，目前须固守。

手前遇敌手，须把虚实究。若虚任放过，若实虎力攻。

将计就计变，打他狼狈还。脚前遇敌脚，借力送客走。

避他闪躲走，回马取咽喉。六要沉浮明，快稳变节从。

一要心沉静，遇敌莫惊慌。不为虚势痹，不怯虎势雄。

从容迎暴客，百战能百胜。二要壮肝胆，遇敌不胆寒。

矗立泰山势，压倒万重山。遇强漂云去，进退寻时机。

三要明眼睛，细辨暴客行。他实我避躲，他虚我猛攻。

任他千势变，难逃我手中。四要双手快，手随眼神行。

身到两手到，眼到手敏疾。打人不见手，见手非为能。

五要脚步稳，站立如生根。轰雷击不倒，狂风不动身。

脚随身而行，飞脚可破阴。六要应万变，风云须辨明。

知其四方来，应其八方变。声东击西进，可迷英雄眼。

二十四、打擂五要诀

功源于拳，势出于招。全身皆招，浑身打人。攻骤退疾，虚实兼施。击则连三，变化多端。智劲合一，灵机制敌。擂台常胜者，攻如六月雨；随霹雳时降，骤势推巨桩；若遇强中手，可使回马枪；退如流星走，疾闪左右方；进退夹虚实，诱缠拉长秧；虚引虎口入，关门打恶狼；耗尽强者力，反掌擒魔王。

二十五、拳法掌法诀

拳法：打拳一气连，出拳如崩山。交战杀气勇，着点击如钻。源发中洪暴，拳出似放箭。一灵劲气合，二妙内外修。拳随龙虎身，铁锤砸碎山。

掌法：练掌先运气，气由丹田起。精沛猛发劲，经胸击敌去。单推力要猛，双推力要齐。撩掌内外滑，劈掌如斧下。崩掌如开花，切掌似切瓜。护掌如盖顶，抢掌如箭发。出掌快如风，着穴如扎钉。收掌如闪电，打人不见影。合练朱砂掌，五年定成功。

二十六、拿法抓法诀

拿法：二虎登山擂，霎时争高低。伸手抓猛虎，拿掌法为奇。诱敌先出手，我手疾莫迟。八字入虎口，五指劲紧齐。顺拿顺下手，倒拿下把移。顺倒皆须骤，迟疑反遭袭。如拿臂拿肩，寻机闪身取。拿法讲时机，正取则不易。

抓法：擒敌在手足，抓腕犹莫迟。顺抓绕外进，反抓闪下入。倒抓外下侵，直抓上偷袭。更有虚实法，乱敌神心室。乘虚乱骤入，五指紧劲齐。牵牛过崎岭，吾招随意行。

二十七、扭法缠法诀

扭法：打擂心都狠，不让寸和分。近则抓要把，扭住即成擒。单手扭腕肘，双手动大筋。可取金葫芦，可使臂分身。更可卸大腿，抛球溜地滚。巧在待良机，妙在施逆劲。

缠法：二人交手战，缠法使在先。出手诱敌擒，反手缠敌手。缠腕并缠指，提点压卷骤。卡根易缠梢，提上接后揪。虎劲对牛劲，成擒刹那间。

二十八、交斗要诀

二徒习交斗，重在两只手。抓推摔劈插，出招先夺头。

两拳合太阳，再偷正心口。急中摘茄子，近身卡咽喉。

近腿旋跪膝，错身插肋沟。莫忘别大臂，回马破枕头。

乘机卡脖子，换梁偷柱走。近足偷泼麦，背阴臀凸流。

更有倒踢脚，朝关猛踢球。摆臂双击胯，奇招施铁头。

侧身鬼推磨，迎面放风筝。还有鬼搬跌，神仙也发愁。

智生二十诀，莫传非君口。①

二十九、身法要诀

头端面正手平分，直竖身昂腿护阴。

斜立足分丁八字，势如跨马挽弓形。

脚腿不浮身便稳，足指须分抓地灵。

脚动脚跟同进退，肩投腰弓身齐行。

反身复缩随舒卷，偏闪腾挪势势承。

练习常如寡敌众，横冲直撞莫留停。

又曰：

少林身法九刚猛，起落进退侧收翻。

更有反侧身法妙，起横落顺一条线。

收如伏猫放如虎，瞻前顾后是武仙。

左右遇敌速侧身，退则引敌陷伏圈。

---

① 据少林拳谱所云，以上二十招诀属少林寺宋代灵丘大和尚的得力弟子智生和尚在多次打擂获胜后所总结出来的，最后"莫传非君口"一句体现了少林武技以德为要的传承戒律。

利则飞进驱虎豹，良机可乘雀翻山。

三十、擒盗秘诀

强贼夜袭寺，闻声倾耳听。制怒细思讨，猫步探寻音。

若遇强毛贼，疾施蛇吐信。溜膀回头势，铁头碰瘟神。

撒下绊马索，人马陷阱深。偶遇三只鬼，猛虎把腰伸。

一口吞山羊，再把血喝尽。孤众两悬异，骤施鹞入云。

盗凶追得紧，扎桩稳住身。伸出铁扫把，风卷扫残林。

猴差虎豹力，可请孔明神。若出三分智，十劲命难存。

孤僧胜百盗，武功出少林。①

三十一、手搏秘诀

两虎相斗必有伤，迎面交手抢步上。早行一步必得机，先施一招可制强。迟疑一寸慌手脚，少出一招必有伤。得机得地亦得势，七分劲力抵百狂。降魔必有防魔智，抓马必带捆马缰。人头比王手比将，擒贼必须先擒王。下靠两马绕圈圈，上靠十枪扎中膛。扎喉扎眼扎两腮，扎身扎颊扎太阳。回马偷扎又扣穴，背中一枪见阎王。十枪露出两只手，专打人头妙无量。②

三十二、选择天时地利要诀

动手之前多盘算，地形凶吉要查遍。抢占吉地要果断，误入绝境向前

---

① 此诀为明万历年间少林寺武术高手通祥和尚所言。其常登擂台，多有获胜，曾著有《擒拿精要》等。此诀名为擒盗，道出了少林僧习武的动机之一，即保护寺院及其庄田财产。

② 玄志和尚系清初少林寺的著名武师，该秘诀是从其编著的《散手摔拿抓破法》中摘选而来。

站。辰时交手日在东，背靠东方功好成。午时交手日在南，休让太阳在眼前。酉时交手日在西，站在西方见高低。六月交手迎风进，腊月交手顺风行。眼观六路须镇定，耳听八方要辨明。更有一言须切记，三前分明是根基。

三十三、练功十要与十忌

十要：面要常擦，目要常揩，耳要常弹，腹要常摩，胸要常护，齿要常叩，背要常暖，足要常搓，津要常咽，腰要常揉。

十忌：忌早起磕头，忌阴室贪凉，忌湿地久坐，忌冷着汗衣，忌热着晒火，忌汗出扇风，忌灯烛照睡，忌子时房事，忌凉水着肌，忌热火灼肤。

三十四、练功十八伤

久视伤精，久听伤神，久卧伤气，久坐伤脉，久立伤骨，久行伤筋，暴怒伤肝，思虑伤脾，极忧伤心，遇悲伤肺，多食伤胃，多恐伤肾，多笑伤腰，多言伤液，多睡伤津，多汗伤阳，多泪伤血，多交伤髓。

三十五、医伤要诀

上止天庭二太阳，气口血海四柔堂；耳后受伤均不治，伤胎鱼笠即时亡；肋梢插手难医治，肾俞丹田最难当；夹背断时休下药，正腰一笑立身亡；伤人两乳及胸膛，百日百死到泉乡；出气不收无药方，翻肚吐粪见阎王。

第二节　武德武规

武术行当里，各门各派尤为重视武德教育。武德是习武之人的灵魂支柱，立身之本。不同时期里，少林拳都有相对的门规戒条。

一、短打十戒

勿自持豪强越礼犯规，悖逆争斗，致于人怨而犯天谴。横逆相加只可理说排忧解，勿妄动手脚。即万不得已，亦须打有轻重，宜安六窍，免致伤人。背地无毁讥他人已显己能。须传忠诚有志之士，平易恭谦之人，匪僻之徒决不可传。强横无义者不传，心既不诚，学亦不笃，传之何益？徒劳精神耳。

不传则已，传则何多何少具用真实手法，勿持外道以欺人。遇孤懦无主之被人欺逼太甚，不妨代为出气，然亦须有分寸，斟酌行之。①

二、觉远上人订立之诫约

习此技者，以强健体魄为要旨，宜朝夕从事，不可随意作辍。宜深体佛门悲悯之怀，纵于技术精娴，只可备以自卫，切戒逞血气之私，有好勇斗狠之举，犯者与违反清规同罪。平日对待师长，宜敬谨将事，勿得有违抗及傲慢之行为。对待齐辈，须和顺温良，诚信毋欺；不得恃强凌弱，任意妄为。于挈锡游行之时，如与俗家相遇，宜以忍辱救世为主旨，不可轻显技术。凡属少林师法，不可逞愤相较，如偶尔遭遇，不知来历，须先以左手作掌，上与眉齐，如系同派，须以右掌照势答之。则彼此相知，当互为援助，以示同道之谊。饮酒食肉，为佛门之大戒，宜敬谨遵守，不可违犯。善以酒能夺志，肉能昏神也。女色男风，犯之必遭天谴，亦为佛门之所难容，凡吾禅宗弟子，宜垂为炯戒，勿忽。凡俗家子弟，不可轻易以技术相授，以免贻害于世，违佛氏之本旨。如深知其人，性情纯良，而又无

① 短打十戒见清乾隆年间，升霄道人整理宋时少林大师福居和尚所传的《少林罗汉行功短打》。

强悍暴狠之行习者，始可以传衣钵。但饮酒淫欲之戒，须使其人誓为谨守。勿得一时之兴会，而遽信其毕生，此为宗之第一要义，幸勿轻视之也。恃强争胜之心及贪得自夸之习，世之以此自丧其身、而兼流毒于人者，不知凡几。盖于技击术之于人，其关系至为紧要，或炫技于一时，或务得于富室，因之生意外之波澜，为禅门之败类，贻羞当世，取祸俄顷，是岂先师创立此术之意也乎，宜切记之。①

三、《少林拳术秘诀》中之诚约

肄习少林技击术者，必须以恢复中国为志意，朝夕勤修，无或稍懈。每日晨兴，必须至明祖前行礼叩祷，而后练习技术。至晚归寝时，亦如之，不得间断。少林技术之马步，如演习时，以后退三步，再前进三步，名为踏中宫，以示不忘中国之意。凡属少林宗派，宜至诚亲爱，如兄弟手足之互相救助，互相砥砺。违此者即以反教论罚之。凡少林之演习拳械时，宜先举手作礼，惟与他家异者，他家则左掌右拳，拱手齐眉。吾宗则两手作虎爪式，以手背相靠，平与胸齐，以示反背胡族，心在中国。如在游行时，遇有必相教量者，先举手作如上式之礼，倘是同派，必相与和好；若系外家，既不如此，则相机而动，量其技术之深浅，以作身躯之防护，非到万不得已时，不可轻击要害。传授门徒，宜慎重选择，如确系朴厚忠义之士，始可以技术相传。惟自己平生之得力专门手法，非相习久而相知深者，不可轻于相授。至吾宗之主旨，更宜择人而语，切勿忽视。

恢复河山之志，为吾宗之第一大目的。倘一息尚存，此志不容稍懈，如不知此者，谓之少林外家。济危扶倾，忍辱度世，吾宗既皈依佛门，自

---

① 尊我斋主人：《少林拳术秘诀》，中华书局1915年版。

当仍以慈悲为主，不可有逞强凌弱之举。尊师重道，敬长友爱，除贪祛妄，戒淫忌狠，有于此而不谨为遵守者，当与众共罚之。①

四、《武术汇宗》中的少林"十二规条"

第一条：尊师重道，孝悌为先。

第二条：苦练功夫，体德先贤。

第三条：不准奸淫，衣冠斜歪。

第四条：不准扬拳舞爪，以下犯上。

第五条：不准无故发笑口，造妄言。

第六条：不准以大压小，公报私仇。

第七条：不准指东杀西，高声争论。

第八条：不准跷脚架腿，开口骂人。

第九条：不准唆弄是非，以欺弱好强。

第十条：不准贪图渔利，盗人财物。

第十一条：要低声细气，不耻下问。

第十二条：要克己和众，助人成美。

五、《武术汇宗》中的少林拳"十愿"

一愿学此本领保国安民，二愿学此本领抑强扶弱，三愿学此本领救世济人，四愿学此本领锄恶除奸，五愿学此本领保助孤寡，六愿学此本领仗义疏财，七愿学此本领见义勇为，八愿学此本领舍身救难，九愿学此本领传授贤徒，十愿学此本领兴旺门第。

---

① 据《少林拳术秘诀》述，明亡之后，清初顺治、康熙年间，明代宗室贵胄遁入空门，匿迹韬光，隐待时机，精习拳技，一图恢复。此为少林宗法第二时期之诚约。

六、《武术汇宗》中的少林拳"十不许"

一不许持有本领欺奸妇女，二不许持有本领抢孀逼嫁，三不许持有本领欺负良善，四不许持有本领劫夺财产，五不许持有本领酗酒滋事，六不许持有本领伤残世人，七不许持有本领胡作非为，八不许持有本领背弃六亲，九不许持有本领违拗师长，十不许持有本领结交匪人。

七、少林拳十禁

一禁怀技叛师；二禁怀技异思；三禁怀技妄言；四禁怀技浮艺；五禁怀技盗劫；六禁怀技狂斗；七禁怀技违戒；八禁怀技抗诏；九禁怀技欺弱；十禁怀技酒淫。

八、少林拳十忌

一要忌荒惰，二要忌矜夸，三要忌躁急，四要忌太过，五要忌酒色，六要忌狂妄，七要忌游混，八要忌假正，九要忌轻师，十要忌欺小。

第三节　少林武术文化

禅与武分别是中国传统文化中的重要内容，其发生发展各有各的路径和法则，由于少林寺这个特殊的场所和文化平台，使禅与武出现了合流，从而形成了以禅武结合为特色的嵩山少林武术文化。

一、少林武术文化的渊源

说到少林武术文化，禅文化和武文化是其核心内容。禅武合一更是其主要而鲜明的特征。

禅作为一种佛修方式，在达摩来嵩山传法之前已在中国流行，如少林寺的开山祖师跋陀，也以禅修为主。达摩来少林传法，使原本仅是一种佛修方式的禅变成了一种从佛性理论、修行方式到终极境界自我完足的思想。再加上禅宗后人对传承谱系的强化，达摩就成了中国禅宗的初祖。不过，无论是跋陀的禅，还是达摩的禅，都产生于嵩山少林寺，所以，少林寺被尊为禅宗祖庭。

在嵩山少林寺创立而后发展起来的中国禅文化是佛教中国化的结果。佛教初传中国时，主要是在上层社会流行，重文字义理，很快产生了教条化、形式化的倾向，再加上烦琐的修行方法，大大影响了它在普通民众中的传播。为打破这一弊端，无数佛学大德吸纳儒、道等中国本土文化元素，增强教义的普世性、修行的现实性与简易性和终极境界的宗教超脱性，使其快速在民众中传播，最终成为中国文化的重要组成部分。

少林武术源于嵩山。关于少林武术的起源，目前基本形成共识，主要是五个方面：一是当地的习武风俗，环境使然。在嵩山地区的汉三阙上就有两人争斗的画像石，有力地证明了武术在嵩山地区有着悠久的历史传统。二是少林寺僧带艺入寺，历史上有慧光、僧稠、圆净等少林僧人出家前会竞技与武术气功的记载。三是为抵御寺院周围恶劣自然环境，少林寺独特的地理位置与自然条件，此地常有野兽劫匪出没，寺僧学一点武术，看家护院也顺理成章。四是寺僧练武健身，伸拳动腿以解坐禅之困。五是受时代影响，寺僧积极入世，参与军事战争，使少林武术呈现出延绵不断的发展态势。

少林武术的发展历程大概分为三个阶段。从北魏到唐初是初创时期。关于少林武术的记载比较模糊和零碎，有些系后人伪托，如以达摩命名的武术套路等。隋唐为创立期，从唐初的十三棍僧救唐王，到宋代福居邀十八家武林高手汇聚少林，再到元代紧那罗僧打败红巾军，这些有史可证的武术记述，都反映了少林武术在实战中特别是在封建战争中得到了充分的发展。明代时期，由于少林寺僧被调遣至江浙一带抗击倭寇，保家卫国，立下赫赫战功，少林寺武功更加深入人心。这一时期文人墨客的诗词、游记中有不少关于少林僧人习武的描写。如金忠士《游嵩山少林寺记》中"观群僧角艺"；袁宏道《嵩游记》中"观手搏"；公鼐《少林观僧比试歌》中观千余武僧清晨操练的壮观场景等。

关于少林武术的内容，由于少林武术在自创的基础上，不断与其他各流派互相交流与吸纳，最终形成了包含各种功夫的庞大体系。按技法分，有拳术、器械、散手、对练、各种功法等数百种。按性质分，可分为技击、内功、外功、硬功、轻功、气功等。但在这庞杂的武术体系中，大家一般认为，最能代表少林武术的应是少林拳法、棍法和气功。一般认为，少林武术的特点为刚健有力、朴实无华、利于实战，招招非打即防，没有花架子。拳法不强调外形的美观，只求技击的实用。进退灵活、敏捷，有"拳打一条线"之说。

另外就是禅武合一。禅武合一是少林文化的精华。少林武术，又称少林功夫，它是一种在嵩山少林寺特定佛教文化环境中形成的，以紧那罗王信仰为核心，以少林寺武僧演练的武术为表现形式，并充分体现禅宗智慧的传统佛教文化体系。

少林武术作为嵩山少林文化最主要的载体，首先是一个文化体系，不仅仅是指少林寺流传下来的那些动作、套路。少林武术作为一种文化，还有理论的、抽象的、形而上的东西。少林武术不是普通的武术，而是少林寺在特定历史环境中形成的武术。而其特殊性就是以禅为体、为灵魂，以武为用、为表现形式的"禅武合一"。

二、少林武术文化的形成

少林武术禅武合一的成因，主要有几个方面：

一是少林寺这个特殊环境为禅武合一提供了场所与舞台。作为禅文化的发祥地和传承地，少林寺禅文化源远流长，又位于有着浓厚武文化传统的嵩山，武文化在此发展成为必然，于是，禅文化与武文化在此见面、碰撞、结合也就自然而然了。

二是少林僧人作为禅武的同一实践主体，使禅武合一成为必然。少林寺历史上自有文僧与武僧之分。在最初的僧团结构下，修禅的僧人与练武的僧人有明显分工和区别。但随着长时间在一起生活，难免产生交流融合，最后形成禅武双修僧人。这样，两种文化在一个主体上实践，相互渗透、相互融合，最终浑然一体。如今少林寺的僧人大多是禅武双修。

三是禅的相对形而上与武的相对形而下，其互补性也使禅武合一成为可能与必然。禅宗作为中国化的佛教，有博大精深的佛教教义和中国传统文化作支撑，其思想性、思辨性、开放性、务实性、伦理性，无不从形而上的角度影响和指导着包括武术的实践生活。

而功夫作为武术的核心，更重视具象，相对形而下，需要有理论、伦理等形而上作支撑。于是，两者就在少林寺这个特殊的环境中，在一个个既禅修又练武的僧人身上实现了结合。

三、少林武术文化的基本内涵

嵩山少林文化的禅武结合特点，有着丰富的中国传统文化意蕴。首先，禅武结合体现了中国文化一贯主张的"道器合一"："形而上者谓之道，形而下者谓之器。"这句话道出了中国传统文化的精髓。自古以来，中国人都认为，宇宙间事物的变化分为两种：一是无形的，一是有形的。无形的是形而上的，曰"道"，它是有形事物变化的根据和规律；有形的是形而下的，曰"器"，它的变化受无形的"道"支配和影响。在禅武结合中，禅文化的形而上为武文化提供了理论支撑，使武术更具有了文化的特性；武文化也在发展过程中丰富了禅修的方式，使原本以静坐为主的修行变成了动静结合，在禅文化中也得到了多样化的体现和丰富。比如在禅修方面，禅宗讲"直指人心""当头棒喝"，在少林武术中就表现为朴实无华，在技击方面就表现为动如涛、静如岳、起如猿、落如鹊、快如风、重似铁等。拳打一条线，闪展腾挪、直击要害等，说的是快稳、轻灵、准狠等。禅宗讲的渐悟与顿悟是佛修的两个必经阶段，其中"渐悟"是常说的修行，是量变；"顿悟"则是指"立地成佛"的那一刻，是质变。练武亦然，只有按套路练，才能在实践中随机应变，熟能生巧，化有招为无招，这是一个由量变到质变的过程。再如在终极境界上，禅宗讲"直指人心，见性成佛"，所谓"见性"即"无我"。武术所追求的最高境界同样是"无我"。在少林武术的歌诀中，民国初少林武僧妙兴的《行功罗汉拳诀》就说："出于心灵，发自性能；久练自化，熟极生神。"

　　其次，禅武结合体现了中国文化的开放性与包容性。中国文化之所以能成为人类史上最悠久的文化之一，与其对多元文化的开放与包容有着重大的关系。具体到禅武文化，也同样体现了这一点。佛教本身是外来文化，在中国本土文化的开放与包容下，最后完全被中国化，禅文化正是佛教中国化的结果。武术文化虽然是中国土生土长的，历来也有各门各派的门户之见，但是，它的实战使它无法独守绝技，两人只要过手，就无法保证武技秘不外传，除非你身怀绝技，又从未与人交手，可未经过实战检验的武术秘技不会有很强的应用价值。所以武术的实战性最终决定了它的开放性，区别在于别人为弄清你的招数所付出的时间长短而已。两者同样具有开放性与包容性，又在同一个个体（少林僧人）上进行实践，相互结合、相互渗透、相互吸纳的可能性变成了现实。

再次，禅武结合体现了中国文化弃恶扬善、保家卫国的道德观。"禅"在佛教最初传入中国时，曾被译为"弃恶"或"功德丛林"，其本身就有弃恶扬善的含义。"放下屠刀，立地成佛""救人一命胜造七级浮屠"都是禅宗主张弃恶扬善道德观的体现。而武术作为一门技艺，道德的引导与约束更成为它的灵魂。历来习武者都首讲武德，如果会武之人不讲武德，就等于个人的行为失去了方向。历史上这样的例子很多，比如三国的吕布就很典型。相同的道德要求，为它们的结合提供了思想基础。

禅武结合使弃恶扬善、保家卫国的道德观在少林寺大加彰显。纵观少林寺的历史，从唐初"十三棍僧救唐王"客观形势下的断然选择，到明代少林武僧主动抗倭，再到近代少林和尚抗日，在少林历代僧人身上，无不体现着"安邦济世"的思想情怀。《少林功夫传授门徒规条》中有"十愿"，其中第一条就是"一愿学此本领，保国安民"，明代程绍的《少林观武》七律诗就表达了禅武合一、保家卫国的道德观。诗曰："暂憩招提试武僧，金戈铁棒技层层。刚强胜有降魔力，习惯轻携搏虎能。定乱策勋真证果，保邦靖世即传灯。中天缓急无劳虑，忠义毗卢演大乘。"禅武结合体现了中国文化主张的身心兼修。中国文化从总体上说是以人为本的文化，最初就把"人"看作是由"身"和"心"两部分组成的。其中"身"倾向于人的自然属性，即人的血肉之躯，而"心"则倾向于人的社会属性，即人的情感、智慧、修养等。用"道器合一"来讲，"心"是"道"，"身"是"器"。中国儒家所讲的修身，就是"身心双修"。禅文化与武文化，一个重心修，一个重身修，两者结合，正好达到身心双修。禅从根本上说是"调心"，通过念佛净心、坐禅摄心和发心自悟，实现心灵的超脱。而武术最基本的功能是强身健体，就是能通过一定的锻炼方法让血肉之躯健康无病。两者的结合，不仅使少林僧人在身心兼修方面更上一层楼，更为世人丰富了身心兼修的理论指导和实践方法，特别在武术失去冷兵器时代防身攻击功用的现代，其养生功用将会逐渐凸显。

总之，禅武合一使少林武术成为少林僧人禅修的另一法门，同时，少林寺僧人将禅文化贯彻到少林武术中，也使少林武术成为有别于甚至远远高于其他武术门派的特殊功夫。这不仅充分体现了中国文化中的一贯精神，同时也反过来大大丰富了中国文化的内涵。

嵩山少林文化依托嵩山少林寺，在佛教和世俗文化不断融合的基础上广泛吸纳中国传统文化精华，形成了以禅武文化为核心的独特文化现象。它大大丰富了中国传统文化的内涵，促进了中国人民族心理与性格的形成。特别是发展到现代，少林武术作为中国的重要文化符号，已成为世界认识中国的有效途径。①

第四节　禅宗是一条尊师重道的传统文化价值链

少林寺设有六祖堂，敬奉的是开创禅宗的六代禅宗师祖，他们分别是达摩、慧可、僧璨、道信、弘忍、惠能。这六位大师，都为禅宗的发扬光大付出了毕生的心血，综观禅宗的发展历史，它犹如一条传统文化价值链，体现着尊师重道的宝贵品质。

尊师重道是中华民族的优良传统，是一种尊重知识，尊敬师长，虚心好学，传承创新，不断进取奋进的可贵精神。在人类历史上，没有生而知

---

① 张广智等：《大嵩山——华夏历史文明核心的文化解读》，大象出版社 2016 年版，第311—318 页。

之，唯有学而知之。

在武术领域中，"一日为师终身为父""师徒如父子"等表现的都是尊师重道的传统。也正是这种精神，才使我们有了众多的武术流派。师者，传道授业解惑也。这就是武术绵延至今、生生不息的原因所在。

在少林武术的发展过程中，禅宗师徒们的师道精神值得称颂。

一、初祖达摩

据《续高僧传》所述，达摩又名菩提达摩，出身南天竺国婆罗门种姓，出家后，悉心钻研大乘佛教，"志存大乘，冥心虚寂，通微彻数，定学高之"。公元527—536年间，达摩不远万里来到中国传教。他从广州登陆，随后来到南朝国都南京，梁武帝萧衍接见了他。

宫殿之上，梁武帝开口问道：朕即位以来，广修庙宇，著学佛经，剃度众僧出家，功德如何？达摩答道："并无功德。"武帝诧异："为什么？"达摩说："这些只是人天小果，有漏之因。如影随形，虽有非实。"又问："什么才是真正的功德？"答曰："净智妙圆，体自空寂，如是功德，不以世求。"接着，梁武帝又问："如何是圣谛第一义？"答曰："廓然无圣。"武帝不悦，说道："对朕者谁？"对曰："不识。"于是，达摩在南朝没有逗留太久，随后暗自离开，取道北朝。

达摩到北朝以后，虽然也收了几个弟子，但传法却遇到重重障碍。无奈之下，达摩便在嵩山山腰一个山洞里栖息下来，"面壁而坐，终日默然，人莫之测。"生活全由慧可、道育等几个贴身弟子化缘顾料，时间长达九年。据《旧唐书·释老志》所言，达摩禅师被反对派投毒所害，葬于熊耳山。

二、二祖慧可

慧可俗姓姬，虎牢（今河南荥阳）人，自幼聪明，博览群书，年轻时是名副其实的儒生。由于学识渊博，"外揽坟素，内通藏典"，达摩来中国后，四十岁的慧可拜达摩为师，与道育等人跟随达摩学习禅学。慧可渐渐成了达摩身边最为器重之人。为表求道决心，慧可竟自断左臂，奉于达摩座前。达摩死后，所留遗物仅有袈裟、饭钵各一，忠实的弟子慧可继承了达摩的衣钵，为传承达摩的大乘佛观，"如前所陈"，在民间传播禅学理论及修行方法。但由于达摩所传观点与方法与传统佛理相悖，所以，禅宗传人慧可的传法行动遭到异派的愤恨与阻挠。当时有一位名叫道恒的僧人对慧可十分嫉妒，"货赇俗府，非礼屠害"，不断暗设障碍，诽谤拆台。在传法的过程中，心怀险恶的道恒曾多次派学生到慧可处假意学习，实为待机杀害慧可。可意在杀害慧可的学生听了慧可的经法以后，都转而成了慧可忠实的弟子。二祖慧可付法给三祖僧璨后，即前往邺都，韬光养晦，变易形仪，随宜说法，一音演畅，四众皈依，如是长达三十四年。

三、三祖僧璨

僧璨原是一位文化功底厚实的学者，有关他的史料并不多，其出生年月、姓氏籍贯均不详。据传，僧璨是一位白衣居士，身患重疾，中年（年逾四十）时，四处寻找高僧名师，以求点拨，有幸遇到慧可，安下心来，潜心从佛。

数年以后，僧璨懂得了人生之理，领略了佛法真谛，从佛爱佛，身体也一天天开始康复。慧可经综合考察，认为僧璨是一个理想的接班人，便把禅宗衣钵传于僧璨。同时，根据自己的平生经历和敏锐观察力，判定不久将来佛法会遇新的灾难，并嘱咐僧璨："你得法后，不宜声张，不可急于弘法教化世人，应避居深山修行，待机而行。"僧璨含泪告别，隐匿在司空山一带，居无定处，韬光养晦，无人知道他的真正身份，躲过了北周时期周武帝的灭佛运动，保护了禅宗的学说及衣钵信物。

慧可僧璨师徒一别，竟成了永诀。其后慧可在传法过程中，时常惦念僧璨安危，不断对忠实的徒弟讲，本门中有僧璨这样一位大师兄，身怀衣钵，负载着传承大乘佛法的历史重任。僧璨不忘师傅的重托，用心钻研禅学。到了隋代，隋文帝杨坚、隋炀帝杨广对佛教情有独钟，极力推崇佛教，佛教又得以兴盛。此时的僧璨见法难已过，良机到来，便走出山林，开坛讲法。

开皇十年（590），僧璨正式入驻山谷寺，弘扬禅法，禅宗由此崭露头角，影响渐广。大业二年（606），僧璨圆寂。相传，僧璨生前著有《信心铭》流行于世。有学者对僧璨的业绩作出如下评论：达摩禅师来到中国，所带来的禅宗理论无人信，无人修；慧可秉承达摩的禅宗理论与方法，可谓有人信，而无人修；而到了僧璨时代，禅宗理论既有人信也有人修。僧璨把禅宗修义发扬光大，这是禅宗理论行之于世的开始，僧璨对禅宗的发展功不可没。

四、四祖道信

开皇十二年（592），一位年仅十四岁的少年道信敬佩僧璨的学识，登入僧璨庭院，主动要求拜僧璨为师。道信跟随僧璨学习禅法，开悟见性。在这期间，僧璨不时点拨道信，不断加以钳锤，因缘成熟后便将法衣托付给他。至此，道信成为禅宗的第四代宗师。

那么，道信是一个什么样的人，他是如何成为禅宗的第四代传人的呢？

佛教是特别重视缘分的，道信从小就与众不同，着迷佛门，喜欢学习佛教知识，七岁便入佛门学习。起初由于单纯无知，不懂世道，不善思辨，误投师门，跟错了领路人。所拜师傅表面是一位从佛之人，戒行却不清净，道信多次劝告师傅，对方却置之不理。无奈之下，道信只好洁身自好，持守斋戒，几年之后离开这位"师傅"，四处游乞，再访名师，拜入僧璨门下。

道信接法时节，到了隋末唐初，由于隋唐两朝的皇帝均崇尚佛教，所以，道信成为禅宗接班人后，便结束了自达摩至慧可、僧璨三代游僧人游方乞食的生活方式。禅宗的传教也由秘密转入公开。为使禅宗大乘弘扬光大，道信谨记师傅嘱托，奋力精研佛经，"摄心无寐，胁不至席"。道信曾去江州（今九江市）庐山大林寺留足十年（约601—611）。唐武德七年（624），道信受僧俗之邀，返回蕲春黄梅县，落脚双峰山，在当地百姓的支持下，建立寺院，广招学徒，垦荒种田，弘传禅法，弟子多达五百余众。

贞观十七年（643），唐太宗曾先后三次下诏书，命道信到京城传法，但均被道信称病谦辞。唐太宗心中不快，第四次派使者前往，并威胁道信："如果不起，即取首来"，道信听罢，从容地将脖子伸了过去，使者无奈，只得空手而归。后来，唐太宗愈加敬服道信的行为，派人送去不少珍贵礼品。

五、五祖弘忍

弘忍（600—675）是隋唐时期人，俗姓周，黄梅人。据宋代普济《五灯会元》所述，其出身颇具神话色彩，母亲是山村周家最小的女儿，一天在河边洗衣，与一神仙搭话后，身怀有孕。此事在当时属于败坏门风之事，于是，洗衣女便被驱逐出家门。十个月后，孩子出世，其母迫于世风旧俗，决意不要这一亲生骨肉，横下心来，将婴儿放入木盆抛进污水沟里。可第二天，弃婴不但没有被淹死，反而逆流而上，啼声洪亮、声震四周。此时心如刀绞的母亲便收回了婴儿，忍受着来自各方面的冷嘲热讽，过着受人鄙视的乞食生活。由于孩子之母属于无夫怀孕，孩子也就自然成了无父之子，因此，乡里乡外的人们都称他为"无姓儿"。

孩子七岁那年，在路上遇见道信。道信问其姓名，孩子从容答道："我有姓，是佛性。"道信接着反问："你难道没有真姓？"孩子当即答道："姓是空的，当然没姓！"巧妙地利用"姓""性"二者的谐音回答道信所问，道信顿感这位儿童机警不凡，话语之中内藏禅机，若能培育点拨，久后定能成器。于是，道信便争取了孩子母亲的同意，收孩子为徒，并赐名弘忍。

弘忍在师傅的指导下，长进飞快，加之勤奋努力，役力于供养，手脚麻利，深得众僧欢心。弘忍虽不读经书，但受环境的影响，性灵神会，能缄口于是非之场，用心于色空之境，讲起话来，符合经法宏旨，令人刮目相看。很快，他就成了道信的接班人。道信圆寂后，获传衣钵的弘忍自然也就成了禅宗的第五代传人。其后，弘忍又在双峰山东边不远处设立寺院，名曰东山。弘忍在此收徒传法，所教学徒，时称"东山弟子"。在众多学生中，弘忍较为满意的是神秀。此人后来成了武则天、唐中宗、唐睿宗"三帝国师"，是禅宗北派（渐门）的代表。但在传灯过程中，一个意外的人物出现了，一位名为惠能的行者因灵性非凡，成了弘忍的真正接班人，咸亨五年（674），弘忍将衣钵亲手交予惠能，惠能就成了理所当然的禅宗第六代传人。

六、六祖惠能

惠能（638—713），俗姓卢，原籍范阳（今河北涿州），唐高祖武德年间，其父卢行瑶被贬官于岭南新州（今广东新兴县），惠能三岁时，父亲病亡，与母亲相依为命，艰难度日。长大后，靠上山打柴为生。因贫困无助，无资上学，惠能也就失去了上学的机会。一日，惠能在集市上听到有人念经，上前询问，知此经名为《金刚经》。接着，他又问经由何处所传，那人告诉他，从黄梅东冯茂山弘忍禅师受持此经。惠能回家后把一心想当僧人的想法告诉母亲，母亲便答应了孩子的请求，于是，惠能便与母亲双双挥泪告别，只身孤影，跋山涉水，投奔弘忍而去。

到了东山，惠能终于见到了弘忍大师，讲明了自己的宏愿，弘忍听罢心中十分高兴。惠能虽然衣履破旧，但神情机灵，聪慧过人，于是，弘忍让他在厨房干活，先以行者身份，随众听经。

弘忍年事已高，身体渐弱，一日，弘忍召集众僧，要每人写出一首偈子，通过相互比较，定论高低。当时神秀是众僧上座，学业优秀，平日里弘忍对其十分器重。

神秀在院子的墙壁上作了一偈："身是菩提树，心为明镜台。时时勤拂拭，莫使惹尘埃。"惠能认为神秀偈没有见性，也作了一偈。由于他不识文字，便邀人代写他的口述之偈："菩提本无树，明镜亦非台。本来无一物，何处染尘埃？"

弘忍见此偈，心中暗暗大喜，便在夜间召见惠能，试以禅学造诣，为他说法。弘忍把衣钵交予惠能，并嘱咐惠能，衣钵在身，责任重大，要时时小心，十年内隐蔽修心，不可露面。惠能问道："何方去，身隐何处？"弘忍说："往南而行，逢怀而止，遇会且藏。"惠能挥泪告别师傅，星夜往南，隐于广东怀集与四会两县交界的山林之中，时达十四年之久。

惠能在南方传教，讲顿悟说，被作为禅宗南派代表，也有人称其为顿派禅宗。北派即以神秀为代表的渐悟派，神秀在北方被武则天、唐中宗、唐睿宗奉为国师，不少高足弟子也被皇室所敬重，所以势力很大。安史之乱时，惠能弟子神会为朝廷设戒坛度僧，以"香水钱"助军费。唐肃宗以其有功，为造禅宇。从此南宗大盛，北宗衰微。唐德宗命太子邀集众禅师进行讨论，决定禅门宗旨，确立禅宗正偏。德宗追立神会为禅宗七祖，南宗就成了正宗，一场正偏之争到此结束。

禅宗之所以自唐中期以后发达兴盛，其原因主要是因为禅宗不立文字，见性成佛，没有其他宗派的烦琐教义仪式，主张任何人，只要有了觉悟，即可成佛，修炼方法简单便捷，容易被人接受，故发展门徒众多。其次，南宗惠能亲得达摩衣钵，十余年后在南方传法，门徒云集。神秀在北方传法，又被朝廷奉为国师，使禅宗在北方也占有优势，影响面广，加之南宗神会冒险来北方传播南禅顿悟之说，使禅宗在社会上影响更大，佛门其他门徒也相继投于禅宗派门下，禅宗壮大速度加快。最后，禅宗不从旧式佛学传教方式，大胆革新，吸收中国儒、道等家文化，是中国化的佛教，适合中国当时的国情和上层士大夫，因此才大为盛行。实际上，在唐以前，只有禅学，没有禅宗，是惠能改进了禅学教义，使禅宗兴旺起来。唐中期以后，禅宗竟成独盛局面。

七、禅宗的分化与发展

在所有佛教宗派中，唯有禅宗的中国化最为彻底，尤其是惠能的顿悟观使禅宗到达了鼎盛。禅宗的南宗被确立正宗以后，不断分化发展，便出现了高徒纷纷分宗立派的现象，"五家七宗"就是在这样一个背景下的产物。

五家是指：沩仰宗、临济宗、曹洞宗、云门宗、法眼宗，加上临济宗分出的杨岐派和黄龙派，合称为七宗。

沩仰宗是禅宗五家中最早自成一家的宗派。其代表者有二人，一位是沩山（今湖南省宁乡市境内）灵佑禅师，另一位是灵祐禅师之大弟子仰山（今江西省宜春市境内）慧寂禅师。

临济宗是晚于沩仰宗的一个宗派，其开创者为义玄禅师。临济宗的教徒方法为直至心底，单刀直入，机锋峻烈，常用棒喝。据《归心录》所云，"临济家风，白怗手段，势如山崩，机似电卷"。此派位于当时河北的临济院。

曹洞宗开创人是良价禅师与其弟子本寂。传禅之地分别位于江西高安县的洞山和吉水县曹山。此派之风如精耕细作，绵密细致。

云门宗其开创者为文偃禅师，地址在韶州的光泰禅院。此宗"简洁明快，于片言只语间超脱言意，不留情见"。

法眼宗代表人为文益禅师，文益圆寂后，南唐中主李璟赐以"法眼大禅师"称号，故后人称其宗为法眼宗。法眼宗至宋初，兴隆一时，宋中叶后衰微。

杨岐派以临济宗弟子、方会为开祖，由于地址位于袁州的杨岐山，故名杨岐派。

黄龙派，其创始人为慧南，也属临济宗下的一分支，位于隆兴的黄龙山，故名黄龙派。

以上"五家七宗"同属禅宗南派、顿悟观的惠能支脉，总的理论基础与理念不离其宗，只是各有特点、风格不一罢了。少林寺属曹洞一宗，其余诸家，相继衰微。

第五节　禅武精神

在少林寺，各个建筑物的门上大多留有一些反映历史事件的对联或者名人墨客题词，其对于世人了解历史、激发情感、发奋励志具有教化之功用。

一、少林寺部分门庭对联

地在天中四海名山为第一，心传言外十方法教是初元。（东石坊）

心传古洞严冬雪拥神光膝，面接高峰静夜风闻子晋笙。（西石坊）

深山藏古寺，碧溪锁少林。（少林寺僧院）

一苇渡长江修持九载，两山藏古寺参拜十方。（少林入口处牌坊）

香火千秋兴宝刹，关河万里拱神山。（少林入口处牌坊）

浑然无内外，和融上下平。（禅堂）

山随势而远，佛随人而存。（禅堂）

在西天二十八祖，过东土初开少林。（初祖庵大殿）

九年面壁开禅祖，五百僧兵留武风。（天下第一名刹石牌坊）

身在佛门思报国，心中无我却救人。（客堂）

少林武术通神鬼，嵩岳钟灵出豪侠。（僧院）

九年面壁佛法僧，灵石显影精气神。（客堂）

拜佛同登三宝地，报恩愿达九层台。（大雄宝殿）

读经当对峰前月，弄杖须借溪边风。（禅堂）

德为道源慈悲母，禅是佛性无声钟。（少林寺僧院）

永为百姓解困苦，普度众生扶危困。（少林歌诀）

惩治恶霸和歹徒，解救黎民济良善。（少林歌诀）

一苇渡江，源远溯六祖；九年面壁，妙理悟大乘。（达摩洞）

嵩岳古刹地上人间净土，少林拳棍天下武林正宗。（锤谱堂）

奋铁棍发神威横扫倭寇，壮山河贯长虹名扬千秋。（锤谱堂）

天雨虽多，不润无根之草；佛法广大，难度不信之人。（少林寺僧院）

面壁悟佛开一代禅宗初祖，陷地臻艺续千秋少林武风。

安良除暴几度为国立战功，钟灵毓秀历代传续武林风。（锤谱堂）

除暴安良救秦王义照千古，保国卫民平倭寇威振边庭。（锤谱堂）

效劳社稷，永葆中华儿女志；除暴安良，传续炎黄子孙风。（锤谱堂）

做好人，身心正，魂梦安稳；行善事，天地知，鬼神敬钦。（客堂）

峰上有峰，方是嵩山千秋道；法外无法，能传古寺一家风。（客堂）

古迹林立，阅尽华夏三千年历史；名山纵横，览遍中州八百里风光。（方丈室）

我武雄扬，振千年古刹，雄风，光腾华夏；禅机共契，萃四海高僧，灵慧，韵兢阳春。（大雄宝殿）

墨者以慈爱的心，世路不平，其友流衍为游侠；佛家发普渡之感，恶魔难伏，假柔术济其慈悲。（大雄宝殿）

达摩碰壁而面壁问壁敲壁破壁，壁立千尺大世界；佛法成空却住空行空悟空花空，空观万劫恒河沙。（大雄宝殿）

出世耶，抑入世耶，能救秦王于未帝之时，巨眼识英雄，香火绵绵传万代；经师耶，亦拳师耶，其独少林有神功之妙，中华多壮士，声威赫赫震遐方。（锤谱堂）

地在天中，四海名山为第一；心传言外，十方法教是初元。（上门外石牌坊）

做好人身心正魂梦安稳，行善事天地知鬼神敬钦。（客堂）

九年面壁佛祖在，灵石显影精气神。（立雪亭东配殿）

默坐操炊世无闻，挥棍嵩山显神门。（紧那罗殿）

昼习经曲，夜演武略。（少林寺《西来堂志善碑》）

圣地有缘听法语，少林无处不雄风。

二、相关诗选

武艺降妖卫寺院

（元）觉如、觉魁

瞻公清贫幼寒酸，皈依禅寺不享闲。

精通经法立众说，武艺降妖卫寺院。

孤战群魔一胜十，功勋垒垒照嵩山。

德济十方贫弱夫，乳光普莹山门匾。

赋诗赞松公

（元）洪和、洪肇

恩师松公生济世，腹宏如海真禅魂。

任劳任怨教众益，血汗化炭维炊门。

文能安众定堂局，武能除邪严正身。

简朴终身济众生，禅体光照嵩禾春。

少林观武

（明）程绍

暂憩招提试武僧，金戈铁棒技层层。

刚强胜有降魔力，习惯轻携搏虎能。

定乱策勋真证果，保邦靖世即传灯。

中天缓急无劳虑，忠义毗卢演大乘。

少林观僧比试歌

（明）公鼐

震旦丛林首嵩少，比丘千余尽英妙。

战胜何年辟法门，虎旅从兹参像教。

我度轘辕适仲秋，晓憩招提到上头。

倏忽绀园变芳舍，缁徒挺立如貔貅。

祖裼攘臂贾余勇，抗声鼓锐风雷动。

蜂目斜视伏狙趄，距跃直前霜鹘速。

迅若奔波下崩洪，轻若秋箨随清风。

眶目高眶慑猛兽，伸爪奋翼腾游龙。

梭穿毂转相持久，穷猿臂接麂兔走。

李阳得间下老拳，世隆取偿逞毒手。

复有戈剑光陆离，挥霍撞击纷飙驰。

狮吼螺鸣屋瓦震，洞胸斫胫争毫厘。

专门练习传流古，凭轼观之意欲舞。

自从武德迄当今，尔曹于国亦有补。

偶来初地听潮音，观兵何事在祇林。

棒喝岂是夹山意，掌击宁关黄檗心。

彭泽载酒惬幽赏，崖桂高梧对潇爽。

一时佛渭散空华，庭阴满院风泉响。

少林寺

（明）李思孝

五峰屏绕少林开，宝树秦封识大槐。

佛自千年留影去，僧从百战立功来。

卿云缥缈依飞仗，仙乐氤氲切上台。

欲访无生王事急，偶因登礼一徘徊。

少林杂诗

（明）徐学谟

名香古殿自氤氲，舞剑挥戈送落晖。

怪得僧徒偏好武，昙宗曾拜大将军。

过少林寺

（明）傅梅

二室巑屼一径通，少林寺在翠微中。

地从梁魏标灵异，僧自隋唐好武功。

若道传衣终著相，须知遗履亦非空。

年来悟得西来旨，才到名山便不同。

山中逢老衲少时从征有功者

（明）袁宏道

头发遮眉白，归来五乳峰。

梦中闻虏笑，定起看经慵。

戒铁支为枕，衲衣挂在松。

闲时穿洞壁，欲去缚狞龙。

峨眉道人拳歌

（明）唐顺之

浮屠善幻多技能，少林拳法世稀有。

道人更自出新奇，乃是深山白猿授。

是日茅堂秋气高，霜薄风微静枯柳。

忽然竖发一顿足，崖石进裂惊砂走。

去来星女掷灵梭，夭矫天魔翻翠袖。

舳舮含沙鬼戏人，髩鬇磨牙赟捕兽。

形人自诧我无形，或将跟絓示之肘。

险中呈巧众尽惊，拙里藏机人莫究。

汉京寻橦未趫捷，海国眩人空抖擞。

番身直指日车停，缩首斜钻针眼透。

百折连腰尽无骨，一撒通身皆是手。

犹言技痒试贾勇，低蹲更作狮子吼。

兴阑顾影却自惜，肯使天机俱泄露。

余奇未竟已收场，鼻息无声神气守。

道人变化固不测，跳上蒲团如木偶。

留诗归山

（清）陆祖

我佛好生计退兵，不日海晏河亦清。

贫僧留朝终无用，将来久有报国恩。

观唐王告少林寺教

（清）景日昣

少林古碑密如栉，高下竖卧各为质。

松柏掩映发幽光，大半出自名人笔。

中最盛者惟汉唐，藓斑剥蚀不可悉。

我来碑下聊盘桓，深垣老树秋风寒。

山僧指点某某迹，碑前碑阴尽情看。

石缺断文解大意，寻行逐句刮苔癣。

东廊有碑矗丈余，勾光凝重覆前除。

古色绝似三代物，额篆纪年贞观初。

传闻寺僧曾从戎，昔年协擒王世充。

太宗因之嘉丕绩，御书宸翰出九重。

南壁勒有赐田碑，至今辉耀逾鼎钟。

我为缩目一再读，当年情事如可掬。

艳称释迦为神圣，说偈颂咒尊天竺。

嗟噫呼！

秦汉而下无传道，正学荒榛倡佛老。

蓬莱东岛炼九丹，莲花西域证三宝。

特加尊崇曰我师，周孔之道有如埽。

噫呼！

五乳峰下碑不朽，终唐道术成稂莠。

纵令髡徒颂明圣，不如归诸无何有。

少林寺

（清）顾炎武

峨峨五乳峰，奕奕少林寺。海内昔横流，立功自隋季。

宏构类宸居，天衣照金织。清梵切云霄，禅灯晃苍翠。

颇闻经律馀，多亦谙武艺。疆场有艰虞，遣之捍王事。

今者何寂寥？閴矣成芜秽。坏壁出游蜂，空庭雊荒雉。

答言新令严，括田任污吏。增科及寺庄，不问前朝赐。

山僧阙飧粥，住守无一二。百物有盛衰，回旋悗天意。

岂无材杰人？发愤起颓废。寄语惠玚流，勉待秦王至。

入少林寺

（明）周易

梵宇称奇绝，山僧负胜名。

谈玄更演武，礼佛爱论兵。

勇冠三军气，心雄万夫英。

中原飞羽檄，借尔戮长鲸。

少林寺紧那罗神像

（清）施奕簪

其一

西来佛遣护禅林，跣足裸身当寇侵。

独立高峰瞋目视，神威凛凛悚人心。

其二

不言不语一憨人，倏变狰狞十丈身。

惊走红巾千百众，功成长作庙中神。

忆少林寺练拳

海灯

瓶钵曾携拌此松，今宵危坐忆前踪。

雪花六出闻啼鸟，海燕双飞起卧龙。

三十余年惟好梦，百千万劫以英雄。

临行回顾少林径，益我难忘子夜钟。

天下第一名刹石牌坊诗

张爱萍

少室山下禅林静，五乳峰前钟磬悠。

九年面壁开禅祖，五百僧兵留武风。

诗三首

栗胜夫

其一　少林赞

悠悠千载寺，蔚蔚禅武风。

世代英雄多，赞歌不绝声。

其二　何因

拳种流派百余家，唯有少林独其大。

究考妙缘何常在，禅武交融济世人。

其三　传承史脉

北魏建寺于少林，跋陀住持为首任。

弟子半千佛经读，慧光僧稠数时俊。

三十年后达摩来，大乘佛法初受凌。

无奈嵩山石洞入，九年面壁酷夏冬。

惠能大智革旧义，禅宗一花傲坛雄。

隋末唐初天下乱，秦王披挂逐中原。

唐郑交戈胶着际，十三棍僧雷霆现。

羁押充伍唐军帐，继而虎牢又立功。

贞观皇室频宣慰，寺僧自此禅武融。

革律为禅宋祖令，兵家名流汇东京。

元代福裕晋国公，紧那罗王显神通。

万历嘉靖倭寇狂，武僧奋起铁棍迎。

清国少林武僧众，根深叶茂遍地生。

民国武馆开科目，少林武当两抗争。

今朝世人求强健，天涯海角崇真功。

真金不怕烈火炼，妙技威风万古名。

题少林诗二首

陈迩冬

其一

秦王破乐阵，僧众亦英雄。

鏖战黄河下，生擒王世充。

其二

千古少林寺，达摩面壁时。

嵩山无限好，惭愧我来迟。

第六节　清代《少林寺志》中的几幅画像

清代施奕簪等编的《少林寺志》中所印的人物画像耐人寻味，与其他寺院所供奉的神灵画像相比有其独到之处。

本节画像选自清代《少林寺志》。清康熙十年（1671），《少林寺志》由登封县令叶封主修，邑绅焦钦宠协助采集而成。此志初稿完成后，当时没有付梓，而是藏于焦钦宠家中。后由县令施奕簪、焦钦宠孙子焦如蘅续辑，乾隆十三年（1748）刊印。《少林寺志》全书不分卷，实分为六门，即兴胜、营建、古迹、祥异、艺林、题咏，前有绘图十二幅。2007年4月，少林书局组织人员将原有《少林寺志》重新编排，方便后人阅读。从图中人物来看，除达摩、观世音两位佛神外，关羽、钟馗、紧那罗也都是本寺敬奉的主要神灵。

图 3-1 《少林寺志》人物画像

第七节　修身养性格言

　　人是社会的主体，上至国家，下至个人，人的思想和行为均需培养与规范。少林拳在传承与发展过程中，也有一些常见的修身信条，对于规范武术人的言行举止具有重要作用。

　　△　心即佛佛即心即佛即心欲求佛先求心，果有因因有果有果有因种甚

因接甚果。

△ 内练意志，外练肢体。

△ 拳后百步走，活到九十九。

△ 经络一通，百病皆消，通而不疼，疼而不通，持续有痛，必是有病。

△ 常常练武术，不用上药铺。

△ 刀越磨越亮，体越练越壮。

△ 大刀不磨起黄锈，大路不走草成窝。

△ 早吃好，午吃够，晚吃少。

△ 酸多练，痛少练，麻不练。

△ 药补不如食补，靠补不如练武。

△ 每天百步君须记，腰腿转动寿延年。

△ 金津玉液莫轻抛。

△ 少时练得一身功，老来健壮少生病。

△ 天有三宝日月星，人有三宝精气神。

△ 坐如钟，立如松，行如风，卧如弓。

△ 手舞足蹈，九十不老。

△ 坚持练功，百病不生。

△ 心偏拳不正，尚德不尚力。

△ 师徒如父子，一招即为师。

△ 欲练武，先修德。

△ 胜不骄，败不馁。

△ 无拳无勇，无德无拳。

△ 文以德新，武以观德。

△ 为善最乐，作恶自难。

△ 一日为师，终身为父。

△ 尚武崇德，修身养性。

△ 拳以德立，德为艺先，止戈为武，尚武崇德。

△ 诲人不厌，学而不倦，敏而好学，不耻下问，功夫有限，仁者无敌。

△ 处世讲信用，交友选忠厚，一言既出、驷马难追。

△ 匡扶正义，扬善除恶。

△ 克己奉公，忠孝义勇。

△ 路见不平，拔刀相助。

△ 十年练功，百年养性。

△ 场上是对手，场下是朋友。

△ 武德比山重，名利草芥轻。

△ 行遍天下路，武行是一家，习武千条戒，最戒嫉妒心。

△ 习武讲武德，英雄显本色。

△ 真人不露相，露相不真人。

△ 浇花水润根，教拳要育人，误人子弟者，必被弟子误。

△ 义非侠不立，侠非义不成。

△ 尚德不尚力，重守不重攻，非遇绝境时，功夫不显能。

△ 捐躯赴国难，视死忽如归。

△ 严师出高徒，重道得真谛。

△ 练武先练德，教人先教心。

△ 能谦必受教，有虚才能容。

△ 德薄艺难高，敦厚得真功。

△ 不与狂徒较量，不与无知争强。

△ 习武者当立志，人无志事不成。

△ 小心走遍天下，莽撞寸步难行。

△ 谦虚少受闲气，狂妄多有事端。

△ 大师自谦自约，小丑狂妄自大。

△ 未曾学艺先学礼，未曾习武先习德。

△ 强中自有强中手，莫在人前自夸口。

△ 经不起风吹雨打，算不得英雄好汉。

△ 一个篱笆三个桩，一个好汉三个帮。

△ 尊师要像长流水，爱徒要像鸟哺雏。

△ 举止文雅讲理性，师徒之间敬如宾。

△ 修德习武是君子，持武伤人是罪人。

△ 嵩山不长无根草，功夫只传有德人。

△ 英雄不为利所动，善者不以语伤人。

△ 强中还有强中手，劝君人前少夸口。

△ 万两黄金不卖艺，十字街头送贤人。

△ 冤家宜解不宜结，得饶人处且饶人。

△ 交一好友开条路，失一朋友打堵墙。

△ 未曾学艺先识礼，未曾习武先明德。

△ 良言一句三冬暖，恶语伤人六月寒。

△ 退一步风平浪静，让三分海阔天空。

△ 贤良密授救危困，邪亡休传害众生。

△ 教不严，拳必歪；学不专，拳必滥。

△ 绝技只对暴客施，若逢良善莫出把。

△ 理不明，求名师，路不清，访良友。

△ 凡事恭敬谦虚，不与人争，方是正人君子。

△ 文以礼彰，武以德显，武术真谛，在于品行。

△ 尊师重道，孝悌正义，扶危济贫，除暴安良。

△ 拳禅如一，力爱不二，主守从攻，戒除杀念。

△ 善修其心，善正其心，善慎其行，善守其德。

△ 满瓶不响，半瓶晃荡，君子功深藏而不露，小人学拳招摇撞骗。

△ 练武持之以恒，交友临之以敬，处世接之以和，办事秉之以公。

△ 练之以勤，行之以义，存之以仁，归之以忠。

△ 眼睛里容不得一点虚假，师徒间说不得半句假话。

△ 山有仙则名，水有龙则灵，侠有义则正，武有德则成。

△ 理字不多重，万人担不动，武夫不讲理，艺高难服众。

△ 凡习武之徒，必须以贤为师，谦虚好学，尊敬师长，崇仰武德。

△ 尚武以德为上，为人仁厚善良；修身注重礼仪，养性抛弃豪强。

△ 济困驱邪扶正，莫争高低短长；积善必有余庆，积德百世流芳。

△ 手足原无异态，拳术可必分门，少林武当终归于拳，内家外家总是一家。

△ 武艺不可轻传人，不与狂夫歹人闻；君子得之可救世，妄传匪徒反害人。

△ 人若胜我，则敬重之；人若不胜我，更谦而待之。

△ 与人相处，言行举止不可有轻薄之意。

△ 爱半文不值半文，莫谓世无知者；做一事须精一事，庶几心乃安然。

△ 成大事贵在长期坚持。

△ 把一件事做到极致的人，胜过做了一百件平庸之事的人。

△ 真正的高手，能得常人之所不得，能忍常人所不忍。

第八节 习功妙道

少林先师总结出了不少反映少林拳运动规律的珍诀秘要，其语言精练，言简意赅，是指导习武之人领悟技术要领、动作路线、使用方法的经典格言。

△ 要习武，不怕苦，苦中有黄金，吃苦是修身。

△ 拳打千遍，身法自然，世上技巧，熟能生巧。

△ 曲不离口，拳不离手。

△ 夏练三伏，冬练三九。

△ 冰冻三尺非一日之寒，英雄好汉需十年磨炼。

△ 人贵有志，学贵有恒。

△ 低头哈腰，传授不高。

△ 眼无神，拳无魂。

△ 一处磕头，百处学艺，虚心好学，不耻下问。活到老学到老，到老还觉艺不高。

△ 学拳不认真，功夫不上身，勤奋出才智，苦练出功夫。

△ 拳艺无止境，苦练出真功，三年见成效，十年能大成。

△ 虚心使人进步，骄傲使人落后，取百家之长，补自家之短。

△ 三人行，必有吾师也。

△ 学到知羞处，方知艺不高。

△ 场上一分钟，场下百日功，场上十分钟，场下十年功。

△ 内练一口气，外练筋骨皮，架子天天盘，功夫与日增，要想武艺好，从小练到老。

△ 打拳不溜腿，到老冒失鬼。

△ 练武不活腰，终究艺不高，腰是主宰，腰一发力，力达四梢。

△ 猴头（缩脖）、鸡腿（指所提起之腿）、弯弓腰。

△ 下棋找高手，学武投名师，闷头练习一年，不如名师一点。

△ 有其师必有其徒，有其父必有其子，师傅领进门，修行在个人，同一师傅教，水平有高低。

△ 艺高人胆大，胆大艺更高。

△ 练拳无桩步，房屋无支柱。

△ 练武不练功，到老一场空。

△ 学时有定势，用时无定法。

△ 宁练筋长三寸，不练皮厚一分。

△ 百闻不如一见，百看不如一练，百练不如一专。

△ 一练胆，二练眼，三练力气，四练闪。

△ 读书要讲，种地要耪，练拳要想。

△ 一日练，一日功，一日不练一日空。

△ 活到老，学到老，还有三分没学好。

△ 一年之计在于春，一日之时在于晨。

△ 书不读不熟，艺不练不精。

△ 内六合，外六合，内外相合益处多。

△ 进功如同春蚕吐丝，退功如同流水即逝。

△ 功不在多，在于有恒，拳不在多，贵在精熟。

△ 能文能武是全才，只武不文是莽汉。

△ 笨鸟先飞早出林，笨人勤练武艺精，勤能补拙是良训，一分辛苦一分功。

△ 知己知彼，百战百胜。

△ 攻其不备，出其不意。

△ 先退后进，蓄势察敌。

△ 以我为主，攻防得宜。

△ 强外攻内，声东击西，指上打下，虚实并进，富于变化，速退速进。

△ 若与高强，智取为上，敌强我弱，以走为上。

△ 单刀看手，双刀看走，大刀看顶手。

△ 剑为百兵之君，棍为百兵之祖，枪乃百兵之王，大刀为百兵之帅。

△ 棍齐眉，棒齐胸，刀走黑，剑走青，枪扎一条线，棍打一大片。

△ 刀如猛虎，剑似凤飞，枪似游龙，棍如旋风。

△ 长兵贵乎短，短兵贵乎长。

△ 无上不起下，起腿半边空。

△ 出拳如放箭，收拳似火烧。

△ 三年把式当年跤，年拳月棍长久练的枪。

△ 巧拿不如痴打。

△ 身到步不到，不知其中妙。

△ 眼如神，手似箭，来无影，去无踪，出手不见形，见形不为能。

△ 步不快则拳慢，步不稳则拳乱。

△ 短见长，不用忙。

△ 拳法不在多，唯在精熟，熟能生巧。

△ 练拳走过场，等于出洋相。

△ 肘不离肋，拳不离心，远用手，近用肘，挨身挤靠情不留。

△ 武术讲内外，内外讲三合。内三合即心与意合，意与气合，气与力合。外三合即手与足合，肘与膝合，肩与胯合。

△ 手似流星眼似电，精宜充沛步赛粘。

△ 逢强智取，遇弱活拿。

△ 料敌在心，察机在目，以目注目，细审敌势，含而不露，神态威严。

△ 点脚拔跟，功夫不深。

△ 身如弩弓拳如箭，吼声如雷步赛闪。

△ 守如处女静观，动如猛虎跳涧。

△ 声东击西，指上打下，拳如密雨，吼声如雷。

△ 拳是子弹，肘是炸弹，宁挨十拳，不挨一肘。

△ 面对狂人，气沉心定，以静制动，后发制人。

△ 扶正祛邪，除暴安良。

△ 歹徒施暴，详细端详，出其不意，攻其不防，先下手为强，后下手遭殃。

△ 武艺讲攻防，功夫在平常，长期习武艺，势势有目的。

△ 无人若有人，有人如无人，要人不知我，我要独知人。

△ 拳攻出其不意，防守柔和严密。

△ 有力当头上，无力踩两旁。

△ 先以心使身，后以身从心。

△ 手是两扇门，全凭脚打人。

△ 刚在他力前，柔在他力后。

△ 打得赢就打，打不赢就走。

△ 开手连珠炮，攻击一气成，能让一思进，莫让一思存。

△ 劲起于根，顺于腰，达于梢，腰一发力，力达四梢。

△ 近人先进身，进身要进心，手脚一起到，六合方为真。

△ 步不稳则拳乱，步不快则拳慢。

△ 宁可一世不用武，不可一日不练功。

△ 聚气成力，以气催力，吐气发力。

△ 拳贵迅疾，见隙即击，击时莫疑，一疑便迟。

△ 远可拳打脚踢，近则擒拿抱摔。

△ 身如弓，力如箭，攻前如伏猫，发时如虎扑。

△ 遇敌犹如火烧身，硬打硬进无遮拦。

△ 脚踏中门去夺位，主动出击神难防。

△ 手起如箭落如风，追风赶月莫放松。

△ 远则手足上中下，近则肩肘背膝胯。

△ 蓄意须防被觉察，起势好似卷地风。

△ 身心一动脚手随，上下齐到方为全。

△ 过手严谨莫疏忽，一智二胆三功夫。

△ 一寸长，一寸强；一寸短，一寸险。

△ 狠打善，快打慢，长打短，硬打软。

△ 身为主，眼为神，手为兵，脚为将。

△ 心要细、胆要粗、面要善、心要毒。

△ 抬腿轻，落地松，踢起腿来一阵风。

△ 手从脚边起，侧身步轻移，藏势微弯膝。

△ 一狠二毒三加力，远者脚踢、近者加膝。

△ 不招不架，只是一下；犯了招架，十下八下。

△ 手起撩阴，脚打膝分，膝分望怀，肘发护心。

△ 三年把式当年跤，教师打不过冒失。

△ 双拳密如雨，脆快一挂鞭。

△ 善圆能走化，抢角占上风，发需走直线，一点见真功。

△ 八打八不打，过手要得法，对敌莫容情，会友莫轻发。

△ 不怕千招会，只怕一招熟。

△ 你忙我不忙，两手护胸膛；你慌我不慌，两手护中央。

△ 眼随手，腿随肘，步随身，身随意，意随气，气催力。

△ 一打眼，二打胆，三打力，四打闪，五打分寸，六打手脚快与慢。

△ 虚中实，实中虚，虚虚实实着人迷。

△ 钢纯易断，柔多易软，刚柔相济，奥妙无比。

△ 上护面门下护阴，左右两肋中在心，五处专打英雄汉，嘱咐豪杰防好身。

△ 习武贵得法，艺多不压身。

△ 秀如猫，斗如虎，行如龙，动如闪，声如雷。

△ 拳打十分力，力从气中来。

△ 运气贵于缓，用气贵于急。

△ 长见短，需要缓，短见长，必须忙。

第九节　练功三字经

练功三字经是根据少林寺东二十公里处的磨沟村几代人练功的拳法、技法要旨汇编而成，供武术爱好者参考。

练功者，要记清，君先阅，三字经。

冶情操，活络筋，健肌体，技法精。

上场去，要从容，三百六，功基本。

心要静，胆要正，心为君，胆为帅，

手与足，是为兵，耳与目，为旗旌，

站如钉，动如风，气宜沉，勇力生。

量己势，察敌情，虚是虚，重是重，

实是实，空是空，虚与实，要分清。

抓机遇，而后攻，强不怯，弱勿轻。

扬己长，击敌短，敌以软，宜硬攻。

敌以硬，宜磨功，耳要聪，目要明。

会六合，真理通，耳与心，合益聪。

目与心，合益明，口与心，合益勇。

鼻与心，合力增，手与心，疾如风。

心欲动，如火攻，肝欲动，如箭行。

肺欲动，似雷鸣，脾欲动，大力攻。

运丹田，发于声，防是防，攻是攻。

上护头，中护心，下护阴，万勿轻。

伸手疾，出拳重，步要稳，力要猛。

远用脚，近用拳，贴近身，靠摔功。

攻如虎，退如猫，腾移闪，要适中。

动与静，一气成，欠一寸，紧一艮。

手上举，不过三，若过三，不沾边。

要用腿，不过膝，若过膝，必乏力。

四梢齐，方无失，来和去，需自如。

欲巧者，苦与练，深领悟，意自见。

现有形，而无行，其奥妙，寓其中。

拳已出，目不随，说不定，谁打谁。

战失利，宜疾走，重起势，看火候。

抓战机，东山起，眼要快，手要疾。

泰山势，必克敌，欲成名，志当砺。

功夫真，怀绝技，满受损，谦受益。

弃杂念，秉公心，重仁义，扬武德，

讲谐气，不畏邪，不下欺，匡助弱，

扶正义，奉劝君，要牢记。

第四章　少林武术基本技术内容

技术内容是少林拳的主题，也是中华文化的重要载体。少林拳与其他任何一个拳种相比，都有着丰富的外在表现形式与博大精深的实质内涵。

第一节　拳术套路名称

拳术套路是少林拳的基础，内容十分丰富，涉猎面宽广。

关东拳、炮拳、大洪拳、小洪拳、罗汉拳、虎扑拳、十趟弹腿、十二趟弹腿、八仙拳、少林十三抓、三皇炮捶拳、子母少林拳、少林梅花手、少林火龙拳、少林反臂拳、流星腿、二祖拳、小连环拳、五合拳、风火拳、豹子捶、炮捶、破连拳、十路埋伏拳、一枝梅拳、罗汉喜怒拳、达摩点穴拳、佛汉拳、翻子拳、搜风拳、罗汉阴风拳、练步拳、地躺拳、欢潮拳、长寿拳、内功拳、侠拳、金石拳、鸡拳、地术拳、风水拳、醉拳、四门拳、迎门拳、地盘拳、五祖拳、铁牛盾拳、咏春拳、三荐拳、五虎拳、守院拳、地煞拳、龙拳、青龙出海拳、虎拳、少林虎扑拳、猛虎拳、黑虎拳、伏虎拳、虎战拳、饿虎拳、工字伏虎拳、虎鹰拳、鹰爪拳、梅花螳螂拳、七星螳螂拳、七星螳螂崩步拳、白猿螳螂拳、拦截螳螂拳、少林猿猴拳、猴拳、豹子拳、蛇拳、鸳鸯腿、鹤拳、天罡拳、老洪拳、关西拳、朝阳拳、功力拳、提手炮拳、护心流星拳、迷踪罗汉拳、先天罗汉拳、太祖长拳、少林长拳、少林短拳、少林柔拳、七星拳、六合拳、小六合拳、六合连拳、少林五合拳、三合拳、少林梅花拳、看家梅花拳、八极拳、八卦拳、少林太极拳、地趟拳、少林醉拳、心意拳、燕青拳、少林罗汉十八手、长护心意门、护山子门罗汉拳、罗王十八拳、夜叉铁砂拳、护身流星拳、内功五形拳、二十四炮、连手短打、十字战头、连环捶、拆拳、砸拳、石头拳、少林五拳、少林五行连环拳、五战拳、五行八法拳、达摩五经拳、八阵拳、白莲拳、莲花拳、出山拳、镇山拳、开山拳、脱战拳、大战拳、合战拳、埋伏拳、擒敌拳、看家拳、圆功拳、穿心拳、跌扑拳、金刚拳、云阳拳、流星拳、长捶拳、少林拳竞赛套路刀术、少林拳系列竞赛套路棍术、少林拳系列竞赛套路剑术、少林拳系列竞赛套路枪术、黄英手、万古手、打掌、潭腿、三套子、十八滚、短打、三步架、醉刘唐、排拳、头路拳、岳家拳、武松醉八仙……

第二节　长器械套路名称

武术套路中的各种器械是由中国古代军事战争中的冷兵器演化而来，所以，长器械主要是指等同或长于本人身高的一些兵器而言。

阴手棍、阳手棍、小夜叉棍、大夜叉棍、六合风里夜叉棍、少林猿猴棒、猴棍、齐天大圣棍、排棍、上排沙棍、中排沙棍、五虎群羊棍、齐肩棍、齐眉棍、盘龙棍、风魔棍、风波棍、旋风棍、风火棍、镇山棍、劈山棍、白蛇棍、飞龙棍、少林棍、少林短棍、少林烧火棍、梢子棍、六合棍、六合杆、八仙棍、八门棍、八宝混元棍、十二路群羊棍、十八点齐眉

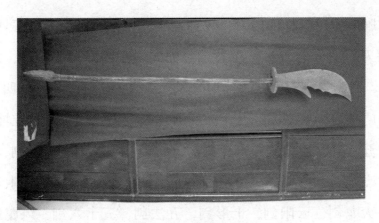

图 4-1　少林春秋大刀

棍、穿梭棍、云阳棍、旗门棍、达摩棍、流星棍、俞家棍、破阵棍、醉棍、梅花棍、小梅花棍、细女穿线棍、夜战棍、六合枪、六门枪、六路花枪、少林十三枪、十八名枪、二十一名枪、二十四名枪、二十七名枪、三十一名枪、三十六名枪、四十八名枪、八十四名枪、少林花枪、豹花枪、梅花枪、梨花枪、少林枪、夜战枪、提炉枪、提拦枪、金花双舌枪、少林连环枪、提门枪、点穴枪、罗王枪、杨家枪、花枪、少林春秋大刀、朴刀、关公刀、佛陀大刀、提炉大刀、罗王大刀、少林枪术规定套路、元宝镗、蛇尾戟、方天画戟、刺猬枪、对枪、金枪、川少枪、刺膝枪、钉钯、铁莲花、避云锄……

第三节　短器械套路名称

短器械主要是指低于本人胸高的一些兵器。

少林单刀、少林一路单刀、古单刀、老单刀、七星单刀、六合单刀、马门单刀、燕尾单刀、背旋单刀、奋勇单刀、分心刺单刀、少林梅花刀、五虎少林追风刀、五虎追风刀、少林五虎群羊刀、少林青龙刀、少林黑虎刀、少林雁形刀、少林四门刀、少林缠头刀、太祖卧龙刀、三环九连刀、白马分鬃刀、少林老刀、三路大刀、护大刀、四方刀、风刀、山刀、勇刀、堂刀、月刀、环刀、猿刀、追风刀、纵勇刀、提炉刀、劈四方刀、白猿刀、马门短刀、罗王刀、开山刀、五虎断门刀、达摩剑、乾坤太乙剑、二堂剑、五堂剑、连环剑、青锋剑、行龙剑、青龙剑、梅花剑、九宫剑、龙形剑、飞龙剑、白猿剑、提袍剑、七星剑、龙泉剑、八仙剑、稠公剑、搜风剑、火龙剑、云阳剑、十形剑、五法剑、三十六剑、风魔剑、九官剑、少林醉剑、一路龙行剑、二路龙行剑、八卦剑、八卦七星剑、赤剑、虎头剑、鬼头单刀、三环刀、短把追魂铲、鱼藏剑、飞叉、板斧、达摩杖、连环刀……

图 4-2　单剑

第四节　双器械套路、软器械套路名称

双器械、软器械也是少林拳系列的主要器械种类。

一、双器械套路名称

少林双拐、少林双刀、六合双刀、滚堂双刀、梅花双刀、梅花双拐、虎头双钩、双锤、双匕首、双斧、子午鸳鸯钺、双铜、二合双刀、一路

双刀、马削四蹄双刀、昆仑双刀、双
鞭、双手铁尺、山河双带、银丝鹿角
双棒、童子双棍、双簧链子锁、双草
镰、双剑、双枪、梅花虎头双钩、双
插子、双剑、双短棍、双戟、双铜、
双流星……

图 4-3　双草镰

图 4-4　九节鞭

二、软器械套路名称

绳标、流星锤、七节鞭、九节鞭、虎
尾三节棍、三节棍、梢子棍、牧羊鞭、绳
索套钩、天罡鞭、骨蛇鞭、龙梢鞭、麦骨
铃鞭、鹿筋独角鞭、链子铛……

第五节　对练套路名称

对练套路是少林拳师们为提高习武者对武术套路动作攻防含义理解的
一种练习方法。它是针对事先安排好的固定套路动作进行的一种假设性的
攻防练习。

二人对棍、对砍刀、六合棍双人、六合枪、对刺枪、单刀破枪、单
刀对枪、梢子棍破枪、朴刀破枪、大刀破枪、拐子破枪、单镰破枪、双
拐破枪、三节棍破枪、三股叉破枪、棍穿枪、齐眉棍对枪、三节棍破双
枪、双刀进枪、双刀破双枪、草镰对枪、单拐进枪、拐子对齐眉棍、马
牙刺对枪、虎头钩进枪、峨眉刺进枪、双匕首进枪、乌龟圈对枪、方便

铲对枪、月牙铲破双枪、方天戟进枪、九节鞭对棍、少林剑对刺、二堂剑对刺、五堂剑对刺、二人对劈刀、七星拳对练、徒手对练、三英战吕布、六合拳对练、八步连环拳对练、罗汉拳对练、三合拳对练、咬手六合拳、开手六合拳、踢打六合拳、走马六合拳、盖手六合拳、扳手六合拳、耳把六合拳、缠打六合拳、六合连拳、一百零八对拳、对拳、黑虎对练、崩步对练、空手进刀、空手夺枪、空手夺棍、空手夺匕首、空手夺双枪、空手夺双刀、空手夺剑、风魔棍对练、齐眉棍对练、钢鞭对九节鞭、月牙铲对枪、袖圈对枪、崩步对拳、一百零八式对拳、空手进三节棍、棍进三节棍、双拐进三节棍……

图 4-5　对练

第六节　其他器械套路名称

少林武术朴实无华，其器械内容往往与平日生活中的劳动工具紧密相连，具体有：

少林单拐、达摩杖、梅花单拐、三股叉、方便铲、月牙铲、僧鞋、扫帚、草镰、篮子、鸡毛掸、鸡爪镰、日月乾坤圈、马牙刺、禅杖、大槊、风魔杖、盾牌、铁扫帚、铁筷子、袖镖、铁扇子、灵牙杖、护手钩、铁锹、月牙刀、方棱铜铜、铁烟袋、木鱼、蒙山网、飞虎挝、钩鱼鞭、金龙爪、五色旗、弓箭、飞镖、飞叉、枣核镖、倔头弩、金钱镖、铁弹弓、七星镖、金钗、弹簧袖箭、袖弩、梅花截木针、鱼镰、坐戟镰、钩镰、大镰、燕尾镰、行钩、峨眉针、索套牧羊鞭……

第五章 少林拳、器械套路中的动作名称

少林拳、器械套路众多，而每一个套路中的动作数量、动作名称也各不相同，独具特色。

第一节 常见少林拳套路中的动作名称

由于少林拳涉猎各门各派，其套路无法给以准确数字，这里仅就一些常见少林拳套路及其动作名称进行介绍。

一、小洪拳套路动作名称

预备势、怀中抱月、白云盖顶、上步推掌、抱手束身、上步推掌、转身扳手、上步推掌、转身外摆莲、斜形、压手束身、劈腿、斜形、蹲桩掠手、老虎大张嘴、左云顶、右云顶、七星、单鞭、搂手束身、跟步抢手、旋风脚、冲天炮、蝎子尾、老虎大张嘴、抬步一掌、转身扳手、上步推掌、单拍脚、左盘肘、压手束身、劈腿、右盘肘、蹲桩掠手、老虎大张嘴、左云顶、右云顶、七星、单鞭、搂手束身、跟步抢手、单拍脚、右推掌、左推掌、右推掌、左拍脚、左推掌、右推掌、左推掌、海底捞月、挤手炮、顶心捶、提膝抢拳、下阴捶、滚手缩身、起身推掌、云顶挤手炮、

舞花坐山、收势。

二、大洪拳套路动作名称

预备势、白云盖顶、前跳仆步、起身盘肘、云顶双震脚、上步七星、单鞭、怀中抱月、冲天炮、退步勾拳、上步三砸拳、跳步撅手、云顶双震脚、上步七星、单鞭、怀中抱月、上步扳手、转身一拳、两抢手、回头望月、三扒手、双震脚小跨虎、提手炮、起身盘肘、转身迎面打、左盘肘、右盘肘、提手炮、转身一拳、十字拍脚、二起脚、金刚捣捶、提手炮、金鸡独立、扎地撅、三出手、鹞子翻身、双震脚海底炮、上步一拳两抢手、抱肘鹞子钻林、弹腿、右摆脚跳步撅手、倒步云顶大跨虎、提手炮单叉、二起脚、坐山、收势。

三、罗汉十八手套路动作名称

轩辕跨虎、仙人指路、回头望月、童子拜佛、梅鹿献花、鸿雁展翅、猿猴摘桃、魁星点元、高祖斩蟒、王祥卧冰、燕子汲水、鲤鱼翻身、罗汉斗虎、仙鹤亮翅、悟空束身、白蛇吐信、弹射天狗、紧那武姿。

四、罗汉拳套路动作名称

交手单叉、怀中抱月、古树盘根、转身双抢手、双摘裆、打虎势、二起脚、金鸡独立、上步顺行、云顶连三捶、小跨虎、猛虎出洞、上步登山、探腰深望、古树盘根、斜步交花、插花盖顶、倒步双架棚、撩手推山、撤步连环拳、龙折身、卧地捶、双推山、旋风脚、盘腿坐、空手滚、小开门、二起脚、打虎形、猛虎出洞、回头望月、高捶、低捶、蹲桩捶、翻身双扑地、背心捶、拐肘斜捶、拧手踢腿、黑虎钻裆、霸王卸印、切跨劈打、翻身捣捶、起落海底炮、前蹬腿、拉弓势、双栽葱、倒反背、饿虎扑食、黑狗钻裆、抖手一捶、跳步单叉、起身扳手、旋风脚、蹲桩势、双分膝、合腿、地面抓沙、迎面撒、二起脚、端锅、上步拔葱、掏腿入地捶、单踢、外摆莲、猛虎出洞、夯地捶、蝎子尾、舞花坐山。

五、少林心意拳套路动作名称

白蛇吐信、二龙分水、右手摆掌、天王托塔、倒步跨虎、冲天炮势、提膝砸捶、转身七星、二郎担山、双关铁门、白猴洗脸、又白猴洗脸、悬崖勒马、探马捶势、千斤劈捶、左翻背捶、弓步扳手、悬崖勒马、探马捶势、倒步跨虎、抢步转身、十字通背、拦腰捶、拔步炮、金鸡独立、猿猴束身、悬崖勒马、十字通背、拦腰捶、提膝顶肘、武松脱铐、反击捶势、马步单鞭、拧身七星、弓步双推掌、右踩脚势、双推掌势、左踩脚势、探马捶势、迎面掌、黑虎登山、转身扳手、猿猴束身、二起踩脚、单叉、起身摆脚、后摆脚、右摆脚、下阴捶、反肘一捶、左反背捶、弓步扳手、悬崖勒马、探马捶势、倒步跨虎、跳步转身、十字通背、拔步炮、金鸡独立、猿猴束身、悬崖勒马、十字通背、拦腰捶、提膝抱肘、武松脱铐、反击捶势、马步单鞭、拧身七星、弓步双推掌、下阴脚势、转身拧把、倒步双推掌、老牛大摆头、大跨虎势、起身飞脚、金鸡独立、顶心肘、翻背捶、左翻背捶、转身扳手、悬崖勒马、探马捶势、倒步跨虎、十字通背、拔步炮势、金鸡独立、猿猴束身、悬崖勒马、十字通背、投身游身、双撩阴捶、霸王观阵、右游身、双撩阴捶、霸王观阵、砸手转身、迎门铁扇、走步搓捶、右探马捶、束身阴捶、古树盘根、起身一掌、双推掌、倒步左跨虎、双恨脚、弓步抢手、左抢手、倒步云顶、跟步七星、罗王观阵。

六、少林炮拳套路动作名称

撩手摘心掌、转身窝心炮、原地三砸拳、马步冲天捶、舞花虎抱捶、转身云顶、坐山单鞭、舞花虎抱头、上步左斜形、十字踩脚、转身窝心捶、倒步三砸捶、马步冲天炮、拦腰双绝手、提腿小提鞋、落步右拐肘、转身双绝双分腿、起身双风贯耳、右斜形、撩手迎面捶、转身云顶七星、坐山单鞭、舞花坐山；摇身三卧枕、转身窝心捶、倒步三砸捶、马步冲天捶、转身双绝单叉、起身拐肘、转身双绝分腿、起身双风贯耳、劈腿右斜形、马步跨毛篮、恨脚海底炮、上步两捶、劈腿右斜形、压手上穿捶、转身双绝分腿、起身双风贯耳、转身跃步单叉、起身冲天炮、束身下劈腿、起身五指朝凤、转身云顶七星、坐山单鞭、舞花坐山；虚步三掏捶、独立跨虎势、三打迎面捶、换步右斜形、腿左斜形、劈腿右拐肘、扳手一捶、束身压手、猛虎出洞、转身摘心捶、束身夯地捶、小鬼蹬腿、上步顶心捶、束身虎抱头、老虎弹痒、束身双分脚、起身双风贯耳、里劈左斜形、独立打虎势、并步三捶、退步云顶七星、坐单鞭、舞花坐山。

七、少林六合拳对练套路动作名称

一、二合：五子登科、虎抱头、三摇手、推身踢阴、转身踩脚、反掌拧手、冲天炮、摇身挑手、满肚痛、扳肩、缩身、三扛手、抢手、斜形、三摇手。

三、四合：三摇手、上步冲拳、弹腿侧耳炮、冲天炮、满肚痛、摇手扳肩、推掌缩身、三扛手、抢手、斜形、三摇手。

五、六合：三摇手、推身踩脚、转身单叉、拔腿、侧耳炮、上步进拳、进肘、踢腿、反掌拧手、冲天炮、摇手挑掌、满肚痛、摇手扳肩、缩身、三扛手、抢手、斜形。

八、少林耳把六合拳套路动作名称

一合金丝缠：挑手飞脚、泰山压顶、双拳架上、回步劈腿、两人交手、三进捶、三砸手、压手、三劈掌、二龙戏珠。

二合劈面掌：上阵交手、上步进拳、倒步格拳、回步进拳、退步格手、两人压手、三劈掌、二龙戏珠。

三合双风贯耳：拦手提手炮、两人交手、双风贯耳、白马分鬃、上步飞脚、三砸捶、三格手、两人交手、三劈掌、二龙戏珠。

四合连三脚：拦手提手炮、两人交手、连三脚、飞脚钻阴、两人交手、连三捶、两人压手、三劈掌、二龙戏珠。

五合双取阴：拦手提手炮、两人交手、双取阴、迎面劈捶、三拔捶、二龙戏珠。

六合三砸捶：拦手提手炮、两人交手、三砸捶、上步飞脚、两人压手、三劈掌、拦手提手炮、上步压手、三劈掌、二龙戏珠。

九、长护心意门套路动作名称

立正双抱拳、双手前馋、双手下按、右甩面掌、护耳掌、小跨虎、冲天炮、提膝砸拳、七星、单鞭、双关铁门、左扳爪、右扳爪、提膝托拳、右探马捶、右翻背捶、左翻背捶、跨虎、倒步斜形、扒步炮、金鸡独立、束身钳子手、斜行、横腰捶、双撑肘、单鞭势、下七星、双推掌、右策脚、双推掌、左策脚、探马捶、转身推掌、三跳步、转身崩手、束身钳子手、二起脚、丢单叉、旋风脚、后尾脚、上摆下阴捶、右翻身捶、左翻身捶、转身崩手、提膝托掌、小跨虎势、挤手炮、金鸡独立、束身钳子手、斜形横腰捶、双撑肘、单鞭、下七星势、双推掌、转身探果、拧把跨虎势、跳步飞脚、金鸡独立、顶心肘、搬捶、拧身阴捶、右翻背捶、左翻背捶、转身崩手、提膝托拳、右探马拳、退步跨虎、倒步斜形、扒手炮、金鸡独立、束身钳子手、斜形、双括捶、左独立势、右双括捶、右独立势、砸肘、迎门铁扇、三箭步、转身右探马捶、压手束身、古树盘根、起身推左掌、转身推右掌、古树盘根、起身推左掌、转身双推掌、退步跨虎、退步右跨虎、双恨脚、右戗手、左戗手、倒步单云顶、七星、转身闭门、跳步饿虎势、双手抱拳、收势。

十、关东拳一路套路动作名称

预备势、上步双推掌、转身右一拳、转身踢腿、单叉势、起身单鞭、平心炮、束身十字手、左撩、右拦、斜形、左反背、上步截把、连三捶、转身踢腿单叉势、起身单鞭、平心炮、束身十字手、回环手、掏心捶、云手扑面抓、咽喉捶、勒马回头看、撩手、戗手、上步搓手、右踢腿、跨马捶、起身反背、上步截把、连三捶、转身踢腿、单叉势、起身单鞭、平心炮、束身十字手、半勾扫、转身二起、倒步按手、牵羊势、提心炮、反背打、左截把、迎面捶、双掠手、三恭手、外摆莲、倒步按把、牵羊势、崩指弹腿、揣脚、丢单叉、后扫腿、二起脚、坐上架、提手炮、转身捶、上步一捶、回顶肘、撩手、单戗手、上步搓手、摆腰脚、左爪搂右爪、拧身旋、后拍脚、里合脚、亮势、虎扑食、右顶肘、蝎子尾、右劈掌、左截把、坐山架。

十一、关东拳套路动作名称

双云顶、双震脚、上步七单鞭、传手、小跨虎、上步斜形、虚步打虎式、七星、捞地单鞭、跟步传手、小跨虎、三跳步、斜形、双云手震脚、怀中抱月、七星、单鞭、跟步传手、白虎望路、抱手束身、前扫腿、旋风脚、单鞭、恨脚提手炮、转身拉弓势、跟步回环手、跨虎势、上步双戗手、退步跨虎望路势、外摆莲、斜形、压手束身、垫步斜形、勒马回头望、提膝扒搂手、起身铲脚、双分手、斜形、打虎势、上步单撩、崩手、三砸拳、卧枕势、起身右策脚、二起脚、单叉势、拉弓势、二起脚、右顶肘、外扳捶、跳步饿虎势、反背捶、望膝戗手、蹬跳饿虎势、地旋风、双摘裆、压手束身、左转蝎子尾、海底炮、跳步饿虎势、转身进右肘、转身进左肘、踢腿、束身钳子手、起身左踢腿、束身钳子手、右策脚、避右肘、掏心捶、提膝手挑、进左肘、掏心捶、抱手束手、双按爪、右踩脚、左策脚、右探马捶、望月势、跳转双撑肘、转身斜形势、提膝左挑手、下扳搂、提膝右挑手、下扳搂、坐山架。

十二、关西拳套路动作名称

云手跨虎、白云盖顶、转身摆脚、斜形、上步七星、退步束身、反背掌、斜形、单鞭、怀中抱月、右策脚、左策脚、右策脚、右反背捶；靠山炮、跨虎势、转身摆脚、形上七星、退步束身、反背捶、单鞭、怀中抱月、转身蹬脚、转身跨虎、扒手跳踢、收步右出拳、小跨虎、摆脚、斜形、上步七星、退步束身、反背斜形、单鞭、十字搂、黄莺掐嗉、黑狗钻裆、右一拳、云手跨虎、白云盖顶、转摆脚、斜形、上步七星、退步束身、反背捶、斜形、单鞭、怀中抱月、跳步双推掌、后扫腿、叉势、二起脚、望月势、舞花单叉势、冲天炮、收势。

十三、云阳拳套路动作名称

左右云手、海底炮、七星、单鞭、怀中抱月、三撩脚、跨虎势、双按手、地雷炮、片法、斜形、七星、二起脚、拦手、左冲拳、反背掌、转身反背出右拳、跨虎势、提腿格、斜形、上步七星、一左拳、一右拳、云手束身、过步斜形、单鞭、怀中抱月、青龙摆头、三进肘、黄莺掐嗉、转身跟脚戗手、上步戗手、单叉、舞花坐山。

十四、二路小通臂拳套路动作名称

上步双认手、怀中抱月、上步推掌、转脸一掌、劈山、海底炮、舞

对练

弓步十字手

花坐山、云顶、托塔、拾撅柴、左戗手、斜形、云顶托肘、卧枕、单撩、戗手、斜形、云顶托肘、卧枕、冲天炮、提手炮、三砸拳、卧枕、单撩手、跟步戗手、旋风脚、双掠手、卧枕、上步双认手、怀中抱月、上步推掌、右策脚、推右掌、左策脚、推左掌、二起脚、白鹤亮翅、落步单叉、鹞子钻林、上步三推掌、斜形、云顶、海底炮、单掠手、一戗手、左旋风脚、双掠手、卧枕、上步双认手、怀中抱月、上步一掌、左劈腿、右劈腿、斜行、云顶托肘、十字脚、连三捶、三戗手、下三捶、单云顶、上三捶、正三捶、反三捶、打虎势、提桶山、臂膀拐、海底炮、舞花坐山。

十五、一路大通臂拳套路动作名称

金沙飞掌、打虎靠山、定心镖拳、二郎担山、双关铁门、闪门炮拳、金童献图、千斤砸拳、双手开弓、鹞子翻山、叶下藏花、退步插拳、单风贯耳、追风相连、顺手牵羊、撩阴重拳、猛虎跳涧、执印翻天、天王托塔、观景玉山、珍珠卷帘、雷公飞王、两耳贯风、勒马按拳、舞花起脚、回头望观、收势。

十六、二路大通臂拳套路动作名称

回头望月、搂手一拳、小跨虎势、上步一拳、转身单鞭、抱拳束身、右策脚、探马拳、旋手下劈、转身截击、双手开弓、翻身按拳、单风贯耳、回手一拳、顺手截牵、转身一拳、二起策脚、转身单叉、起身抛拳、倒步上崩、上步一拳、左一拳、右一拳、怀中抱月、膝下合掌、滚手束身、上步拐肘、金鸡独立、上步掠手、跟步戗手、旋风脚、回头望月、收势。

十七、二路炮捶套路动作名称

青龙献爪、追风炮、猛虎扑食、飞云炮、狮子开口、开路炮、白鹤亮翅、连环炮、金托滚臂、翻身炮、猿猴摘桃、裹边炮、梅鹿卧枕、转身炮、豹子翻山、当头炮、白蛇吐信、地雷炮、鸿雁斜翅、冲天炮、舞花坐山。

十八、鸳鸯腿套路动作名称

图 5-1 少林武术拳械录

转身单叉、犀牛分水、单挑腿、白鹤亮翅、斜劈掌、顶心肘、狮子大开口、丹凤朝阳、单撑腿、单叉势、起身捶、踢腿一捶、金鸡刷翅、二郎担山、霸王敬酒、寸腿、连步捶、小开门、双飞腿、单鞭势、截龙势、鹞子翻身、双摘裆、声东击西、披袍献甲、灵狐护脑、顺水推舟、翻身探果、合盘手、脱袍让位、抱虎归山、收势。

十九、心意起落把套路动作名称

转身撩阴手、撩手把、撩阴手、推左掌、推右掌、转跳劈掌、转跳劈掌、左拦手、推右掌、右拦手、推左掌、转跳劈掌、转跳劈掌、鹞子钻林、猛虎出洞、转跳劈掌、转跳劈掌、上下挣、捽缘手、双推掌、双恨脚、双推掌、大舞花、坐山架。

二十、少林十二趟弹腿套路动作名称

一趟：弹腿挂挑捶

右弹腿、连三捶、劈挂上挑捶、左弹腿、连三捶、劈挂上挑捶。

二趟：拐肘挂挑捶

转身右弹腿、左右前冲捶、拐肘披挂上挑捶、左弹腿、左右前冲捶、拐肘披挂上挑捶。

三趟：缠丝双撩弹踢腿

转身双撩手、左弹腿、右冲捶、转身双撩手、右弹腿、左冲捶。

四趟：双风贯耳前冲捶

转身右冲捶、屈肘合拢贯耳捶、左冲捶、屈肘合拢贯耳捶、右冲捶。

五趟：靠肘弹腿前绷捶

转身左冲捶、右靠肘右弹腿、前绷捶、左靠肘左弹腿、前绷捶。

六趟：裹肘弹腿掏心捶

左晃右闪屈肘格、箭步向前虎掏心、左弹腿、里裹肘、掏心捶。

七趟：卧枕冲捶弹踢腿

转身右冲捶、左卧枕、左冲捶、转身右卧枕、右弹腿、右冲捶。

八趟：冲捶弹踢三砸捶

转身左冲捶、三砸捶、右弹腿、冲右捶、三砸捶。

九趟：砸捶劈掌弹踢腿

转身二砸左劈掌、右弹腿、右冲捶、二砸右劈掌。

十趟：前冲弹腿下劈捶

转身左冲捶、游臂左冲捶、右弹腿、游臂右举下劈捶。

十一趟：云顶前冲弹踢腿

转身左冲捶、单云顶右冲捶、右弹腿、右冲捶、单云顶右冲捶、左弹腿。

十二趟：绞臂靠肘弹踢腿

左转身斜行势、绞臂右靠肘、右弹腿、右冲捶、上左步斜行势、绞臂左靠肘、左弹腿、左冲捶、右转坐山收势。

第二节　部分少林武术器械套路中的动作名称

少林武术中的器械套路五花八门，这里选择具有代表性的器械套路中动作名称予以介绍。

一、一路梅花单刀套路动作名称

回头望月、舞花、跳步单叉、二起脚、交刀云顶、转身藏刀、跳步云顶劈刀、右提独立、左提架刀、左右拦腰、转身藏刀、上步劈刀、分头刀、朝天一炷香、仙人指路、分心刺、马步藏刀、旋风脚、劈刀、背刀花、旋风脚、垫步单叉、弓步架刀、上步劈刀、分头滚身劈、分头滚身劈、分头刀、操刀、抛刀、接刀、收势。

二、二路梅花单刀套路动作名称

弹步亮翅、舞花回头望月、白鹤亮翅、交刀云顶、转身回头望月、左右撩腿刀、跳步云顶、转身虚步藏刀、交刀大劈、滚身劈刀、云顶转身、虚步藏刀、弹步平分刀、云顶截腰刀、摔刀云顶、转身虚步藏刀、磨盘刀、云顶转身、虚岁藏刀、连三劈、摔刀云顶、分心刺、云顶转身、虚步藏刀、滚身劈刀、倒滚身劈、转身单叉、起身磨刀、摔刀云顶、虚步藏刀、背刀旋风脚、亮势。

三、老单刀套路动作名称

上步一拳、跳步转身、束身递挂刀、上步劈刀、转身马步藏刀、外舞花劈刀、左云顶、磨刀、右云顶磨刀、左云顶磨刀、扫腿刀、白鹤亮翅、古树盘根、外舞花劈刀、左云顶磨刀、分头刀、滚身刀、连三劈、提刀转回、外舞花劈刀、上架刀；分头刀、滚身劈刀、提刀转回、外舞花劈刀、提腿刀、外舞花劈刀、提腿刀、挖底步、右提刀、白鹤亮翅、外舞花劈刀、分心刺、左云顶、递刀、舞花坐山。

四、少林缠头刀套路动作名称

双手开门、鹿步鹤行、上步劈刀、转身撩刀、海底捞月、狮子张口、连环缠头、仙人指路、左右横穿刀、弓步缠头刀、托碑献塔、金鸡独立、秦琼担刀、叶里藏花、饿虎扑食、金童亮背、狮子张口、弓步推刀、罗汉藏刀、叶里藏花、注目迎招、顽童戏水、独立彩棚、跳步藏刀、卧虎藏刀、朝天一炷香、叶里藏花、回头望月、跳步劈刀、火龙落地、坐山一刀、金牛卧地、跃步绞刀、坐山架刀。

五、十三枪套路动作名称

并步点枪、回头望月、中平枪、拦枪势、中平枪、白云盖顶、中平枪、打把、穿枪舞花、中平枪、回马枪、凤点头、束身、撩点脚面枪、穿枪、背后枪、中平枪、打把、中平枪、锁喉枪、滚身劈、滚身扎、中平枪、二起脚、回头望月、收势。

六、二十一名枪套路动作名称

扑地潜龙、白云盖顶、饿虎扑食、关公取耳、马上掷剑、青龙劈涧、五龙摆尾、横担一架梁、八步连三尺、院后开锁、玉女穿梭、白蛇吐信、挑起封领、左中平、右中平、脱靴、刺穴、刺咽喉、上步顾腿拨、当心刺、舞花、双手托枪、收势。

七、四十八名枪套路动作名称

拉枪、旋风脚、回头望月、震脚扎枪、大拦枪、上步刺枪、白云盖顶、上步一枪、左右中平枪、脱靴刺穴、刺咽喉、拔步连三、横担一架、前刺、中平枪、打把、送枪、转身舞花、挑枪、扎枪、舞花转身、束身撩腿枪、回马枪、转身扎枪、左云顶、右盘打、左盘打、劈华山、扎枪、上步滑把、扳枪、倒步、背后三枪、转身前刺枪、打把、贴身转、打把、左劈心枪、舞花、滚身打把、扎枪、转身舞花扎枪、打把、扎枪、扛枪、转身换把、分心刺、舞花扑地锦、起身震脚、分心刺、二起脚、回头望月、收势。

八、少林花枪套路动作名称

身里枪、身外圈枪、封闭枪、梨花摆头、花枪、提枪、缠枪、黄龙战杆、乌龙入洞、穿指枪、穿袖、鹞子扑鹌鹑、秦王卸甲、进步百合、狸猫扑鼠、封背枪、迎风接进、无中生有、死中求生、秦王举旗、拨草寻蛇、三节枪、闭门铁扫帚、连环枪、横枪、翻江枪、浪子脱靴、仙鹤采食、凤凰点头、黑狗摘心、老臣救驾、仙女垂裙、窝婿告财、开足登枪、金蝉脱壳、巧女纫针、黑蛇出洞、回马枪、金钩挂玉瓶、凤凰夺窝、鹞子翻身、老祖披袍、高吊枪、铁杆不倒、白鹤亮翅、五花转枝莲、箭中金钱、霸王观阵、吕布扶戟、太子出皇城、颠倒枪、忙里偷闲、鲤鱼翻身、急三枪、大雄枪、蜈蚣爬板、扑地枪、乌云遮日。

九、少林龙形剑套路动作名称

虚步前指、金鸡独立、拗步观阵、虚步递剑、藏剑、并步刺剑、朝天一炷香、霸王举鼎、跨步下点剑、平衡势、古树盘根、转身后点、霸王举鼎、转身点剑、挑崩起身点、朝天直刺、虚步点剑、蜻蜓点水、撩腿剑、倒步点刺、上步刺剑、单踢、古树盘根、三盘落地、童子拜佛、风扫落叶、跳步下点、跳步后点、转身劈剑、回头望月、蜻蜓点水、转身劈剑、飞燕穿帘、金鸡独立、穿帘劈点、舞花剑、霸王举鼎、转身劈剑、转身刺剑、转身递剑、收势。

十、少林青龙剑套路动作名称

独立架剑、跳步连环刺、转身反刺、左右挂剑、连环丁步绕剑、提膝抱剑、撤步左右撩剑、上步绞剑、劈剑转身提膝点剑、提剑、前跳插步直刺、转身云剑、跳步前刺、转身劈剑、崩剑望月势、仆步下压、弓步前刺、上步转身劈剑、撤步扫剑、七步绞剑、歇步扫剑、跳歇步崩剑、转身云剑、上步反刺、反刺前跳、歇步压剑、翻身劈剑、上步探剑、歇步云剑、转身刺剑、提膝侧身劈、转身撩、上步探剑、歇步云剑、转身刺剑、提膝侧身劈点、转身撩剑、击剑、分手、提膝跳刺、旋转劈剑、回头望月、探海、翻身劈剑、转身抹剑、击步撩剑、提膝托剑、跳转刺剑、跳转刺剑、跳转刺剑、撤步搂剑、收势。

十一、少林乾坤剑套路动作名称

亮势、接剑、砍剑、前刺剑、截腕、挑格剑、斜劈剑、指星剑、前刺剑、拦腰剑、撩剑、架剑、斩剑、跳步大劈、左撩砍头、砍腿、霸王观阵、斜刺剑、横扫十字脚、青龙吸水、回头望月、霸王观阵、刺腿剑、大鹏展翅、霸王举鼎、行龙剑、霸王观阵、下刺剑、蜻蜓点水、劈腿独立、指星、斜平刺、霸王观阵、斜劈、白蛇吐信、前刺剑、抛剑、接剑、收势。

十二、少林五趟剑套路动作名称

预备势、金鸡独立、递剑、前刺、腕花、转身下刺、劈面剑、云剑、朝天香、白蛇吐信、燕子穿帘、探马剑、后撩剑、转身扫剑、霸王举鼎、撩腿转扫、白虎掏心、夜叉探海、左右撩剑、云顶前刺、七星剑、前刺剑、转身点剑、削剑、刺剑、舞花云剑、穿帘刺剑、龙摆尾、蜻蜓点水、燕飞势、穿帘独立、收势。

十三、少林九宫剑套路动作名称

并步上指、虚步亮指、提膝横剑亮袍、弧行步、弓步崩剑、歇步挑剑、弓步前指、前踢脚、盖跳步、马步扫剑、弓步斜上斩、扣腿撩剑、提膝上架、弓步斜下刺、虚步崩剑、翻身虚步劈剑、退步绞剑、弓步平斩剑、歇步压剑、弓步刺剑、上步云剑、弓步斩剑、左提膝劈剑、左右提膝剑、坐盘反上撩剑、转身右弓步刺剑、望月平衡、弧行步提撩剑、后插步劈剑、翻身弓步劈剑、后叉步上劈剑、翻身探刺剑、左提膝劈剑、虚步下截剑、大跃步腾空架剑、左转云剑、歇步扫剑、弓步反刺、转身弓步劈剑、分剑踢腿、提膝平斩剑、抱剑蹬脚、左转云剑、仆步下截、左提膝劈剑、丁步下刺剑、右弓步平刺剑、后插步劈剑、云剑换把、提膝撩剑、斜上刺剑、左右挂剑、跳步抛剑换把、右手接剑、歇步云剑、弓步探剑、叉步绞剑、左转云剑、虚步立抱剑、并步提袍、收势。

十四、齐眉棍套路动作名称

虚步托棍、转身背棍、提膝刺点、转身截棍、舞花棍、转身单叉、起身截棍、舞花背棍、提膝挑棍、转身单叉棍、起身截棍、舞花背棍、舞花转身扛棍、转身压棍、舞花单叉棍、起身截棍、转身舞花背棍、上步挑棍、原地截棍、转身拦腰棍、原地截棍、舞花背棍、踢腿架棍、转身单叉棍、起身截棍、舞花背棍、转身挑棍、原地截棍、提膝挑棍、收步蹬腿、落步截棍、独立举棍、收势。

十五、一路梅花单拐套路动作名称

上步冲拐、转身挑拐、下旋贴背拐、舞花接拐、上挑拐、上步舞花拐、滚身背拐、上步挑拐、转身后挑拐、退步舞花拐、架棚拐、扫腿拐、打背拐、转身拐、臂夹拐、转身下打拐、上架拐、云顶拐、扫堂拐、撩腿拐、跳步内钩拐、转身打拐、连身拐、云顶拐、扫腿拐、打背拐、舞花拐、滚身拐、倒滚身拐、舞花拐、拦腰拐、外勾拐、拉拐束身、收势。

十六、少林方便铲套路动作名称

一转、二推、三拨、四横、五劈、六抗、七打花、八铲、九平面、十扫堂；一推挡、二铲膝、三劈顶、六扬、七撩、两步劈、转身铲、单叉架、劈顶、反势势、架起铲、撩腿摩顶、拧铲出、上下格、前推、金丝掠铲、抗手推出、收势。

十七、少林梅花枪套路动作名称

上步下扎枪、回头望月、弓步扎枪、三套步三扎枪、跃身马步横扫枪、金鸡独立、三剑步、空中飞枪、舞花转身、肩上转枪、跳步点枪、三扎枪、跃身马步横扫枪、金鸡独立、三箭步、空中飞枪、踢腿撩枪、弓步刺枪、转身舞花枪、拧身下刺、童子拜佛、持枪旋风脚、踢腿下过枪、上步扎枪、歇步背枪、空中穿枪、上步接枪、仆步劈枪、起身倒把、踢腿上穿枪、倒步左下刺、巧女纫针、玉女穿梭、弓步扎枪、朝天一炷香、舞花滚身、狮子披红、踢腿外劈把、弓步扎枪、转身舞花滚身、金鸡独立、走两步、张飞骗马、仆步劈枪、脚踢枪、舞花枪、虚步后扎枪、收势。

十八、少林连环枪套路动作名称

并步持枪、挑把拿枪、白蛇吐信、怀中抱月、顺风打旗、蛟龙出水、蛟龙飞天、燕子穿林、金枪锁喉、撒步三枪、金鸡上架、金鸡啄门、落步扎枪、乌龙摆尾、乌龙绞尾、回身扎枪、怀中抱月、鸿雁出群、金鸡食米、青蛇出洞、落步扎枪、劈盖连环、乌龙翻身、回马扎枪、进步扎枪、老龙伸腰、乌云盖顶、霸王举旗、喜鹊登枝、落步扎枪、青龙戏水、连环穿梭、金枪锁喉、迎门三枪、张飞骗马、二郎担山、金鸡独立、天马行空、青龙探爪、青龙戏水、渔夫撒网、金鸡点头、乌龙摆尾、大扫枪把、大蟒翻身、白马亮蹄、天王摇旗、进步三枪、怪蟒盘身、青龙上天、青龙甩尾、进步扎枪、太公钓鱼、脚踢连环、老将摇旗、横扫千军、犀牛望月、青牛摇头、劈盖连环、仙鹤观景、落步扎枪、金猴坐洞、黑熊舒背、怀抱琵琶、拨云观日、收势。

十九、少林春秋大刀套路动作名称

提刀摆掌、提袍踏蹬、弓步前撩刀、踮步背刀、马步端刀、云顶横扫刀、踮步背刀、云顶横扫刀、踮步背刀、弓步前撩刀、转身马步切刀、云顶削刀、弓步背刀、弓步撩刀、提膝亮刀、上步三撩刀、云顶横扫刀、转身背刀、金鸡独立、马步砍刀、勒马背刀、缠丝过顶、老虎出洞、连环劈刀、二郎担山、转身挑刀、弓步站刀、翻身云顶扫刀、勒马背刀、马步上撩刀、关公挑袍、舞花背刀、虚步斩刀、收势。

二十、少林风火棍套路动作名称

起势、转身前戳棍、翻身打、舞花、左扫腿、右扫腿、回头咽喉棍、压把棍、舞花滚身劈把、转身前戳、转身撩阴、回身刺喉、闭门户、上挑棍、舞花棍、打虎棍、戳棍、鹞子翻身、白猿献果、交手望月、收势。

二十一、少林阴手棍套路动作名称

起势、横棍平视、鸡步闭门、进步挑裆、鸡步闭门、挑阳胸势、上步卧枕、猴子上树、上步卧枕、猴子上树、仙人指路、将军把门、叶底藏花、霸王观阵、挑阳胸势、上步卧枕、弓步卧枕、上步卧枕、猴子上树、上步撩阴、转身劈头、风扫阴势、仙人指路、朝天一柱、三进迎敌、朝天一柱、白蛇吐信、猴子登枝、上步卧枕、弓步卧枕、猴子上树、白蛇吐信、踢断玉柱、上步撩阴、转身劈头、插花盖顶、旋风转棍、仙人指路、见敌关门、三进迎敌、迎门铁扇、白蛇吐信、猴子登枝、上步卧枕、弓步卧枕、金鸡独立、饿虎扑食、弓步撩阴、插花盖顶、转风旋势、仙人指路；双关铁门、三进迎敌、迎门铁闩、白蛇吐信、猿猴坠枝、金蛇入林、饿虎扑食、弓步撩阴、插花盖顶、转风旋棍、仙人指路、双关铁门、鹞子入林、迎门铁闩、白蛇吐信、猿猴登枝、蛇留地走、饿虎扑食、弓步撩阴、插花盖顶、败势逃走、龙腾虎跃、插花盖顶、风旋击棍、金鸡独立、舞花跳步、霸王踏山、收势。

二十二、少林大夜叉棍套路动作名称

高四平势、中四平势、低四平势、三打枪势、高搭袖势、边提势、群提势、伏虎势、定膝势、潜龙顶、铁牛耕地、孤雁出群、敬德倒拉鞭、刀出鞘势、地蛇枪势、提枪势、骑马势、穿袖势、仙人坐洞、乌龙翻江、披身势、吕布倒戟势、飞天叉势、黑风雁展翅高提势、乌云罩势、通袖势、劈打势、雷天上弓、朝天枪势、高搭袖势、跨剑势、左右献花、尽头枪势、高搭袖势、单提势、金鸡独立、倒托荆棘、二郎担山、凤凰展翅、旋风扫地、挟衫势、一提金势、秦王挎剑、前提势、勾挂硬靠山、单打势、铁扇紧关门、收势。

二十三、少林达摩剑套路动作名称

起势、童子拜佛、达摩面壁、回头望月、怀中抱月、仙人指路、弓步劈剑、震脚刺剑、古树盘根、金鸡独立、上步劈剑、青龙摆尾、回头望月、仙人指路、插步刺剑、倒步劈剑、虚步亮剑、回头望月、虚步亮剑、达摩面壁、云顶刺喉、震脚刺剑、金鸡独立、虚步亮剑、弓步劈剑、黑龙摆尾、白蛇吐信、回头望月、虚步亮剑、上步劈剑、怀中抱月、鸭子赶路、削手一剑、苏秦背剑、金鸡独立、探海平衡、回头望月、虚步亮剑、力劈四门、虚步亮剑、提膝撩剑、白龙吹须、舞龙刺剑、仙人指路、力插地龙、朝天一柱、奋力穿剑、怀中抱月、收势。

二十四、少林九节鞭套路动作名称

左右走鞭、盘肘左右背鞭、左右走鞭、右盘肘反背鞭、乌龙步右背鞭、翻身仙人指路、右转后背鞭、翻身左右背鞭接鞭、左右走鞭、右盘肘反身背鞭、骑马鞭、右背鞭、左右发鞭接鞭、左右走鞭、右盘肘反身背鞭、罗汉跪搂鞭、左转背鞭、左右发鞭接鞭、左右走鞭、右盘肘反身背鞭、湘子挎篮鞭、踢鞭右背鞭、苏秦背剑鞭、左右走鞭、右盘肘右背鞭、右转背鞭、左右走鞭、右盘肘右背鞭、上步三劈鞭、左右发鞭接鞭、左右走鞭、右盘肘背鞭、滚身左右发鞭接鞭、左右走鞭、右盘肘右背鞭、左插花鞭、左转右背鞭、左右发鞭接鞭、左右走鞭、右盘肘反身背鞭、金丝缠脖、左背鞭、左右发鞭接鞭、左右走鞭、收势。

二十五、少林草镰套路动作名称

开肠破肚、火神分金、转身摘珠、白猴弹爪、夜叉割麦、小搂爪、黑虎掏心、舞花彩镰、倒拉金瓜、仙人指路、转身缠钩、夜叉探海、怀抱琵琶、转身缠钩、罗汉推窗、五行归一。

二十六、少林乾坤圈套路动作名称

春燕展翅、上格下扣、掏腿劈面、滚身劈圈、上步推圈、撤步连环、转身右架翅、转身左架翅、翻身双砸圈、猛虎张嘴、舞花顺圈、撩腿一圈、转身望月、上步摆圈、云顶束身、燕子起飞、双手推圈、舞花坐山。

二十七、少林虎头双钩套路动作名称

起势、三格腿、分头搂、跳步双撑钩、转身分拨钩、前后双撑钩、左搂右拦钩、上步单拦钩、独立双层钩、双叉钩、跳步双抱钩、转身独立势、亮势取腿钩、转身双展钩、转身单劈钩、上步劈搂钩、转身单架钩、转身下压钩、独立单架钩、转身劈搂钩、马步下压钩、转身双架钩、双夹下叉钩、双撩腿钩、前后双撑钩、转身双架钩、转身望月、跳步双抱钩、转身劈搂钩、上步劈搂钩、独立双钩、落步左拦钩、上步右拦钩、独立双展钩、左右摆钩、转身下劈钩、上步单拦钩、退步单拦钩、跳步望月、转跳架翅钩、转身劈搂钩、跳步双掌钩、转身劈搂钩、歇步护身钩、起身双托钩、歇步双架钩、收势。

第三节　部分少林拳对练套路中的
动作名称

少林拳套路繁多，故对练套路也相对较多，有的某一种器械竟有十种以上不同的对练套路。这里仅就有代表性的对练套路动作进行介绍，以见

少林武术对练套路之一斑。

图 5-2　徒手对练

一、耳把六合拳对练套路动作名称

甲乙立正。

甲：右甩捶，接转身格手势。

乙：左臂格，接转身格手势。

1.甲：左手迎，里合脚，蹲身拔腿，一手护肘。乙：右手上迎，右脚摆击甲肋。

2.甲：双手推乙。乙：将脚收回，手下按，转身走。

3.甲：追上扫腿。乙：跳步转身打甲头。

4.甲：前滚翻接回头望月。乙：前滚翻接回头望月。

5.甲：进步单抓手。乙：进步单抓手。

6.甲：给乙一耳把（掌）跳过。乙：右手格甲右手。

7.甲：束身势。乙：束身势。

8.甲：上步双手外打闯身而过，云顶束身虎抱头。乙：上步双手外打闯身而过，云顶束身虎抱头。

9.甲：起进步向乙冲天炮。乙：右手迎。

10.甲：进冲。乙：退棚。

11.甲：击肘。乙：顶肘。

12.甲：跳步转身。乙：追推扛。

13.甲：转身拧按。乙：撞金钟。

14.甲：转身跳而过。乙：转身。

15.甲：转身虎抱头。乙：转身虎抱头。

16.乙：进步向甲冲天炮。乙：右手封。

17.乙：进冲。甲：退封。

18.乙：击肘。甲：推顶。

19.乙：转身跳步。甲：追推扛。

20.乙：转身拧按。甲：撞金钟。

21.乙：转身跳过。甲：转身。

22.甲：转身虎抱头，同时上步踩脚尖，上下磕左臂。乙：转身虎抱头，同时上步踩脚尖，上下磕左臂。

23.甲：翻身打。乙：翻身格，双托手。

24.甲：回身打。乙：回身格。

25.甲：左右开弓打乙耳把。乙：左右开弓打甲耳把。

26.甲：磕手束身。乙：磕手束身。

27.乙：翻身打。甲：翻身格，双托手。

28.乙：回身打。甲：回身格。

29.乙：左右开弓打甲耳把。甲：左右开弓打乙耳把。

30.乙：磕手束身。甲：磕手束身，收势。

二、风魔棍（甲乙各持棍）对练套路动作名称

甲乙：立正预备势。

乙：上步拦腰棍，接着转身舞花后对峙。

甲：提棍撑格，转身舞花后对峙。

1. 甲：跳上步左戳右戳。乙：棍左格右格。

2. 甲：棍下扎。乙：转身把格。

3. 甲：换手打肩。乙：棍下拨压。

4. 甲：下扎棍。乙：棍把格。

5. 乙：拨转上步打头。甲：退步架棚。

6. 乙：下扎棍。甲：棍下格。

7. 甲：换手扎肩。乙：棍左拨。

8. 甲：下扎棍。乙：转身把格。

9. 甲：上步棍磕腿。乙：把挡格。

10. 甲：换把扎肩。乙：把上拨。

11. 甲：上步打头。乙：退步架棚。

12. 甲：退步下扎棍。乙：把格。

13. 乙：进步上扎棍。甲：退步棍拨压。

14. 甲：下扎棍。乙：竖棍推格。

15. 甲：上扎棍。乙：左拨棍。

16. 甲：棍打头。乙：架棚。

17. 甲：转身压捺。乙：退步抽棍。

18. 甲：进步三扎棍。乙：退步三拨。

19. 甲：转身上扎棍。乙：拨棍。

20. 甲：上扎棍。乙：拨棍。

21. 甲：扛棍下扎棍。乙：转身扛肩棍。

22. 甲：上扎棍。乙：棍拨压。

23. 甲：下扎棍。乙：格把。

24. 甲：门头棍。乙：架棚。

25. 甲：上步打头。乙：架棚。

26. 甲：拦腰棍。乙：竖棍格挡。

27. 甲：上扎棍。乙：转身上拨。

28. 甲：下扎棍。乙：把绞格拨。

29. 甲：上步打把。乙：绞棍拨压。

30. 乙：进步连三扎。甲：退步三拨。

31. 乙：扫腿。甲：起跳闪躲。

32. 甲：上扎棍。乙：棍拨压。

33. 甲：下扎棍。乙：转身格把。

34. 甲：转身劈头棍。乙：换手扛棍接格拨棍。

35. 乙：换手打劈。甲：架棚。

36. 甲：打头。乙：架棚。

37. 甲：转身拦腰棍。乙：竖棍格挡。

38. 乙：上扎棍。甲：转身拨。

39. 乙：下扎棍。甲：棍挑绞拨。

40. 乙：顺势劈头棍。甲：换步转身拨压。

41. 甲：上扎二棍。乙：退步二拨。

42. 甲乙：各舞花转身对峙，收势。

三、齐眉棍对练套路动作名称

甲乙：立正并步站立。

乙：外旋一棍，单叉棍。

甲：顺压棍，舞花对峙。

1.甲：左中平。乙：格棍。

2.甲：右中平。乙：格棍。

3.甲：下截棍。乙：拨棍。

4.乙：拦腰棍。甲：格棍。

5.甲：棍拨棍。乙：棍绞棍。

6.甲：上戳棍。乙：拨棍。

7.甲：扫腿。乙：扫头。

8.甲：转身上戳。乙：转身拨棍。

9.甲：上戳。乙：上拨。

10.甲：转身击头。乙：架棚。

11.甲：撩阴。乙：下架挡。

12.甲：接着打头。乙：上架棚。

13.甲：戳棍。乙：退步拨。

14.甲：扫头。乙：扫腿。

15.甲：左中平棍。乙：拨棍。

16.甲：右中平棍。乙：拨棍。

17.甲：劈头棍。乙：棍绞拨。

18.甲：滚身劈。乙：棍绞拨。

19.甲：右中平棍。乙：拨棍。

20.甲：劈头棍。乙：转身压棍。

21.甲：中平戳棍。乙：格棍。

22.甲：转身中平戳。乙：上步格棍。

23.甲：跳步舞花下戳。乙：斜棍挡。

24. 甲：进步取手。乙：掉棍。

25. 甲：舞花上中平棍。乙：闪身防。

26. 甲：扎项。乙：摇闪。

27. 甲：下扎。乙：抓棍头。

28. 甲：顺棍挑手。乙：松手退步。

29. 甲：起身舞花。乙：二起脚。

30. 甲：转身开弓势。乙：落地拉弓势，收势。

四、梢子棍破枪（甲枪，乙棍）对练套路动作名称

甲乙：立正并步站立。

甲：先戳一棍，舞花转身对峙。

乙：拨梢，舞花转身对峙。

1. 甲：左中平枪。乙：拨枪。

2. 甲：右中平枪。乙：拨枪。

3. 甲：三滚身劈。乙：三退步连三拨。

4. 甲：上中平枪。乙：梢绞棍。

5. 甲：进步劈头。乙：退步拨。

6. 甲：上中平枪。乙：上步拨压。

7. 甲：上中平扎枪。乙：拨棍。

8. 甲：换把云顶扫头。乙：蹲身防过。

9. 甲：起身一枪。乙：拨棍。

10. 乙：换把云顶扫头。甲：蹲身防过。

11. 甲：起身一枪。乙：棍拨。

12. 乙：三滚身劈头。甲：退步连三拨。

13. 甲：上扎枪。乙：棍拨。

14. 甲：云顶扫腿。乙：跳步防过。

15. 甲：落步上枪。乙：起身云顶扫。

16. 乙：扫腿。甲：跳步防过。

17. 乙：回滚身连三劈。乙：左右三拨。

18. 甲：上扎枪。乙：拨压。

19. 甲：枪挑棍。乙：滑过。

20. 乙：扫腿。甲：起跳扫头过。

21. 甲：转身劈头打。乙：后架棚。

22. 乙：转身劈头打。甲：平棍横架挡。

23. 甲：上扎一枪，舞花转身对峙。乙：棍拨，舞花转身对峙，收势。

五、三节棍破枪（甲枪，乙棍）对练套路动作名称

甲乙：立正预备势。

乙：拦腰棍。

甲：提枪格。

乙：云顶转身，对面站立。

甲：舞花转身，对面站立。

1. 甲：跳步一枪。乙：棍上格挡。

2. 甲：进根下格开。乙：退步收棍。

3. 甲：上步棍打头。乙：调把格枪。

4. 乙：进棍下击腿。甲：退步把格。

5. 甲：退调把上扎枪。乙：转身拨压棍。

6. 乙：棍打头。甲：架棚。

7. 甲：跳步中平扎枪。乙：调把转身云顶击枪。

8. 甲：上扎一枪。乙：棍上棚枪。

9. 甲：退步平扎枪。乙：上步云顶下磕。

10. 甲：上扎一枪。乙：上步棍上棚。

11. 甲：下扎一枪。乙：上步云顶下磕。

12. 乙：顺势拦腰棍。甲：竖枪下格挡。

13. 甲：上扎枪。乙：转身拨压。

14. 甲：把劈头。乙：甩棍下击把。

15. 甲：滚身劈头。乙：退步架棚。

16. 乙：扫腿。甲：起跳。

17. 甲：落地上扎枪。乙：起身下格。

18. 甲：把打头。乙：棍拨枪。

19. 乙：劈头棍。甲：把拨。

20. 甲：转身回马枪。乙：格棍。

21. 乙：转身拦腰棍。甲：竖枪格。

22. 乙：云顶扫头。甲：扫腿。

23. 甲：上游扎枪。乙：拨棍。

24. 甲：把打头。乙：拨棍。

25. 甲：上游枪。乙：拨棍。

26. 甲：滚身劈。乙：架棚。

27. 乙：扫腿。甲：起跳闪躲。

28. 甲：把劈头。乙：棍拨压。

29. 甲：劈头。乙：棍拨压。

30. 乙：劈头棍。甲：枪拨压。

31. 乙：滚身劈。甲：枪拨压。

32. 甲：上扎枪。乙：棍挑拨。

33. 甲：转身点头枪。乙：上挑拨。

34. 甲：上扎枪。乙：云顶磕格拨。

35. 甲：上扎枪。乙：云顶拨。

36. 乙：击腿棍。甲：枪下格。

37. 乙：转身击腿棍。甲：转身枪下格。

38. 甲乙：各转身坐山架，收势。

六、二人单刀对练套路动作名称

甲乙：立正预备势。

甲：拦腰一刀，接着云顶转身对面站。

乙：格挡，接着云顶转身对面站。

1. 甲：进步劈头刀。乙：刀背挡拨。

2. 甲：挑刀转身压力。乙：弯腰转身。

3. 甲：云顶扫头回扫腿，齐拉开望月势。乙：扫头，扫腿，齐拉开望月势。

4. 甲：进步上一刀，下一刀，云顶转身望月势。乙：进步分别挡格，云顶转身望月势。

5. 乙：上步劈刀。甲：刀背挡拨。

6. 乙：扫头扫腿，转身望月势。甲：扫头扫腿，转身望月势。

7. 乙：进步上一刀，下一刀，云顶转身望月势。甲：进步，上挡，下格，云顶转身望月势。

8. 甲：劈头刀。乙：刀背挡拨。

9. 甲：推膀。乙：左跳。

10. 乙：上步抹脖刀，接下扫刀，云顶转身藏刀势。甲：上格，下格，云顶转身藏刀势。

11. 甲：上步劈头刀。乙：刀背挡拨。

12.甲：推膀。乙：左跳。

13.甲：上步抹脖刀，接下一刀，云顶转身藏刀势。乙：上格，下格，云顶转身藏刀势。

14.甲乙：各进步分心刀，转身递刀坐山势。收势：乙立正，甲左转立正，并步站立。

七、少林单刀对练套路动作名称

甲乙：并步站立成预备势。

乙：拦腰刀，云顶转身对面站立。

甲：上格刀，云顶转身对面站立。

1.甲：进步上刺刀。乙：上格刀。

2.乙：下刺刀。甲：倒步下格。

3.乙：扫腿。甲：扫头。

4.甲乙：各上刺刀。

5.甲乙：各云顶转身望月势。

6.甲：进步上刺刀。乙：上格刀。

7.甲：下刺刀。乙：倒步下截。

8.甲：扫腿。乙：扫头。

9.乙甲：各上刺刀。

10.乙甲：各下刺刀。

11.乙甲：各云顶转身望月势。

12.乙甲：各上刺刀。

13.甲乙：云顶转身束身架刀。

14.甲乙：各滚身劈刀。

15.甲乙：各滚身劈刀。

16. 甲乙：各撩腿望月势。

17. 甲乙：各上步刺刀。

18. 甲：扫头。乙：扫腿。

19. 甲乙：各反向分心刺。

20. 甲乙：各内旋顺刀。

21. 甲乙：各滚身劈藏刀势。

22. 甲：上步劈刀。乙：压刀。

23. 甲：扫头。乙：扫腿。

24. 甲乙：各上刺刀。

25. 甲乙：各下刺刀。

26. 甲：绞刀。乙：绞刀。

27. 甲：扫头刀。乙：蹲身防。

28. 甲：扫腿。乙：起跳。

29. 乙甲：各上刺刀。

30. 乙甲：各下刺刀。

31. 乙：绞刀。甲：绞刀。

32. 乙：扫头。甲：蹲身防。

33. 乙：扫腿。甲：起跳。

34. 乙甲：各上操刀。

35. 乙甲：递刀转身二起脚。

36. 乙甲：坐山架，收势，并步站立。

八、单刀破枪（甲枪，乙刀）对练套路动作名称

甲、乙：立正预备势。

1. 乙：拦腰一刀。甲：提枪推挡。

2.乙：云顶转身成面对。甲：舞花转身成面对。

3.甲：跳步上扎枪。乙：刀向上拨枪。

4.甲：下扎一枪。乙：刀下格。

5.甲：中平枪。乙：刀拨压。

6.乙：反手扫头。甲：蹲身闪。

7.乙：扫腿。甲：起跳。

8.甲：上一枪。乙：刀拨压。

9.甲：顺杆取手。乙：松一手单持。

10.甲乙面对。

11.甲：进步下扎枪。乙：刀下格。

12.乙：反刀取手。甲：松一手单持。

13.甲：退步观阵面对立。乙：转跑云顶挂刀面对立。

14.甲：上步上中平枪。乙：起刀上格。

15.甲：退步刺枪。乙：刀进推挡。

16.甲：进刀推枪。乙：退跳扎枪。

17.甲：上步取手。乙：松一手单持。

18.甲：转身一枪。乙：转身压枪。

19.甲：转身劈头。乙：转身臂挡。

20.乙：紧接劈头。甲：横枪架棚。

21.甲：转身压刀。乙：抽刀。

22.乙：扫头（跳）。甲：扫腿。

23.乙：扫腿。甲：（跳）扫头。

24.甲：上扎一枪。乙：刀上格枪。

25.甲：下扎一枪。乙：刀下格枪。

26.乙：上步取手。甲：松手单持。

27.甲：上步磕腿。乙：转身刀格。

28.乙：上步取手。甲：换手。

29.甲乙：退步观阵。

30.乙：箭步双取手。甲：松左抓右。

31.乙：顺势扫头。甲：蹲身扫腿。

32.甲：上步磕腿。乙：转身刀格。

33.甲：上步下扎枪。乙：退步刀格。

34.乙：反刀取手。甲：松手单持。

35.甲：退步观阵。乙：转身挂刀。

36.甲：上步一枪。乙：起刀上格。

37.甲：转身舞花走，托枪面对立。乙：云顶转身走，藏刀，面对立，收势。

九、双刀破枪（甲枪，乙刀）对练套路动作名称

甲乙：立正并站预备势。

1.乙：接腰刀。甲：枪格。乙：云顶转身面对立。甲：舞花转身面对立。

2.甲：中平一枪。乙：竖刀格。

3.乙：转身扫腿。甲：起跳。

4.甲：落地上一枪。乙：上格刀。

5.乙：上步扫头。甲：低闪。

6.乙：滚身劈。甲：枪拨。

7.甲：中平枪。乙：竖刀格。

8.乙：叉步撩阴刀。甲：把拨。

9.甲：回马枪。乙：双刀格夹。

10.乙：扫腿刀。甲：起跳落地上扎枪。乙：上格刀。

11. 甲：下扎枪。乙：下格刀。

12. 甲：上扎枪。乙：下格刀。

13. 乙：劈头刀。甲：架棚。

14. 乙：分心刺。甲：竖枪格。

15. 甲：下扎枪。乙：支撑下格刀。

16. 甲：上中平枪。乙：上格刀。

17. 甲：中平枪。乙：转身云顶格。

18. 甲：双拦腰刀。乙：中平枪。

19. 甲：上中平枪。乙：上格刀。

20. 甲：中平枪。乙：转身去顶格。

21. 甲：中平枪。乙：去顶格。

22. 乙：拦腰刀。甲：竖枪格。

23. 甲：上中平枪。乙：上扎枪。

24. 乙：分心刺。甲：退步格。

25. 甲：上扎枪。乙：上格刀。

26. 乙：分心刺。甲：退步格。

27. 甲：上扎枪。乙：上格刀。

28. 乙：扫头刀。甲：蹲身防。

29. 甲：起身上扎枪。乙：上格刀。

30. 乙：扫头刀。甲：蹲身防。

31. 甲：上扎枪。乙：上格刀。

32. 乙：招头刀。甲：蹲身防。

33. 甲：把扫腿。乙：起跳。

34. 甲：上扎枪。乙：上格刀。

35. 乙：扫腿刀。甲：起跳。

36. 甲：落地上扎枪。乙：上格刀。

37. 乙：扫腿刀。甲：起跳。

38. 甲：落上扎枪。乙：上格刀。

39. 乙：扫腿刀。甲：起跳。

40. 甲：落地把打头。乙：上架刀。

41. 甲：退步中平枪。乙：上格刀。

42. 甲：下扎枪。乙：双夹刀。

43. 甲：挑刺中平枪。乙：双刀夹枪。

44. 甲：下扎枪。乙：下格刀。

45. 乙：劈头刀。甲：枪拨刀。

46. 乙：滚身劈刀。甲：架棚。

47. 甲：舞花转身面对立。乙：云顶转身面对立，收势。

十、大刀破枪（甲枪，乙刀）对练套路动作名称

甲乙：立正预备势。

1. 乙：拦腰一刀云顶走。甲：枪格，舞花转身对面立。

2. 甲：进步连三枪。乙：左右拨上步把压枪。

3. 乙：转身刺刀。甲：掉枪，手拨刀杆。

4. 甲：拾枪，扎枪。乙：舞花转身。

5. 乙：扫腿。乙：跳闪。

6. 甲：扎枪。乙：左拨。

7. 乙：换把扫腿。甲：跳，闪。

8. 甲：连三枪。乙：左右拨把压枪。

9. 乙：滚身劈刀。甲：三拨压刀。

10. 甲：上一枪，下一枪。乙：刀上拨，刀下格。

11.乙：扫头，跳过，对面。甲：扫腿，转身，对面。

12.甲：上步劈头打。乙：把拨，刀压枪。

13.甲：转身把击头。乙：转身拨把。

14.甲：枪击头。乙：刀拨。

15.甲：上扎枪。乙：刀上格挡。

16.甲：扫腿转身面对立。乙：扫头跳过面对立。

17.甲：上步劈头。乙：刀拨。

18.甲：上扎一枪。乙：刀上格挡。

19.甲：上步劈头。乙：上架刀。

20.乙：反刀捺枪。甲：下滑。

21.乙：扫头，扫腿。甲：扫腿，扫头。

22.甲：中平枪。乙：刀拨压。

23.甲：挑刀滚身劈。乙：转身后架刀。

24.乙：滚身劈刀。甲：枪拨。

25.甲：上扎一枪。乙：刀上崩格。

26.甲：舞花转身开弓势。乙：云顶转身望月势。

甲退步，乙转身，并靠立正势，收势。

十一、单拐破枪（甲枪，乙拐）对练套路动作名称

甲乙：立正并站预备势。乙：拦腰拐。甲：提枪格。甲：舞花转身对面立。乙：云顶转身对面立。

1.甲：上中平枪。乙：拐上格。

2.甲：下扎枪。乙：下旋拐格。

3.甲：上步把打头。乙：束身架棚。

4.甲：云顶拐磕脚。乙：束身把下格。

5.甲：绞手点头枪。乙：拐拨。

6.甲：中平枪。乙：退步拐格。

7.甲：上中平枪。乙：拐拨。

8.甲：下扎枪。乙：下旋拐格。

9.甲：偏打头拐。乙：把拨。

10.乙：偏打头。甲：枪拨。

11.乙：击腿拐。甲：枪下格。

12.乙：上步打头拐。甲：把拨。

13.乙：上步打头拐。甲：枪拨。

14.乙：转身平腰拐。甲：竖枪格。

15.甲：上扎枪。乙：转身拐上格。

16.甲：上步把打头。乙：外旋拐格枪。

17.甲：上扎枪。乙：外旋拐格。

18.甲：滚身劈。乙：束身架棚。

19.乙：云顶扫腿拐。甲：起跳。

20.甲：落地把打头。乙：内旋拐拨压。

21.乙：平旋拦腰拐。甲：竖格枪。

22.乙：叉步下扎拐。甲：转身枪拨压。

23.乙：扫头拐。甲：蹲身防。

24.甲：起身点头枪。乙：外旋拐上格。

25.甲：转身劈头枪。乙：内旋拐拨压。

26.甲：上步把劈头。乙：内旋拐拨压。

27.甲：云顶扫头拐。乙：蹲身防。

28.甲：把挑云顶扫腿。乙：跳转换步防。

29.甲：转身上扎枪。乙：束身拐拨。

30. 甲：下扎枪。乙：拐下格。

31. 乙：转身斜劈拐。甲：退步把拨。

32. 乙：上步斜劈拐。甲：退步枪拨。

33. 乙：内旋拐击腿。甲：枪下格。

34. 乙：上旋劈头拐。甲：架棚。

35. 甲：拦压下扎枪。乙：内旋拐格。

36. 甲：上扎枪。乙：外旋拐格。

37. 乙：叉步打头拐。甲：把上格。

38. 乙：转身扫腿。甲：跳防。

39. 甲：落步劈头拐。乙：内旋拐拨压。

40. 乙：中旋拦腰拐。甲：竖枪格。

41. 乙：内旋击腿拐。甲：退步把拨。

42. 乙：转身下旋拐。甲：退步枪下格。

43. 甲：上步把劈头。乙：外旋拐格。

44. 甲：滚身劈头把。乙：转身勾拐压枪。

45. 乙：平旋拦腰拐。甲：竖枪格。

45. 甲：跳步转身背拐望月势。乙：跳步转身背拐望月势，收势。

十二、单刀拐破枪（甲枪，乙单刀拐）对练套路动作名称

甲乙：并步站立预备势。

甲：中平枪，接着舞花转身，对面而立。

乙：拐挡，接着云顶转身藏刀，对面而立。

1. 甲：上扎枪，下扎枪。乙：拐上挡下格。

2. 甲：上扎枪。乙：拐拨扫头。

3. 甲：上扎枪接扫腿。乙：挡枪扫头。

4. 甲：上扎枪。乙：挡拨。

5. 乙：扫头。甲：扫腿。

6. 甲：上扎枪。乙：拨之。

7. 乙：分心刺。甲：格之。

8. 甲：上扎枪。乙：格之。

9. 乙：拦腰打。甲：格之。

10. 乙：上扎枪。乙：挡拨。

11. 乙：扫头。甲：低防。

12. 甲：上扎枪、扫腿。乙：拨接扫头。

13. 甲：转身一枪。乙：转身拨。

14. 乙：扫头。甲：低防。

15. 甲：上扎枪。乙：拨之。

16. 乙：转身打头。甲：架棚。

17. 甲：上扎枪。乙：拨之。

18. 乙：扫头。甲：防过。

19. 甲：上扎枪。乙：挡之。

20. 乙：转劈头。甲：架棚。

21. 甲：上扎枪。乙：拨之。

22. 乙：扫头。甲：防过。

23. 甲：上扎枪。乙：挡之。

24. 乙：扫腿而过。甲：扫头而过。

25. 甲：舞花上扎枪。乙：拨之。

26. 乙：扫头。甲：防过。

27. 甲：左扎枪。乙：挡拨。

28. 甲：下扎枪。乙：格之。甲：舞花转身持枪对面而立。乙：云顶转身望月势，收势。

十三、草镰破枪（甲枪，乙镰）对练套路动作名称

甲乙：并步立正预备势。

1. 甲：双镰击腰。乙：提枪格之。

2. 乙：云顶转身对面而立。甲：舞花转身对面而立。

3. 甲：上扎枪。乙：架拨。

4. 乙：扫头，跳转而过对面立。甲：扫腿，齐跳转对面立。

5. 甲：高中平枪。乙：双砍。

6. 乙：扫头跳转对面立。甲：扫腿，跳转对面立。

7. 甲：高平枪击。乙：双架枪。

8. 乙：双镰咬枪轮转上抛枪。甲：松枪、接枪。

9. 甲：上扎枪。乙：双架枪。

10. 乙：转身抓枪头，扫头。甲：抽枪、退步。

11. 甲：上扎枪。乙：格之。

12. 甲：扫腿跳过对面而立。乙：跳防，过对面而立。

13. 甲：上扎二枪。乙：左右格之。

14. 甲：转身劈头。乙：转身右架。

15. 乙：压枪、滚身劈。甲：跳防过。

16. 甲：舞花劈枪。乙：云顶架枪。

17. 甲：舞花转身开弓势，对面而立。乙：云顶转身望月势，对面而立，收势。

十四、双铜破枪（甲枪，乙铜）对练套路动作名称

甲乙：并步立正预备势。

乙：双拦腰，云顶转身对面立。

甲：格之，转身舞花对面立。

1. 甲：上扎二枪。乙：左右拨挡。

2. 甲：下扎枪。乙：格取手。

3. 甲：舞花转身对面立。乙：云顶转身架。

4. 甲：上扎枪。乙：挡之。

5. 乙：云顶转身拦腰击。甲：转身格之。

6. 乙：云顶转身拦腰击。甲：转身格之。

7. 甲：跳步上扎枪，接着，舞花转身对面而立。乙：云顶转身架挡，接着，舞花转身对面而立。

8. 甲：斜把推击乙腿。乙：挡格之。

9. 甲：上扎枪。乙：格挡。

10. 甲：转身把击头。乙：转身拨压。

11. 甲：滚身劈头，转身对面立。乙：双镰拨压转身对面立。

12. 甲：进击腿，接舞花走。乙：铜下格，接云顶走。

13. 甲：上扎二枪。乙：左右挡之。

14. 甲：下扎枪。乙：格之。

15. 乙：上步取手，云顶转身，束身对面立。甲：退步松，接舞花转身对面立。

16. 甲：进下扎枪。乙：退下截枪。

17. 甲：滚身劈。乙：上架枪。

18. 甲：进下扎枪。乙：退下截枪。

19. 甲：上扎枪。乙：挡格。

20. 甲：下扎枪，接舞花转身对面立。乙：拨压，接云顶转身对面立，二人并步立正势。

十五、三股叉破枪（甲枪，乙叉）对练套路动作名称

甲乙：并步立正预备势。

乙：拦腰甩把、云顶转身，对面立。

甲：枪格，舞花转身对面立。

1. 甲：右中平枪。乙：右格之。

2. 甲：左中平枪。乙：左格之。

3. 甲：下扎枪。乙：叉下压。

4. 乙：下刺叉。甲：枪格之。

5. 甲：下扎枪。乙：转身把格。

6. 甲：上扎枪。乙：叉左格。

7. 甲：上扎枪。乙：右格之。

8. 甲：下扎枪。乙：退步格之。

9. 甲：上扎枪。乙：转身叉格之。

10. 甲：上把劈头。乙：架棚。

11. 乙：云顶扫腿。乙：起跳防。

12. 甲：落把劈手。乙：把上拨。

13. 甲：换把劈头枪。乙：叉拨。

14. 乙：扫头。甲：蹲防。

15. 甲：起身劈把。乙：把上拨。

16. 乙：下刺叉。甲：枪下格。

17. 甲：跳步转身。乙：跟进。

18. 甲：中平枪。乙：叉下搂压。

19. 甲：中平枪。乙：把上拨。

20. 乙：上把击腿。甲：把下格。

21. 甲：点头枪。乙：架棚。

22. 乙：点头叉。甲：跳转枪拨。

23. 乙：进平心叉。甲：架枪崩格。

24. 乙：云顶扫腿。甲：起跳防。

25. 甲：落步劈头枪。乙：把拨。

26. 甲：滚身劈。乙：架棚。

27. 乙：扫腿。甲：起跳防。

28. 乙：起身叉头。甲：把击腿。

29. 甲：上劈头枪。乙：退步拨把。

30. 甲：把磕腿。乙：下格。

31. 甲：换手劈头枪。乙：叉上拨。

32. 甲：上把劈头。乙：把拨。

33. 乙：叉头跳过。甲：挑拨低身闪过。

34. 甲：起身斜劈枪。乙：叉拨。

35. 甲：上把劈头。乙：滚身劈。

36. 甲：上劈头枪。乙：叉上拨。

37. 甲：滚身劈。乙：把拨。

38. 乙：转身叉项。甲：把拨。

39. 乙：回叉扫足。甲：跳提把拨。

40. 甲：落步中平枪。乙：转身叉拨。

41. 甲：上把扫腿。乙：起跳防。

42. 乙：落步把劈头。甲：把拨。

43. 甲：上劈头枪。乙：把拨。

44. 甲：上把劈头。乙：把拨。

45. 乙：云顶。甲：单叉。

46.乙：下叉足。甲：转身枪格。

47.甲乙二起脚。

48.甲乙落步各望月势，两人并步站立，收势。

十六、单刀破双枪（甲枪，乙枪，丙刀）对练套路动作名称

甲乙丙：并步立正预备势。

1.丙：拦腰刀跳过，云顶转身弓步藏刀势。甲：对面立。乙：提枪格，舞花转身开弓势。

2.甲乙：齐上步上扎枪。丙：刀右拨、左拨。

3.丙：转身及甲。甲：跳步闪过。乙：舞花走。

4.甲：高平枪。乙：架刀挡，接着砍腿刀。丙：转身开弓势。

5.乙：高中平枪把挡。丙：架刀挡，接着进刀砍腿。甲：舞花走，转身开弓势。

6.甲：高中平枪。丙：拨枪扫头刀。乙：舞花转身对面立。

7.乙：高中平枪。丙：拨枪扫头刀。甲：舞花转身对面立。

8.丙：上格崩刀。乙：起身舞花。甲：高中平枪。

9.丙：劈头刀。甲：架棚。乙：转身对面立。

10.乙：高中平枪。丙：上格崩刀。甲：舞花。

11.丙：劈头刀。乙：架棚。甲：转身对面立。

12.甲：高中平枪。丙：拨枪扫头。乙：舞花走。

13.乙：高中平枪。丙：拨刀扫头。甲：转身对面立。

14.甲：高中平枪。丙：刀上崩格。乙：舞花。

15.丙：劈头刀。甲：架棚。乙：转身对面立。

16.乙：高中平枪。丙：拨枪扫头。甲：舞花。

17.丙：分头刀。乙：架棚。甲：转身对面立。

18.甲：上步高中平枪跳过，转身对面立。丙：刀拨转身望月势。乙：舞花转身对面立。

19.甲乙：齐上步中平枪。丙：提枪双扫头，蹲身防。

20.甲乙：折身双扎。丙：起刀拨格。

21.甲乙：齐下扎枪。丙：刀下格。

22.甲乙：舞花走，转身对面立。丙：云顶转身藏刀势。乙、丙靠拢并步站立，收势。

十七、大刀破双枪（甲、丙：枪，乙：大刀）对练套路动作名称

甲乙丙：并步站立预备势。

乙：提刀左右拦腰刀，跳步云顶望月势，对面立。

甲丙：提枪格，舞花转身开弓势，对面立。

1.甲丙：齐上步扎肋枪。乙：竖刀左右格。

2.甲：上扎一枪。乙：转身拨枪。丙：舞花走。

3.乙：劈头刀，滚身劈。甲：枪拨。丙：转身对面立。

4.丙：上步一枪。乙：转身拨枪。甲：上步扎头钻过。

5.乙：劈头刀，滚身刀。丙：枪拨。甲：转身对面立。

6.甲：上步扎头钻过。乙：刀拨。丙：转身舞花。

7.甲丙：齐劈头打。乙：举刀上架。

8.乙：转身扫腿。甲丙：跳起。

9.甲：落步上枪。丙：落步上枪。乙：刀拨。

10.甲：中平一枪，跳过。乙：竖刀格带。丙：舞花。

11.乙：分头劈刀。丙：架棚。甲：转身对面立。

12.甲：上中平扎枪。乙：刀格。丙：舞花。

13. 乙：分头刀。甲：架棚。丙：转身对面立。

14. 丙：上扎一枪。乙：刀拨。甲：舞花。

15. 乙：云顶扫头。丙：弯腰躲。甲：转身对面立。

16. 甲：上扎一枪。乙：刀拨。丙：转身。

17. 乙：扫头。甲：弯腰钻过。丙：舞花对面。

18. 甲丙：转身齐打头。乙：拨枪。

19. 乙：云顶扫双头。甲丙：弯腰防过。

20. 甲丙：齐折身二枪。乙：左拨右拨。

21. 甲丙：双下扎一枪。乙：回刀格。

22. 甲丙：转身舞花对面立。乙：云顶转身对面立。甲、乙、丙各舞花靠拢立正势，收势。

十八、白手夺二刀（甲、乙持刀，丙徒手）对练套路动作名称

甲乙丙：并步站立预备势。

丙：双展拍击甲。

乙：跳步转身束身，接着提刀云顶缠头走。

甲：云顶转身虚步藏刀。

1. 甲：进步穿心刀。丙：拨刀闪跳。乙：云顶转身望月势。

2. 乙：上步一插刺接砍头刀。丙：格挡、拨刀、手推乙。甲：转身云顶望月势。

3. 甲：上步一扎砍头刀。丙：臂挡、拨刀、手推甲。乙：单叉起身藏刀势。

4. 甲乙：齐上步，双砍头刀。丙：退步展翅撑。

5. 甲乙：双刀齐扫腿。丙：爬虎。

6. 甲乙：一齐双刀砍头。丙：缩项后退。

7. 乙：进步穿心刀。丙：拨刀闪身。甲：转身望月势。

8. 甲乙：齐上步砍头刀。丙：双手托刀跳过。

9. 甲乙：云顶转身藏刀对面立。丙：转身束身对面立。

10. 甲：上步砍头刀。丙：拨刀闪身。乙：云顶转身虚步藏刀。

11. 乙：上步砍头刀接手翻。丙：拨刀、夺刀、败势。甲：云顶转身。

12. 甲：上步砍头刀。丙：转身压刀。乙：二起脚。

13. 丙：扫甲腿，砍甲头藏刀势。甲：掉刀爬虎缩项起，拉弓势，对面立。乙：旋风脚，拉弓势对面立。二人齐靠拢并步站立，收势。

十九、三英战吕布（甲执戟，乙大刀，丙鞭，丁剑）对练套路动作名称

起势，甲、乙、丙、丁四人一边站立。

1. 甲：上步摆戟。乙丙：双打而过。丁：舞花转身走。

2. 甲：上下刺丙。丙：上格下格。乙：云顶转身舞花走。

3. 甲：把压丙，上刺乙，下刺丁。乙：上下格，云顶走接上刺甲。丙：舞花转身。

4. 甲：拨剑击丙。丙：架棚。乙：转身撩剑走。乙：劈甲。

5. 甲：拨刀刺丙，下刺丁。丁：下格，上反劈。乙：云顶转身走。丙：格崩云顶走。

6. 丙：滚身劈甲，上下打甲，云顶走。甲：拨格，下格，打丁，刺乙。丁：拨之，随走。乙：云顶格甲走。

7. 乙丁：齐刺甲胸。甲：上下两打格丙。丙：打甲。

8. 甲：转身云顶回身对面立。乙丙丁：齐格拨，跳转对面立。四人并步站立，收势。

二十、五虎群羊（甲双刀，乙草镰，丙双拐，丁枪，戊刀，己剑，庚棍，辛戟）对练套路动作名称

甲乙丙一排，丁戊己庚辛一排。

甲：进双刀。

丁戊：枪刀相格左右而退，同时枪刀上下挑腿。

1.甲：扬刀而过。乙己辛：剑戟与草镰上下扫腿，拍镰而过。

2.庚：棍对双拐、上下棍。丙：束身上下格，滚身一拐，高一拐，中打而过，各转身对面立。

3.甲：枪刀与双刀，上下两打，双刀拨开枪刀而过。丁戊：枪刀与双刀，上下两打，双刀拨开枪刀而过。

4.乙：剑戟与草镰，剑刺乙腿，戟刺心，一镰打戟，一镰打剑，镰打刺头，打拐一棍，上下手打双刀拐一旁，闪身而过，同时各转身对面立。己辛：剑戟与草镰，剑刺乙腿，戟刺心，一镰打戟，一镰打剑，镰打刺头，打拐一棍，上下手打双刀拐一旁，闪身而过，同时各转身对面立。

5.甲：枪刀与甲各刺头腿，扬刀而过。丁戊：枪刀与甲各刺头腿，扬刀而过。

6.乙：剑戟草镰劈头而下，镰挡剑戟，镰而过。己辛：剑戟草镰劈头而下，镰挡剑戟，镰而过。

7.丙：拐对棍，拐箭步棍扫腿，上棚打中而过。庚：拐对棍，拐箭步棍扫腿，上棚打中而过。

8.甲：各跟头而过，下打一拐，跟头而过，起身对面立，各望双方。乙丙：各跟头而过，下打一拐，跟头而过，起身对面立，收势。

第六章　少林拳系列中的其他内容

少林武术中，拳术与各种器械套路虽为主要内容，但另外还有与其辅佐的一些其他特殊内容。它们有的是单势动作，有的是连环动作，有的练内，有的练外，有的练散招，有的属独门绝技，旨在强健体魄，掌握技能，以备取胜。

第一节　手搏（短打）法

夫短打者，源自少林福居禅师册集也。少林寺古传秘本甚多，今夫短打之要诀者，有八八六十四门，九九八十一变化。知其门路者，方可入手也。主要有翻车辘轳捶、六六三十六、八打八不打、八刚十二柔、七势集连拳、总是十八凑、全身十二捶、闪转双手扣等。

诸家手法各有所长，如取上而能打下，如打下而能取上，里门返外，外门返里。入手而即提步，提步而即入手。务要先明出入进退，虚实刚柔，长短起落，开合收闭之手，长有七长之妙，短有八短之强，虚者实进，实则虚去，虚虚实实，随手而入，临时能变，方称魁士。世之学者，时时会悟，照谱专心，何愁不成焉。

所谓短打即指赤手空拳、相搏时的技击方法，属少林寺僧人在实战中的常用技法。

一、三十二合法

一合掠手挡风掌：我左手拿住，右手跟上打脸，你使右手往里护，我使左手从膀下闪过，使右手冲胸往外打，回手往里。

二合格手挡面掌：我上右腿，左手横打你头部，你左手外挑，我左手劈面一打，你使右手往里护，从胳膊下闪过，我右手劈面往下打，你回手往前打一膀子。

三合贴身靠：我上右脚，右手横打你头部，你左手向下就挣，从膀下闪过，往前打一膀子。

四合回留炮：我上右腿，右手横打你头部，你左手向上挑过，右脚踢我膝下，我往后一收，回手往下齐括勺往上打，我从你膀下闪过，右手打面，再往下打一膀子。

五合留回横前：我右手横打你头部，你左手往上挑急跟右腿，右手照我肚子打，我右手往后一收，回手照肋往下一齐打。

六合金钩挂玉瓶：我右手横击你头部，你挑过，右手抓住前胸，我右脚扣住你左脚后跟，往前一扫。

七合仙人卧莲：我右手打你头部，你右手挑格，我从膀下闪过，抓起腿来往后一仰。

八合搅手挡风掌：我左手横打你头部，你右手就挑我右手往下一护，左手劈面一掌。

九合回留捌踢：我打你头部，你左手外挑，我使右膝撞你腰，你左手就护，我往后一箭步，你就赶我回去，沿你膝下，左右括击，往下一齐打左右。

十合当头一递手：我打你脑后，你左手挑，右手从我膀下往上挑起，右手打你颚下。

十一合挑裆拦马：我右手打你头部，你挑过，右脚踢你膝下，从膀下回来，右手挑起，左脚踢你膝下。

十二合野鹊攀枝：我右手横打你头部，你挑过，从我膀下捣一拳，左手往下扳，跟上右腿，右手劈面一拳闪过。

十三合燕子抄水：我打你头部，你挑过，我从你膀下闪过括击。

十四合上迎下靠：我打你头部，你挑过，从我膀下，右膝跪下，扣住我左脚后跟，右手拿住我右脚，往外硬靠。

十五合古树盘根：我打你头部，抬起右腿，你右手就挑，你从胳膊下收手，抓我左腿往前一送。

十六合鹞子入林：我打你脑后，左手挑起，右腿跟上，右手打小腹一拳，右手从膀下斜收回来，回手往上斜打，后手如飞打脸。

十七合浪子脱靴：我打你头部，你左手挑过，右手扳进，起左脚左手架住，右手往前一送。

十八合武松打虎：我打你前头部，你左手挑过，右脚踢你膝，右手回来从膀下往外斜提住腿，往后一甩。

十九合野马上槽：我右手打你头部，你后闪，我跟上右脚照裆部踢一脚，左手往上一提，你右手拿住我前胸往后一推。

二十合抽梁换柱：我照你头部打一拳，你左手往上挑，我抬左腿向肋部一脚，你右手往里斜拿住我腿，我转过身来，左肩膀往上顶，将你推倒。

二十一合金鸡入笼：我右手横打你脸，你左手往外挑过，右腿踢我膝下，我右手回来，拿你脚尖往外一抽。

二十二合金鸡出笼：我右手横打你脸，你左手挑过，朝腹踹我一脚，我右手回来，斜偷抓住你脚，往里一抽。

二十三合泥里拔葱：我右手劈脑横打，你左手挑，我右手回来拿住你左脚，左手照心往上一击。

二十四合硬打挡风掌：我右手劈脸一掌，你左手护，右手就上，两手一递一打，我单手闭双手开。

二十五合倒提金钩挂玉瓶：我右手打你头，你左手挑过，我右手就上，从你膀下闪过，拿住你右手，左手拿住肩膀，左脚扣住你右脚后跟，往后一扫。

二十六合旋腰坐稳平：我右手打你头，你左手挑过跟上，右手劈脸一打，我从你膀下闪过，提住你腰往后一坐。

二十七合仙人指路：我右手打你头，你左手挑过，右手就上，从膀下拿住你腿，往上一掀。

二十八合童子拜观音：我右手打你头，你左手挑过，我就从膀下闪过，背后双手拿住你两条腿往前一扳。

二十九合狮子倒搬桩：我右手横打你头，你左手挑起，我右手就上，从膀下闪过，拿住你头往后一扳。

三十合后探马：我打你头，你左手挑过，我右手就上，从膀底下闪过，双手抓住后腰，右脚扣住左脚后跟，往后一扫。

三十一合金鸡倒入笼：我打你头，你左手挑过，右手就上，从膀下闪过，抓住你右手拿起右腿，右手往前送。

三十二合金鸡倒出笼：我右手打你头部，你左手往下闪按，我右手转上来，左腿跟上，右手拿住你脖子往下一按。

二、短打十八式

（一）铁牛耕地式

铁牛耕地幅拳宽，纵步起手取虎眼，回马一步连环脚，青龙摆尾回身转，纵步蹲向卧地捶，硬崩实砸取虎眼。

（二）夜行撂身式

回马复手入反掌，提步掳摔迎面创，勾搂通劈连三掌，挑手托肘铁门闩，头捶起膝两盘肩，大鹏挺翅回身转，双手抱月取心尖，双勾合手即收闭，手脚并用威力大，青龙摆尾鲤鱼翻。

（三）金鸡独立式

二郎担山实不忙，金鸡独立左手央，怀中抱月挂面脚，反身一步下底堂，蹲身出手迎面掌，左右骗马腿发狂，出手拗步即双掌，四封四闭短幅长，若能习出太祖拳，招前挡后一堵墙。

（四）转身搏虎式

太祖长拳真人传，八步六面实可观，七星四手居中间，左右斜步两底然，势要下身多变法，左右跨虎急登山，套捶一步转右边，倒面参跳更周全。

（五）骑马变勾式

跨马上步用变勾，狭胁一捶即忙收，天然一根通臂骨，招前挡后闯幽州，提步回手翻身闪，双拳护耳接前冲，冲拳最忌缠封破，穆陵关前把名休。

（六）骑马提纲式

逼住双拳紧伏底，身出手起打对膝，拨步缠拦靠身撞，翻进中门起头膝，迎面一掌打盹肘，回手偷手海底步，蹲身起步即参跳，翻身摆尾连步出，左右骗马下底势，朝天一柱千斤举，翻身偷步跺子脚，一并双捶随腿出。

（七）高吊背弓式

对手入拳撩阳脚，左右皆是燕子啄，回身一步迎面罩，中身见捶急忙磕，里外四门加扑按，回身转按跺子脚，起脚回马合手掌，掺跳身出手崩格。

（八）扑腿抚巨式

扑腿却是盘跌势，双捶过脑当顶盘，盘起左边转右边，翻身拨步连环攒，合手一步倒提杆，崩掌缠封铁门闩，翻身车轮倒取卵，迎面直冲顶背拳，撩手入捶车赶月，提步回手即忙还。

（九）跨马大刀式

出手贯来用回掌，提步回手窝肚闯，截手回马闯上步，遂手入手取其肋，合手采用使背剑，偷手连步手连肘，晃膀摆尾缠腰蹬，扑跌刀镰艺全使，勉强鹞子翻身起，手脚任他滚跌挡。

（十）撒马大刀式

一并双拳起当空，崩砸摔掠加缠封，回身出手撩阴脚，金鸡独立取中间，斜手只用骗马势，翻身偷步野鹊登，扳住脚弯破骨跌，府堂却用两脚撑，中平站定连拳势，冷似霸王硬上弓。

（十一）扑腿盘跌式

左右盘捶里破膝，把步连滚翻身起，回手一步迎面罩，野马上槽紧伏底，一出一入回身转，开合收闭打对膝，粘衣却有十八跌，鹰拿燕雀双手举，和手全凭要快妙，跌打擒拿合平理。

（十二）摒捶幅挡式

出手眉头发下掌，左右撕裂迎面闯，迎面前手跟后手，偷手露手叠双肘，黄龙翻身双擒将，霸王拽弓入单手，搬肩采手忙起膝，倒提翻身回马走，夜叉探海手扑地，纵步起手打锁口。

（十三）夜行回手双赶月式

夜行回手双赶月，采手蹬掌取膝胁，入步蹲身破叉腿，通背连环人人怯，百发百中手无空，奥妙无穷随手灭，千头万绪难遮挡，暗藏通臂看不彻。

（十四）崩腿拦击式

六回连通八步走，前后左右皆然通，扫堂八步滚连钻，防备苏秦把剑背，左右弹腿不过膝，霸王举鼎气在先，棍去两端中间架，兼枪带棒是真传。

（十五）长拳入手式

长拳入手实堪夸，韩通玄妙眼乘花，回身翻身撩阴脚，崩格合手更不差，铁牛步下藏底势，泰山压顶摘金瓜，蹲身拢头心窝打，摔将一捶把头砸。

（十六）扑腿鞭掌式

扑腿鞭掌下底势，拽掌蹬尽全身力，反身通拳迎面闯，转身起腿腹肚捶，转身偷步跺子脚，内藏一根通臂骨，左右插花燕子啄，乌龙探爪三转身，中堂站定连手磕。

（十七）闭手入掌式

闭手入势掌当先，窝里剖捶加缠拦，还势泰山压顶盖，回马转身倒取卵，六回还同八步妙，前后左右滚连攒，回封拽手背利剑，左右探马速起腿，霸王举鼎力当先，反身猛虎似扑食，对心入肘劈面揎，须要前手跟后手，左右盘肘实堪观。

（十八）挑手通臂式

挑手通借取底漏，尖叉双举手击胁，连避三闪硬崩砸，白虎洗脸上下连，紧偷手中门直劈，须要封底取当顶。此乃打上而指下，打下而取上之要诀也。

三、二十四炮打法

（一）风搅雪

我左腿当前，右手向上提，左手照脸一把，急回右手落到耳边。

（二）黑虎抓心

我左手往下一护，右手照脸一拳，左手对心一拳。

（三）黄龙探爪

我左手拦住你右手，右手照脸一把，反手左右同。

图 6-1 技击塑像

（四）梅花炮

我右手照脸一拳，左手随跟一拳，右手照心一拳。

（五）起火炮

我左手向脸一把，右手照肚子一拳，左手照脸一拳。

（六）撩阴脚

你右手打来，我左手挑过，右脚踢你小腹或裆部。

（七）走马骗子

你左手向脸一指，我右手向外一领，左脚踢你左骗马。

（八）分裆腿

你左手向心一拳，我右手向外一领，左脚踢你右脚，左领右随。

（九）踩堂炮

你左手劈脸一把，我左手一领，左腿裆前上步，右手冲肋一拳。

（十）勒马炮

我左手照脸一把，你右手来架，我回手一领，随即右手打出。

（十一）一步三截腰

你右手来打，我左手架住，左脚踩住你右脚，右手照肋一拳。

（十二）云遮日月

你左手拨开我右手，我左手掩住，右手劈脸一把。

（十三）阴阳交合

我左手打去，你右手拿住，我右手劈脸一把，你右手往外一领，我肘打你右肋。

（十四）四封四闭

你左手劈脸一把，我右手向旁一领，右脚踢你，左右一样。

（十五）搜山脚

你发左手，我左手往外一领，提跟右腿，你退左步，我进右步。

（十六）回溜炮

我右手劈脸一闪，抽身就走，回头左手领起，右手冲小肚子打去。

（十七）分心脚

我跃步身子一束，你双手来拿，我两手分起，劈心一脚。

（十八）一合虎

我束身撩阴一拳，劈心一掌。

（十九）扑地捉雁

我左手劈脸一把，你右手挑起我随手掳你，前后左右掩你五行。

（二十）黑狗咬鸡

你左手劈脸一拳，我右手照耳横行，你右手就格，左手劈心一拳，右手照脸一把。

（二十一）倒卷帘

我左手一闪，右手照面一打，左手照面起，右手冲心口一拳。

（二十二）双手护耳

你发左手，我右手掩住，左手背打，一着五点。

（二十三）童子拜观音

我劈脸一闪，抽身就走，你右手跟上脑后一拳，我反身双手一领就打。

（二十四）反箭手

我右腿当前，左手劈面一扳，你手挑拦，我左手反阴，右手随背而出。

四、攻防角斗要诀

二人狭路逢，较量脚和手，抓推摔劈插，出招先夺头，

两拳合太阳，再偷正心口，急中摘茄子，近身卡咽喉，

近腿旋跪膝，错身插肋沟，莫忘卸大臂，回捣破枕头，

乘机卡脖子，换梁抽柱走，近足偷泼麦，背阴臀凸流，

更有倒踢脚，朝前猛踢球，摆臂双技胯，奇招施铁头，

侧身鬼推磨，迎面放风筝，还有鬼搬跌，神仙也发愁，

智生二十诀，莫传非君口。①

五、擒盗秘诀

强贼夜袭寺，闻声倾耳听，制怒细思讨，探猫步寻音，

若遇强毛贼，疾施蛇吐信，溜膀回顶势，铁头碰瘟神，

撒下绊马索，人马陷阱深，偶遇三只鬼，猛虎把腰伸，

一口吞山羊，再把血喝尽，孤众两悬异，骤施鹞入云，

盗凶追得紧，扎桩稳住身，伸出铁扫把，风卷扫残林，

猴差虎豹力，可请孔明神，若出三分智，十劲命难存，

孤僧胜百盗，武功出少林。

---

① 此二十招要诀是少林寺宋代灵丘大和尚的得力弟子智生和尚的打擂经验秘诀。文中泼麦是指河南农村过去收麦时所用的一种收割工具，这里是指用脚勾或扫的动作。

六、散手秘诀歌

两虎相斗必有伤，迎面交手抢步上。早行一步必得势，先施一招可制强。迟疑一寸手脚慌，晚出一招必有伤。得机得地亦得势，七分劲力抵百狂。降魔必有防魔智，抓马必带捆马缰。人头比王手比将，擒贼必须先擒王。下靠两马绕圈圈，上靠十枪扎中膛。扎喉扎眼扎两腮，扎耳扣颊扎太阳。回马扎身又扣穴，背中一枪见阎王。十枪露出两只手，专打人头妙无量。

七、打擂要诀

打擂可夺命，胜败一时分，登台需谨慎，切勿乱心神，

虎胆与豹斗，进退切谨慎，左右注四梢，上防铁头金，

下施绊马锁，敏避撩踢阴，纷乱保双珠，贯注指插咽，

闪开穿肋掌，挡回虎偷心，巧躲卸八节，还须上梢敏，

闭孔三十六，可施鹞翻身，脱了鬼抱腰，崩扛挑肘节，

流星扫堂腿，可破树盘根，若遇九牛劲，猴招可脱身，

如遇刺谓手，连环骤疾进，强与强角斗，胜在智一寸，

强与强交手，服在功底厚。

八、手搏要诀

交战好比二虎争，霎间胜败见分明。手足身眼步法灵，更有疾巧眼神功。一虎能胜十人胆，临敌要有十虎勇。一人胆大百人怕，孤将勇猛万夫警。交战眼神最为首，辨测对方全身行。先盯对方手和足，再量他力轻和重。细审敌人招式变，眼神灵锐切记清。交战更宜手足疾，起落出收快如风。手出足起不见影，着落稳准如钉钉。莫忘随机应千变，以弱胜强妙计

生。虚实进退刚与柔，聚神击打力更雄。下盘便利用足踢，上盘便利用手崩。制裁敌人别手软，莫学华容道义公。你不制他他制你，不可对敌施同情。交载宜用轻身法，滚伏仰爬翻如龙。左腾右挪如电闪，回身就像箭射鹰。交战取胜要在步，紧配眼神步步灵。疾如快箭踮跳飞，插拖并马仆歇弓。看风使舵应战机，胜似平地降天兵。

九、手搏交战歌诀

攻要察敌势，手足勿轻出。击隙宜如风，避实宜如驰。

不为强中怯，勿因弱中失。出手按宗法，身形定如一。

如引可通神，临敌胜可取。攻要择时机，守也要精密。

足来分反顺，手来分虚实。柔来勿轻御，刚力顺其势。

眼神察敌情，静心不放松。牢记歌中诀，技深妙自出。

十、觉远七十四散手歌诀

少林散手觉远传，七十四招用法全。

传至如今上千载，各代武僧苦研练。

你我二人想比武，擂台以上各争先。

起手上势东西站，各使武技雌雄辨。

我用单臂去摘月，你用单臂横云端。

我用金蛇来缠柱，你用罗汉靠壁面。

我用狮子大搬桩，你用孤鸟展啼喧。

我用单脚穿心踢，你用凹腹抱瓶罐。

我用单腿独立功，你用顺手把枝搬。

我用仙人摘茄子，你用冷雁回头观。

我用举鼎把碑砸，你用横扫把身转。

我用肋下插单刀，你用杨柳倒栽边。

我用倒拔垂杨柳，你用钻刀背后击。

我用翻手牵老牛，你作生根马步圆。

我用罗汉来蹬腿，你用撤身闪避难。

我用童子弹踢势，你用凹腹吸胸前。

我用金针点拨法，你用金针点插功。

我用海底捞月圆，你用闪身诱敌骗。

我用平地搬石功，你用鸽子去观天。

我用金刚来踹腿，你用金鸡来闪展。

我用领雁回头看，你用近身摘甜瓜。

我用乌龙抱玉柱，你用怀中抱月圆。

我用金豹猛回头，你用单刀赴会前。

我使力士大翻身，你用迎门接客官。

我使纯阳来醉酒，你使罗汉降龙盘。

我用观音来打坐，你用二蛇争穴眼。

我用仙人来卧床，你用饿虎扑食餐。

我用缩身去门室，你用反手卡咽喉。

我用一足蹬青天，你用紫燕来倒翻。

我用罗汉来站桩，你用金龙抱柱圆。

我用老虎大坐身，你用撤身落空闲。

我用罗汉来踢打，你用闪身避险关。

我用勾挂加横斩，你用提腿来闪展。

我用单足去蹬枝，你用迎门冲铁拳。

我用罗汉摆腿势，你用闪身避险关。

我用石匠背大包，你用白蛇把腰缠。

我用老鹰抓小鸡，你用野鸡晒膀玩。

我用单手擒顽贼，你用罗汉来观天。

我用背后插刀势，你用马步站稳桩。

我用罗汉来站桩，你用力士抱柱圆。

我用顶心来冲肘，你用退步含胸前。

我用横扫千军倒，你用鹞子钻上天。

我用白猴来缩身，你用取宝双手显。

我用海底偷仙桃，你用孤鸟喧啼寒。

我使青龙抱枯树，你使罗汉拔菜园。

我用扛袋倒粮米，你使狸猫上树干。

我用拨雾把日见，你用双风贯耳间。

我用举臂冲拳法，你用千斤后坠担。

我用边踩卧牛腿，你用单刀来闯关。

我使野外去抛尸，你用腾空飞越檐。

我使闪身双展翅，你用白鹤展翅翻。

我用袖中出一炮，你用单手横雾端。

我用独蛇来寻穴，你用白鹤展翅翻。

我用千斤来踢腿，你用孤雁展翅旋。

我用单手去播云，你用单掌劈石顽。

我用单臂把桥架，你用张飞扛梁檐。

我用金刚堂前站，你用双手抱门圆。

我用弓身去拜佛，你用鹞子把身翻。

我用罗汉去过桥，你用单臂把路拦。

我用单手牵老牛，你用大仙指路前。

我用海底去捞沙，你用金鸡啄胯边。

我使童子踢打势，你用罗汉来闪战。

我使罗汉蹬单腿，你使闪身抱月圆。

我使鸿门去射箭，你使大雁展翅翻。

我使倒挂金钩挑，你使仙鹤独立悬。

我使大鹏展双翅，你使金雕斜翅展。

我使单脚端北门，你用白猴摘果献。

我用毒蛇来寻窝，你使豹子奔山川。

我用近身贴靠打，你用擒拿挂搭按。

我用大鹏来啄食，你用撤步捣臼还。

我用孙膑背蒲团，你用狮子把桩搬。

我用大鹏来展翅，你用罗汉观青天。

我用罗汉站桩功，你用饿虎守林边。

我用老猿来搬枝，你用横架铁门栓。

我用反手来压肘，你用豹子回头观。

我用罗汉折臂断，你用夜叉探海泉。

我用独立推碑势，你用罗汉请客官。

你我双方收势立，各归原路招使完。

二人封拆各显艺，难分谁胜谁占先。

觉远上人传宗宝，寺僧学习护寺院。

十一、摔打四十法歌诀

二人摔打逞刚强，龙争虎斗不相让。

起势站立分上下，罗汉担柴门户敞。

这边豹子穿林势，那边白虎拦路旁。

我用骑马射月技，你使恶虎扑小羊。

我用回马单刺枪，你使顺手来牵羊。

我用野马去弹蹄，你用骑马拜佛王。

我使开山臂石力，你用老猿攀枝上。

我使金刚劈树杈，罗汉挎篮你用上。

我用力劈华山势，你用单手拨云防。

我使闪身挂瓶技，黄忠拉弓你逞强。

垫步横云我用出，你用骑马观风光。

我用马步坐木桩，金刚抱树你用上。

我用飞身放剪腿，你使闪身避险方。

我用罗汉下扫蹚，你用金蟾仆地忙。

我用仙人摘瓜果，你使罗汉拜月亮。

我用狮子大张口，转身撩袍你示强。

我用退步诱敌势，你用敬德挥鞭忙。

我使垫步托枪势，你用走马活肋方。

我把仆地游龙使，你用罗汉伏虎出。

湘子挎篮我用巧，罗汉抱柱你用上。

我用转身去抛球，你用转身来卡仓。

我使弓步去进拐，你用肘角来相迎。

我用罗汉打虎势，你用斜飞赛大鹏。

我用近身靠打势，你用狗子大搬桩。

我用拔营退兵计，你用紧守把门封。

我使三次退兵针，你使担山来进攻。

你用罗汉来钻井，井下投石你使能。

我用金刚挂玉瓶，乌龙盘柱你用功。

甩手丢尸我使过，你使金童倒玉瓶。

仁贵射箭我拟用，大鹏展翅你对封。

我用翻臂擒猛虎，你用仆地游龙桩。

我用仆地打猛虎，金豹回头你用强。

我使泰山来压顶，你使孙膑背图法。

我用双手推碑势，转身冲营你来忙。

我用单手斜推月，单手拨云你来防。

退步送客我急使，你用大雁落山乡。

我用老猿攀树技，二郎担山你用上。

大虎抱头我急使，你用猛虎出洞忙。

我用二郎担山法，拗步单鞭你用上。

二人摔打各献技，收势归原互谦让。

十二、短打法一百零八势

童子拜佛、猿猴偷桃、探海取珠、苏秦背剑、金蝉脱壳、黑虎掏心、白虎洗脸、金丝缠腕、黄鹰探爪、紫燕双飞、马失前蹄、捆仙绳索、小鬼掯枪、仙人指路、手拍蝴蝶、韩信点兵、饿虎扑食、二龙戏珠、和尚撞钟、隔山拨掀、死鸡拧头、鲤鱼扣肋、霸王举鼎、暗过昭关、顺水推舟、仙人脱身、拔树连根、摆托杨柳、鹞子翻身、黑狗钻裆、白蛇吐信、小鬼脱靴、鲤鱼窜沙、插花盖顶、美人穿梭、哪吒闹海、苦海脱身、苍龙伏海、走马活挟、走马挟枪、隔山投石、果老骑驴、娃娃拆莲、单手推车、老牛搭梭、单刀赴会、大火烧天、海底捞月、旱地拔葱、青龙探爪、单鞭救主、老君劈柴、美人脱靴、凤凰旋窝、单擒方腊、关公脱袍、罗汉脱衣、浪子抽丝、狮子抱头、金刚捣杵、金鸡别翅、背后擒英、文王拱手、黄莺掐嗓、顺手牵羊、霸王脱盔、金钩钓鱼、脑后摘瓜、力劈潘豹、饿狼掏心、双风贯耳、仙人摘茄、湘子挎篮、梅花转步、金刚托塔、劈山救母、梅鹿闪豹、神女穿针、吕布携戟、倒拖银枪、猛虎跳涧、武松脱铐、灵猴爬竿、百花扑面、罗汉睡觉、蜻蜓点水、大蟒翻身、兔子蹬鹰、双龙抱柱、鹞子钻天、鹞子入林、泰山压顶、关公拖刀、回马三枪、声如炸雷、小鬼拉钻、小鬼推磨、青龙出海、二郎担山、朝天烧香、冲天一炮、惊龙腾飞、大鹏展翅、犀牛望月、蝎子摆尾、风沙神掌、一捶毙倭、死里求生。

第二节　卸骨与擒拿

　　卸骨源自少林寺僧，他们出于战争格斗之需要，研究人体结构，以击打敌人要害及治疗外伤为目的，故产生卸骨与擒拿之术。卸骨与擒拿之术均需手上功夫，手法精纯，功力巨大，方能呈现顺心如意的效果。其主要方法为捏、卸、推、揉等。捏法即用拇指与食中二指，拿捏欲卸之关节，用手臂之功劲，使其关节错位脱臼，失其正常功能。卸法则用掌指拳（虎爪拳、鸡心拳）攒打骨缝衔接处，使关节歪斜错位，失其效用。推法即以修正关节之法也，须察看应推之骨，用两手或一手扶住，然后视其关节之方向，或从下向上推，或自外向内推，或斜推，使其离臼之骨复位。揉法即推拿按摩之法，凡被卸伤之人，骨未折断，仅损及皮肉而肿硬麻木，手抵伤处下抑为按，徐徐揉转为摩，合其活血。关节出现错落，不能合缝则以手推之拿之，使还其原位，以上四法是卸骨法之基础。

一、卸骨法歌诀

　　推揉捏卸真精奇，一担一卸疼在地。

扶臼捏骨出者易，攒打卒弹错骨迭。

左右逢源熟能巧，顺手牵拿随我意。

出于左者随之左，右者来时侧身躯。

脱臼迭骼骨歪斜，瞬时成擒把敌摧。

活手正之斯为贵，方称全能文武艺。

二、卸骨法要略

卸骨有卸下颌法、卸肩法、上肘法、上腕法、上大腿法、上膝法、上举法（上脚法）。

精研生理解剖学，对人体骨头结构、形状、作用有所认识，方能学卸骨之法也。卸骨一技首在认骨准确巧妙，成于指功劲力，否则，纵然熟悉关节，亦无力卸开也。

三、擒拿法

擒拿法为少林寺护法秘术，镇山绝技。擒拿之法目的有二：一为以反关节为要则，损伤敌关节使其失去抵抗能力；二为拿其痛筋麻筋，关节活动之处，使关节失其功能。习此术者必须练习臂功和拇指、食指、中指三指扣捏之力，具备似鹰爪抓力等臂指功夫，方可习擒拿术。传统练法有抓坛子、举墩子、举石头、举重物、耍石锁、抛接沙袋、拧短棒、抖皮条等等。有了这些手上功夫，方能以强制弱，发挥功力，达到目标。如若全身无缚鸡之力，想以擒拿取胜，岂不自欺欺人乎。

歌曰：扣指轻拿把敌伤，腕力一推我武扬，锁住敌人筋和骨，闭住穴门跌当场。左手擒住右手拿，左右并用肩膝胯，手法灵敏敌难躲，指劲精巧无人敌。

擒拿诀窍：单拿手腕肘，双拿肩胯膝。锁住敌人筋和骨，闭住穴门跌当场。左手擒住右手拿，左右并用肩膝胯。擒拿需要手臂功，方法精准是关要。

擒拿主筋：一笑筋、二耳筋、三屈筋、四伸筋、五腹筋、六尾筋、七腓肠筋。

擒拿十八式：一锁法、二扣法、三切法、四压法、五拧法、六裹法、七绕法、八点法、九拿法、十缠法、十一踩法、十二绊法、十三掐法、十四跪法、十五踢法、十六靠摔法、十七甩转法、十八拉撞法。

四、擒拿二十法

一拿耳根法，二拿太阳法，三拿前颈法，四拿后颈法，五拿前肩法，六拿后肩法，七拿外肩法，八拿大臂法，九拿肘节法，十拿小臂法，十一拿腕法，十二拿腰筋法，十三拿腿骨法，十四拿小腿法，十五拿膝盖法，十六拿膝窝法，十七拿足踝法，十八拿大腿法，十九拿足心法，二十拿足背法。

五、擒拿十九招

（一）**张九推碑**：如敌右弓步右拳打来，可以左弓步架挡，并乘其不防，绕其胸前，侧身而过，用左肘向后扛击其左肋，而后突然转身用双手托住其腰下部，向前猛推，其必倒伏在地。

（二）**借力卸臂**：如敌右弓步，屈右肘猛然击来，可以左弓步踏前，以右手抓其小臂向下向后猛拧，左手抓住其肘端向上向外猛托，同时速上右腿绊住其右腿，其臂可卸。

（三）**巧拿后项**：虚抬右脚作踢敌左胫骨状，如敌出左手来抓右脚，可乘其上体前俯之时，右脚迅速落地，出双手掐住其项部。

（四）**老妇挎篮**：如敌跳步出右拳来击颌部，可向外稍闪身，同时出右手插其肘内，拐紧其肘，用力向左甩缠拐 180 度，再出左手由其身后抓住其左手腕，使其失去攻防能力。

（五）**金肘破心**：如敌右弓步出右拳来击头部，可上左弓步，出右手抓其右腕部，并乘其不防上右弓步突然松其右手，屈肘击其心窝，致其仰面倒下。

（六）**伏虎擒羊**：如敌迎面前扑，出右手来抓面部，可仆步俯身闪身待其扑空后，速起身用双手托其腰下部并向后甩。

（七）**偷取虎腿**：如敌左弓步出左拳来击项部，可左拳虚挡，乘其不防，速转身抬右腿踢其膝骨，致其膝断，瘫倒于地。

（八）**鸣阳取阴**：左弓步出左手击敌头部，敌若右手拦挡，可再出右拳击打，敌若又出左手拦挡，即可松手，速提右腿踢其阴部。

（九）**顺势拧绳**：如敌右腿踢小腹，速出双手抓其右脚，用力向右下拧，使其翻身趴下。

（十）**回马取阳**：敌出右弓步打右拳，可虚晃一招转身走，敌若追赶，乘其不防，猛停下转身用双拳击其胸腹部。

（十一）**空城放箭**：如敌右弓步出双手扑来，可以左手虚挡，速抬右脚踢其阴部。

（十二）**拿卸大腿**：如敌抬左腿来踢膝部，可速出左手抓其足腕，右手托住其膝外侧，用力向外猛挣，致其腿残。

（十三）**回马望槽**：如敌饿虎势扑来，可速向外身躲过，并转身出左掌拳击其腰椎，敌必倒地。

（十四）**打破金碗**：如敌右弓步右拳击来，可右弓步右手抓其大臂，出左手抓住其手腕并向外猛拧，致使其身前俯之时，速出左拳击其后脑。

（十五）**夺臂拿耳**：如敌左弓步左拳来击头部，可上左弓步，出左手抓住其手腕，出右手抓住其肘部，然后用力向前向下拧，致其身向前俯，即乘机用左臂压往其手臂，以右拳击其耳根。

（十六）**顺风打蛇**：如敌右弓步出双手来抓面部，可先用双手拦住，再抬右脚踢其阴部。敌若转身逃跑，可速追赶，如敌猛然停下转身用左脚向下腹踢来，可速出右手抓住其脚，将其推倒在地，再跳步向前，用右拳猛击其后心。

（十七）**巧拿髋胯**：如敌上右步出左拳打来，可上右步出左手抓住其左手腕，并用力向后甩，而后松手疾速向后闪身，出左腿绊其左腿，以双拳击其左胯部，大腿可卸之。

（十八）**金鸡锁喉**：如敌上右弓步出左拳打来，可上左步出左拳挡住，乘其不防，速出右手卡其咽喉。

（十九）**文王拉杆**：如敌上右步出右拳打来，可上右步以右手抓其右肩，出左手抓住其右小臂，疾速向下猛拉，使其前摸扑，抬脚踩压其手，同时左手按其后背，右拳猛击其项。

六、解脱三十二法

一、扫顶手，二、穿缠抢眼手，三、顶肘手，四、担肘手，五、搭手横击手，六、外挂卡喉手，七、拧腕手，八、拦腰叉喉手，九、擒腕侧摔手，十、揪发膝顶手，十一、把发叉喉手，十二、断颈手，十三、撕指手，十四、偷桃手，十五、抱腰扣腿手，十六、插蹬擒双手，十七、插肋手，十八、前俯抱颈手，十九、顶踏抱腰手，二十、夹肋打面手，二十一、弓步拧腰手，二十二、上下变幻手，二十三、外格手，二十四、叉喉手，二十五、插腋手，二十六、顺手摘阴手，二十七、擒手过背摔，二十八、跪腿过背摔，二十九、顶肘叉喉手，三十、后踢撩阴脚，三十一、双压手，三十二、上举下撞手。

第三节　点穴秘法

点穴、卸骨、擒拿皆注重指功，有三步功夫九步练法。练指需练握力，练眼神，练身法、步法，高乘者由实劲练虚劲、透劲，方始大成。

一、古传血头行走穴道歌

人身之血周身流，日夜行走不停留。

遇时遇穴如伤损，一日不治命要休。

子时走在心窝穴，丑时须向泉井求。

井口为寅山根卯，辰到天心巳凤头。

午时却与中原会，左右蟾宫在未流。

凤尾属申屈井酉，丹肾俱为戌时位。

六宫直等亥时来，不教乱缚斯为贵。

二、点穴效应歌

天门晕在地，尾子不还乡。两肋丢开手，腰眼笑杀人。太阳并脑后，倾间命归阴。断梁无接骨，脐下急亡身。

上止天庭二太阳，气口血海四柔堂。耳后受伤均不治，伤胎鱼笠即时亡。前后二心并外肾，鱼睛目定甚张忙。肋稍插手难于治，肾俞丹田最难当。夹脊断时休下药，正腰一笑立身亡。伤人二乳及胸膛，百人百死到泉乡。出气不收无药治，翻肚吐粪见阎王。腮门髓出阴阳混，君则何须觅妙方？

三、致命三十六穴

人身有多处穴位，其中三十六穴极为重要，关生死。重要穴位有：

头额前属心经，心主血，不可损，损后遇风三日死，不遇风则

少林春秋大刀动作

少林拳提膝推手

可免。两眉中间为眉心穴，打重则三日必死，轻则免。头额两边为太阳，打重则七日死，或半月死，惟损及耳目，流泪成凝者不死。头脑后为枕骨，管十二经，又名督脉，为一身之主，损重者一日死，轻则五日或七日当死。脑后两边所属太阳经，有藏血穴，打重则损血浮气，四十日死。近耳后属肝胆经，有厥阴穴，打重者则四十日死。心口上为华盖穴，属心经，打重则人事不知，血迷心窍立死，轻则心胃气血不能行走，当速治，否则三年必死。心口中为黑虎偷心穴，属心经，打重则二十日死。心口下一寸五分，为巨阙穴（脐中上六寸），属心幕，遇打则人事不省，当向右边肺腑穴下半分，用劈拳打去即醒，若醒后不愈，则一百日死。脐上水分穴，属小肠胃二经，打重二十八日死。脐下一寸五分，名气海穴，打重者九日死，轻则四十八日死。脐下三寸，名关元穴，伤重者五日死，轻者二十四日死。脐下四寸名中极穴，伤重者大小便不通，十二日死，轻者一百零八日死。左乳上一寸六分为膺窗穴，属肝经，打重则十二日死，轻则四十八日必死。右乳上一寸六分为右膺窗穴，属肺经，受指甲或刀枪伤者，一百一十六日死。左乳下一寸六分，为乳根穴，打重者则吐血死，轻则三十四日内死。右乳下一寸六分，为右乳根穴，属肺经，打重则九日死，或两鼻出血而死，轻者一年必死。左右乳下一同受伤名为一计害三贤，三夹者必死，此心肝肺三经也，重者七日死，轻者五十四日死。左乳下一寸六分旁开一寸，为期门穴（乳头直下第六肋间），属肝经，打重者三十日必死，右乳下一寸六分旁开一寸，为期门穴，属肺经，打重者三十六日死，轻者五十四日死。心下巨阙穴两旁各开五分名幽门，左属肝，右属肺，若用冲天炮拳击之，一日即死，他拳则一百二十日死。左肋近脐处为血门，名商曲穴，打重者五月而死，轻者十月而死。右肋近脐处名气门，为商曲穴（脐上二寸，前正中线旁半寸），打重者五月而亡，轻者十月而死。左肋稍骨尽处软肉边为血囊，名章门穴，打重者四十二日死，轻者一年而死。右肋稍骨下一分为腹结穴（脐右四寸，再向下一寸三分），为气囊，打重者六十日死，轻者一年死。凡人背上穴道，乃生死所至，背上数下第十四节骨下缝为命门穴，打重者晕去一日半不醒而死。第十四骨节下两旁各开一寸五分软肉处，为肾俞穴，打重者吐血痰十四月而死。第十四骨节下两旁各开三寸，名智堂穴，属肾经，打重者三日死。肾俞穴下两旁各有气海俞穴（第三腰椎脊突下旁开一寸半），打重者三十日死。尾闾囊下，两腿骨尽处中间，名鹤口穴，打重者一年死。肛门前，阴囊后为海底穴，伤重者七日死。以上穴道皆伤人命，故受伤者当急服药味以保性命为要。

四、点穴的三层功夫与九步练法

一层功夫：以穴寻经。分认穴、寻经、考问三步练法。

二层功夫：功底训练。分指功、点打、眼力三步练法。

三层功夫：实战练习。分手法单练、手法双练、实际点打三步练法。

第四节 功法

少林武术功法丰富多彩，形式多样，也是少林武术的重要组成部分。

一、七十二艺

一指金刚法、双锁功、足射功、拔钉功、抱树功、四段功、一指禅功、铁头功、铁布衫功、排打功、铁扫帚功、竹叶手、蜈蚣跳、提千斤、仙人掌、刚柔法、朱砂掌、卧虎功、泅水术、千斤闸、金钟罩、锁指功、罗汉功、壁虎游墙术、鞭劲功、琵琶功、流星桩、梅花桩、石锁功、铁臂功、弹子功、柔骨功、蛤蟆功、穿帘功、鹰爪功、铁牛功、鹰翼功、阳光手、门裆功、铁袋功、揭谛功、龟背功、蹿纵术、轻身术、铁膝功、跳跃法、摩擦术、石柱功、铁砂掌、一线穿、吸阴功、刀枪不入法、飞行功、五毒手、分水功、飞檐走壁法、翻腾术、拍木桩、霸王肘、拈花功、推山掌、马鞍功、玉带功、阴拳功、沙包功、点石功、拔山功、螳螂爪、布袋功、观音掌、上罐功、合盘掌。①

二、八段锦动作名称

八段锦由来已久，由八组动作组成，它们分别为：

两手托天理三焦，左右开弓似射雕。

调理脾胃须单举，五劳七伤往后瞧。

摇头摆尾祛心火，两手攀足固肾腰。

攒拳怒目增气力，背后七颠百病消。

八段锦的练习要领是：心静体松，气沉丹田，呼吸深长，蓄运有方，动作柔和，练养相兼，徐徐渐进，持之以恒。

此功法传播甚广，习练人数也很多，虽经后人改良，其动作骨架基本相同，实属传世经典功法。

三、易筋经十二势

"易筋经十二势"初见于明朝天启四年（1624）手抄本《易筋经》。清代少林寺僧盛传此功，后流传民间，演变为难易程度不同的多种练法。

第一势：韦驮献杵第一势

第二势：韦驮献杵第二势

---

① 源自金恩忠《少林七十二艺练法》。

第三势：韦驮献杵第三势

第四势：摘星换斗势

第五势：倒拽九牛尾势

第六势：出爪亮翅势

第七势：九鬼拔马刀势

第八势：三盘落地势

第九势：青龙探爪势

第十势：卧虎扑食势

第十一势：打躬势

第十二势：掉尾势

此功法早已成为惠及世人的健身之法。

四、少林气功

(一) 纳气分路法

纳，收入其内为纳。气，呼吸。分，分明其气，不使颠倒混乱。路，就是道路。一吸一呼各有其路，不能不遵。法，规矩也。如身之束纵，步之存进，手之出入，或进或退，或起或落，皆当一气贯注。接取宜于纳之吸中，一吸即得。送去宜于纳之呼中，一呼无失。接取瞬间，胜败已定，万万不可混施。古今练拳习技者，首先要知道人身气的由来，懂得练气行功和如何纳气分路，方可练就一身功夫。

(二) 动静呼吸法

古拳谱秘传曰：呼吸者气也，动静者心也。心一动而气一吸，则无力而势虚矣。心一动而气一呼，则有力而势实矣。然静要专一，动要精神，吸必紧急，呼必怒发。心为元帅，气为先行，目为旌旗。目若恍惚，指示不明，则动静失宜，呼吸倒置，阵必乱矣。习此艺者，先要讲明眼位，视不恍惚，目之所注，志必至之，志之所至，气必随之。心一动，而百体从令，振其精神，扬其武威，动静者此之说也。身之起落，步之进退，手之出入，法活而气练，来速而去疾，不战则已，战则必胜矣。歌诀曰：

心动吸气则无力，无力势虚力不全。

心动一呼则有力，有力势实则力满。

心为人体帅，气为先行官。

眼为旌旗标，恍惚失向盘。

失观对方势，动静辨别难。

呼吸若杂乱，交战必败转。

交手重眼位，习武重练神。

锐目盯敌势，志力随目转。

心动令百节，精力充肺源。

全身是虎劲，威武震河山。

呼吸动静要有序，接取纳气归一团。

身步起落贯一气，进退出手活赛猿。

来去风速如闪电，百战百胜乐开颜。

（三）内壮论

内与外对，壮与衰对。壮与衰较，壮可久也。内与外较，外可略也。盖内壮言道，外壮言勇，道入圣阶，勇仅俗语，悬霄壤矣。凡练内壮，其则有三：一曰守中，此功之要，在于积气下手之法，妙于用揉。凡揉之时，手掌著处之下胸腹之间，即名曰中。惟此中处，乃积气之地，必须守之。宜含其光明，凝其耳韵，匀其鼻息，缄其口气。四肢不动，一意冥心存想中处，先存后忘，渐至泊然不动，斯为合式。盖揉在于斯，守即在于斯。则一身之精气与神俱注积之，久久自成无量功力。设杂念纷纭，驰情外境，神气随之而不凝注，虚所揉矣。一日万勿他及。人身之中，精血神气非能自主，悉听于意。意行则行，意止则止。守中之时，一意掌下，方为能守。设或移念一掌之外，或驰意于各肢体，则所注精气随即走驰于各肢体，便成外壮，而非内壮，虚所揉矣。一曰持其充周。揉功合法，气既渐积矣。精神附于守而不外驰，气维蕴于中而不旁溢，直至真积力久，日月已足，效验即形，然后引达自然，节节坚壮。设末充周，而辄散于四肢，则内壮不固，外勇亦不全矣。

（四）凝神气穴

功满周天日数，督任俱充，先行下部功法。自后早间内功，当易归根复命为凝神入气穴矣。盖归根复命，是顺其气而使之充积，以济内壮之源。此则提其气而使之逆运，以神充内壮之用。顺则气满，逆则神充，一顺一逆，有体有用，方为真正坚固。此际始行者，督任将通，方可施功也。诀曰：一吸便提，息息归脐。一提便咽，水火相见。其法，仍于黎明时，跌坐至念咒，悉如归根复命，注想脐轮之后，肾堂之前，黄庭之下，关元之间，气穴之中，为下丹田。调匀呼吸，鼻吸清气一口，直入其中，复下至会阴，转抵尾闾。即用气一提，如忍大便之状，提上腰脊，上背脊，由颈直上泥丸。从顶而转下至山根，入玉池，口内生津，即连津咽入上丹田；并上丹田气一咽，入中丹田；并中丹田气又一咽，送入下丹田，是谓一次。又调呼吸又咽，如此二十七次毕。仍行法轮自转，然后起身，关元穴在脐下一寸三分。肾主纳气，故为气穴。玉池舌底生津处也。此法抑命府心火入于气穴，故曰水火相见也。经云"久视下田，则命长生"者，此也。

（五）下部行功

功行三百余日，督任二脉积气俱充，乃可行下部功法，令其贯通。盖人在母胎之时，二脉本通，出胎以后，饮食滞气物，欲滞神虚灵有障，遂隔其前后通行之路。督脉自上牙龈上项，由项后行脊下至尾闾；任脉自承浆下胸行腹，下至会阴。脉虽贯而气不相通。今行下部之功，则气至可以相接而交旋也。此段功法，在于两处，其目有十。两处者，一在睾丸，一在玉茎。在睾丸者，曰攒、曰挣、曰搓、曰拍、曰抚；在玉茎者，曰握、曰束。二处同者，曰咽、曰洗。凡攒、挣、搓、拍、抚、握、束七法，挣则努气注于睾丸，余皆用手依次行功，周而复始，自轻至重，自松至紧，不计遍数，仍准一时，每日三次。咽则将行功之时，鼻吸清气一口，以意咽下，送至胸；又吸又咽并送至腹；又吸又咽并送至下部行功处。咽三十六口，然后行功握之法，必用力努至于项，方能得力。洗者，洗以药水；束者，洗毕用软帛束茎根，宽紧适宜，取其常伸不屈。此功百日，督任可通矣。功足气坚，虽曰隐处，亦不畏椎梃也。

（六）气功阐微

柔术之派别习尚甚繁，而要以气功为始终之则，神功为造诣之精，究其极致所归，终以参贯禅机，超脱于生死恐怖之域，而后大敌当前，枪戟在后，心不为之动摇，气始可以壮矣。此所谓"泰山倒吾侧，东海倾吾右，心君本泰然，处之若平素"也。虽然是，岂易言哉。每见沉心求道之士，平日养气之言不离于口，静悟之旨怀之在心，一旦临以稍可骇愕之事，则面目改观，手足失措，神魂摇荡失舍。如是而求其能静以御敌，戛乎其难。其高尚者且若是，至于浮动轻躁者，其心气之易摇易乱，几成固有性质。故试举目而望，气功之微妙变化，空谷中几无跫然嗣响之音，此吾道之所以日衰也。

气功之说有二，一养气，一练气。养气而后气不动，气不动而后神清，神清而后操纵进退得其宜，如是始可言命中制敌之方。顾养气之学，乃圣学之紧要关键，非仅邈尔柔术所能范围。不过柔术之功用，多在于取敌制胜之中，故于养气为尤不可缓也。

练气与养气虽同为一气之源，然有虚实动静及有形无形之别。养气之学以道为归，以集义为宗法；练气之学以运使为效，以呼吸为功，以柔而刚为主旨，以刚而柔为极致。及其妙用，则时刚时柔，半刚半柔，遇虚则柔，临实则刚，柔退而刚进，刚左而柔右，此所谓刚柔相济，虚实同进者也。

以上练气之说，中有玄妙，不可思议。若泛观之，几如赘语重叠，无关宏旨。详加注释，精微乃见。今释之如下。

1. 运使

既云练气，则宜勤于运使，运使之法，以马步为先（又名站桩），以身之上下伸缩为次（如是则腰肾坚强，起落灵捷，将来练习拳法无腰酸腿颤之病），以足掌前后踏地，能站立于危狭之处而推挽不坠为效。究其练成功时，虽立足二寸在悬崖，而坚立不能动摇也（足掌前后踏地须练习久始能。平常人之足掌则前后不相应，故一推挽即倾跌也）。以上乃练足之法。盖寻常未经练习之人，气多上浮，故上重而下轻，足踵又虚踏而鲜实力，一经他人推挽则如无根之木，应手即去，此气不练所致也。故运使之入手法，即以马步为第一着，练手先练桩，俗语云：未习打，先练桩，亦即此意。马步熟练纯习，则气贯丹田，强若不倒之翁。而后一切柔术单行手法及宗门拳技，均可以日月渐进矣。

初练马步时，如散懒之人忽骑乘终日，腿足腰肾极形酸痛，反觉未练以前其力比练时减退。此名为换力，凡从前之浮力虚气必须全行改换。但到此不可畏难，宜猛勇以进，如初夜站二小时者，次夜加增数分，总以渐进无间为最要。又站时若觉腿酸难忍，可以稍事休息，其功效总以两腿久站不痛，觉气往丹田，足胫坚强为有得耳。

足既坚强，则练手尚焉。练手之法以运使腋力，令其气由肩窝腋下运至指颠，如是而后，全身之力得以贯注于手。用力久则手足两心相应，筋骨之血气遂活泼凝聚，一任练者之施用而无碍也。

2. 呼吸

肺为气之府，气乃力之君。故言力者不能离气，此古今一定之理。大凡肺强之人，其力必强，肺弱之人，其力必弱。何则？其呼吸之力微也。北派柔术有专练习呼吸以增益其气力者，成功之伟，颇可惊异。其初本为寡力之夫，因十年呼吸练习之功，有增其两手之力，能举七百斤以上者。南派则练运使之法者多，练呼吸之法者少，盖以呼吸之功虽能扩加血气，时或不慎，反以伤身。后以慧猛师挈锡南来，传授呼吸之妙诀，于是南派始有练习之者。未几，斯术大行，逐于运使之时，兼习呼吸，而南派柔术，因以一变。兹将慧猛师之口传秘诀记之如下：

呼吸有四忌：

一忌初进时太猛。初时以呼吸四十九度为定，后乃缓缓增加，不可一次呼吸至百度以外。

二忌尘烟污杂之地。宜于清晨或旷寂幽静之所行之。晚间练习宜在庭户外，不可紧闭一室中。

三忌呼吸时以口出气。初呼时，不妨稍以口出肺胃之恶气，以适度为宜。而后之呼吸，须使气从鼻孔出入，方免污气侵袭肺部之害。再呼吸时，宜用力一气到底，而后加大肺之涨缩，得以吐旧纳新之用，宜气力生。

四忌呼吸时胡思乱想。人身之气血，行于虚而滞于实，如思想散弛，则必凝结障害，久之则成气瘤之病，学者不可不慎焉。

以上四忌，须谨慎避之，自无后患。至成功时，则周身之筋脉灵活，骨肉坚实。血气之行动，可以随呼吸以为贯注，如欲运气于指尖、臂膊及胸肋腰肾之间，意之所动，气即赴之。倘与人搏，则手足到处，伤及肤理，不可救疗，气之功用神矣。呼吸之功，可使气贯周身，故有鼓气胸肋腹首等处，令人用坚木铁棍猛击而不觉其痛苦者，气之鼓注包罗故也。但有一处为气之所不能到，即面部之两额是也。击他部虽不痛，惟此部却相反耳。

呼吸之术，当时北派最盛。河南派则名此为丹田提气术，江西派则名之为提桶子劲（劲即气力之俗称也）。究之名虽异，而实则无甚差别。其法：直身两足平立，先呼出污气三口，然后曲腰，以两手直下。而后握固提上，其意以为携千斤者然，使气贯注丹田臂指间，待腰徐徐直起时，急将手左右次第向前冲出，而气即随手而出，不可迟缓。惟手冲出时，须发声喊放，方免意外之病。自此以后，则手或向上冲，或左右手分提（仍须曲腰与前同），总以气血能贯注流通为要。又向上冲时，觉得气满腋肋之间，左右分提时，仍伸指出而握拳归，俨如千万斤在手，则丹田之气，不期贯而自贯矣。但提气时，须渐渐而进，有恒不断，为成功之效果，学者须静心求之，勿视为小道野术可也。

3.刚柔

柔术虽小道，有上中下三乘之别。三乘者何？即刚柔变化而已。其宗派法门千差万异。上乘者，运柔而成刚，及其至也，不刚不柔，亦柔亦刚，如猝然临敌，随机而动，变化无方。指似柔也，遇之则刚若金锥。身似呆也，变之则捷若猿兔。敌之遇此，其受伤也，不知其何以伤，其倾跌也，不知其何以倾跌，神龙夭矫，莫测端倪，此技之神者矣。但柔而成刚一段功夫，非朝夕所能奏效，此上乘中技术也。

所谓中乘者何？即别于上乘之谓也。其故因学者初学步时，走入旁门，未蒙名师之传授指点，流于强使气力，刚柔无相济互用之效，强练手掌臂腿之专技，不辞痛楚，朝夕冲捣蛮习，遂致周身一部分之筋肉气血由活动而变为坚凝伤坏。其与人搏，寻常人睹其形状，则或生畏惧之心而不敢与较，若遇上乘名家，则以柔术克之，虽刚亦何所用？俗谚云：泰山虽重，其如压不着我何？此刚多柔少之，所以非上乘也。

术以柔为贵。至于专使气力，蛮野粗劣，出手不知师法，动步全无楷则，既昧于呼吸运使之精，复不解刚柔虚实之妙，乃以两臂血气之力，习于一拳半腿之方，遂自命专家，此下乘之拳技，不得混以柔术称之，学者所宜明辨也。

中乘之术，不过偏于刚多柔少之弊，然尚有师法派流，变而求之，不难超入于上乘之境界。惟下乘者，无名师益友之指授，日从于插沙（乡鄙之拳师教人，用木桶盛沙，每日以手指频频插之，使指尖硬于铁石）、打桩（即用圆木一段钉入于地中，每日朝夕用足左右打之，初浅而次第加深，如能打翻入地二三尺之桩，则足力所击遇之必伤折。此拳师教人练习足力之法）、振钉（敲钉于板壁中，每日用手指拔之，以能拔出最深之钉为功效。如与人斗，指力到处，皮肤为之破裂。此亦江西派所最爱练习者也）、磨掌（磨掌之法，每日将掌边向桌缘几侧等处频频擦磨，至皮外老结坚凝时，再以沙石勤擦，并以桐油等物涂之，总以掌缘坚皮高起，刚硬如铁为止。故遇其掌骨斫落，无异金石之器也）之事，究其所到，不过与全未练习之人遇，则颇堪恐怖。如一旦逢柔术名家，鲜有不败者矣。

从此观之，斯道以刚柔变化能达于极品者为上乘；刚多柔少，谨守师法者为中乘；至于一拳一技之微，有刚而无柔，专从事于血气之私者，于斯为下矣。

第七章　少林拳的运动特点与
技法特征

少林拳内容丰富，但就套路动作风格来讲，它具有鲜明的自身特点。

一、拳打一条线，拳打卧牛之地

少林拳师承体系庞杂，套路繁多。传统的少林拳短小精悍，演练时间多在几十秒左右。其套路动作结构紧凑，起、落、进、退、闪、展、腾、挪多在一条线上运动。从实战角度来看，真正交手相搏无非几步之距，无论场地大小，随时随地均可施展解数，方寸之间便有胜败之分。拳师们平常讲究"死（思）学活用"。练习从实战出发，有敌若无敌，无敌若有敌，练习与实战相结合，攻防意念不可泯灭。

在众多的少林拳套路中，即使偶有一些套路动作数量较多，其重复性明显突出。随着时代的发展，为使少林拳能够与全国传统武术竞赛规则相一致，一些新编写的少林拳套路虽然在演练时间上有所拓展，但一条线的运动特点基本保持着。

所谓拳打卧牛之地则是说明传统少林拳不受场地大小的约束，随时随地均可施展实战技艺，彰显攻防能量。

二、动作迅猛、快速灵活

以快制胜、以巧取胜是少林拳的基本特点。少林拳刚健有力、迅速激烈，起手连珠炮，拳打一气连。出拳如放箭，收拳似火烧，使势千着，以快为先，出其不意，攻其不备。在套路演练过程中，要求几个或十几个运作连贯快速、一气呵成，攻势令对手防不胜防。少林拳虽以刚为主，但同时也要求刚柔相济。"刚在他力前，柔在他力后"，动如风，站如钉，重如山，轻如毛，守之如处女，犯之若猛虎，静则以逸待劳，动则气势凶猛，灵活多变，拳如密雨。快与慢虽为一对矛盾体，但在攻防使用方面，手快打手迟。

三、手法曲而不曲，滚出滚入

就手法而言，少林拳通常两手置于胸前，两臂保持一定曲度，冲拳推掌，须蹬腿转腰、抖肩发力。冲拳推掌以阴形（手心朝下）而出，收拳收掌以阳形（手心朝上）而入。身以滚而动，手以滚而出。反对僵直拙力，在完成动作的一瞬间，依手臂的自然弹力，使手臂还原成曲非曲、直非直的态势，以便攻与防。滚出滚入，则又是攻防技术的科学反映，它分为两层含义，一是身法的滚动，二为手法的滚出滚入，战斗之际，旋动的螺旋劲既可增强攻击力度。与此同时，也有利于对攻击力的化解与缓冲。

四、眼法以目注目

眼是心灵之窗，透视眼光，便可揣摩到对方心底胆略。眼法的使用也是战法的一种。少林拳对眼的要求是，明亮有神，目光敏锐。眼明方能手快，敏锐方可神勇。虎视眈眈，气息沉沉，炯炯逼人。眼观对手之眼，以目注目，气沉丹田，沉着审视对方心理。与此同时，动员自身精神能量，释放威武气势，心计对方。严厉的眼法与凶狠面部神态形成有机配合，可有效形成精神威慑。平时演练时要做到手到、眼到，以势审势，神形一体。

五、进低退高、起横落顺

少林拳讲究实战，进攻时重心下沉，脚步踏实稳固，身体正发力，以便加强进攻，瞅准时机满力而为。防守时，动作则要求重心自然，动作快速灵活，闪展腾挪。总之，凡属进攻动作，力求正身发力，蹬腿、拧腰、急旋臂，力度浑然、整身协调一致。身子腾空跳起时，正面观其对手，瞬间想出下一步的应敌对策，果断处理进与退。但腾空落地时，则力求轻灵步稳，侧身对敌，避实就虚，缩小自身受击面，以便于促进攻防进退的连续转变。

六、内外合一、形神兼备

内外合一，即指内三合与外三合也。内三合是指心与意合，意与气合，气与力合。少林拳把思想比作心，心动则勇气生，心一颤，则四梢皆至，内劲即出。心动必形随。"法是拳，力是气，练气行功，送去必用呼，接来必用吸，运气贵乎缓，用气贵于急，气在先行，力在后随。"外三合是指肩与胯合，肘与膝合，手与足合。少林拳周身紧凑，团体聚力，沉着稳定、蓄势待发，秀如猫、抖如虎。反对大开大合，每一招式须做到手到、眼到、身到、步到。与此同时，精神、气、力、功密切配合，周身协调一致，方为懂武用武。

七、动迅静稳、以声助威

少林拳动如脱兔，迅如烈炮；静如磐石，气定神勇。处于静态之时，沉着冷静，面部透射杀机，思考下一步的招数与机会。

少林拳还有一个以声助威的特点。演练过程中常有"呀""呜""哈""咦"等不同发声，甚至还会有异常刺耳的怪兽尖叫之声。这些发声有的源自腹腔，短促有力，吼声撼人，有的则发自喉鼻，视稀少闻。这些不同发声，同样是一种心理震慑，易使对手心寒胆战。其目的在于以声助势，震慑对方。套路结尾时，通常随最后一动作发出"威"声，这是一个将腹中遗留之气顺势吐出的常见动作，有助于身体的快速恢复。

八、内容丰富、形式多样、相融相通

少林拳师承体系庞杂，套路繁多，不仅限于武术技艺范畴。它与禅宗、儒教、道教、军事、中医、传统养生功法、硬气功法等关系密切、相融相通，重视锻造习武之人的综合素质。尤其是武术与禅宗和中医的有机结合，使修心、强身、自卫、医疗成为一体，三者相得益彰，为少林武术的兴旺发达提供不竭动力。

九、拳理拳法多以歌诀谚语形式表述

少林武术有其高妙的一面，也有其朴实的一面。作为一种文化体系，寺僧们就景生智，就地取材，使少林武术套路、各种功法中的动作名称，具有鲜明的民族文化气息。中华文化中的歌诀、典故、格律等形式，在少林拳中体现得淋漓尽致。这些文学体裁，既让习练者喜闻乐见，也具有深邃的哲学内涵。歌诀谚语言简意赅，简洁明快，朗朗上口，生动形象，便于记忆。

十、海纳百川，善采百家之长

虽然少林寺处于深山密林之中，但由于名声远大，能够上通官宦皇室，下联平民百姓。为发展少林武术，少林僧秉承有容则大的信条，善于采百家之长。这是少林拳根深叶茂、繁荣昌盛、博大精深的妙道。仅就套路而言，它的套路名称涵盖诸多拳种流派。少林拳通过与其他拳术相互交流，经过消化吸收便形成了自身的风格特点。少林拳的历史发展进程中，有许许多多少林武僧与社会各派名流互为交流的例证。

第八章　宋代以来少林武术的
传承与发展

少林拳源于少林寺，它的延续离不开少林寺的发展。综观少林拳的发展历程，究其渊源踪迹，少林寺创建之初的武僧僧稠传说色彩较浓，而真正有据可查，脉络也较为清晰的源头是隋末唐初的唐郑之战，自此以后，少林武术的发展轨迹清楚连贯。

第一节　宋代的少林武术

禅武一体，相互融合，相互促进。如果说唐代是武术惠及了少林寺及禅宗，那么宋代就是禅宗助推了少林武术。

一、宋代的禅宗发展

宋代，赵匡胤夺得天下后，重文轻武，调和儒、释、道三家，相互渗透，禅宗发展速度极快，甚至到了"革律为禅"的地步。嘉祐时任少林寺住持的智浩禅师及政和时的住持惠初禅师皆被授赐"紫袈裟"之封。宋代除在少林寺西边创建初祖庵外，还在初祖庵后建立了高大的面壁之塔、释迦塔和弥勒塔。宋雍熙年间，少林寺所藏的佛经有9500余卷，土地数量有万亩之多。

二、福居和尚邀集武术名流至少林寺讲习交流

由于禅、拳相互影响，宋代少林寺的地位与众不同。少林武术伴随着禅宗的发展而壮大，寺僧习武之风也日益旺盛。据德虔《少林拳谱》记载，北宋时期，少林寺福居和尚为振兴少林武术，曾邀集天下十八家武术名流至少林寺进行技艺交流。其后，福居又将所得技艺汇集成册，供寺内僧人学习演练，为少林武术后来的发展奠定了坚实基础。虽然宋朝有重文轻武之风，但少林寺僧习武的传统并没有受限。此时的惠琳、惠威、海舟、智瑞、宗印等都是当时有名的武僧代表人物。尤其是宗印，擅刀、枪、剑、棍等兵器。

三、少林寺武僧宗印组织"尊圣队""净胜队"抗击金兵

据《宋史·范致虚传》所载，宋徽宗时，国衰兵弱，金兵铁蹄践踏中原，危急时刻，少林武僧宗印接河南尹范致虚之命，充任宣抚司参议官，并节度军马。宗印从速组织众多少林武僧，分别编为"尊圣队""净胜队"两支人马，赴潼关抵抗金兵。由于宗印少有作战实践经验，加之组织仓促，僧兵虽然个个武艺超强、奋勇向前，但终因寡不敌众而惨败，参战少林僧兵全部血染沙场，舍身尽忠。

第二节 元代的少林武术

一、地位特殊，未曾受到打压

元代，政府对于民间的习武活动立有明确的禁令。元世祖中统四年

（1263），政府曾下令："诸路置局造军器。私造者处死，民间所有，不输官者，与私造者同。"至元二十三年（1286）又有令说："凡汉民持铁尺、手挝及仗之藏刃者，悉输于官。"武宗至大三年（1310）十二月："申禁汉人执兵杖。"顺帝至元三年（1337）夏四月，下令："禁汉人、南人、高丽人不得执持军器。"顺帝至元五年（1339），又令说："禁民间藏兵器。"接二连三的禁令，对民间习武活动是一个沉重打击，此时期的少林寺，习武活动也受到一定影响，但得到了元廷的大力推崇，成了皇廷的忠诚卫士。据《宣授少林寺提举藏云大师山公庵主塔铭》载，至元三十一年（1294）和至大元年（1308）藏云大师两次奏请皇帝、皇储、储王、帝师及都僧省发布圣旨、令旨等保护少林寺。延祐五年（1318）《庆公碑》有载，"乙丑，嵩少有御寇之扰，雪亭以师（慧庆）供副寺，壬申升监寺，寻提点。"让慧庆充任副寺、提点担起"御寇"之任务，说明了少林寺僧依靠武功自卫的事实。正是因为少林寺与元朝皇室关系密切，元末农民起义军视少林寺为敌，导致火烧少林寺的悲剧事件。

二、觉远和尚对少林武术的贡献

少林寺僧觉远，原为俗家公子，素好武术，祝发入少林寺以后，致力于拳法研究。他志向高远、深谋远虑，为使少林武术得以延续，不至衰微，曾远行千里，暗访民间名师，至甘肃兰州时，巧遇武艺高强的中州人士李叟。他们结识后同回洛阳。在李叟的引荐下，觉远又到同福寺结识了武术大师白玉峰，三人一同来到少林寺，受到寺僧们的热情欢迎。其后，他们三人常住少林寺，齐心精研少林拳法。他们一起将少林罗汉十八手发展到一百七十三手，白玉峰还根据龙、虎、豹、蛇、鹤的形态创造出了象形拳。白玉峰后来皈依少林，法号秋月，后世僧人尊称他为"秋月禅师"，尊称觉远为"觉远上人"。

三、传奇英雄——紧那罗王

元代少林寺中还有一位具有传奇色彩的"大英雄"——紧那罗王。明代程宗猷，少时爱武，在少林寺中专攻少林武术，其对棍术尤为精湛，曾著有《少林棍法阐宗》之书传世，其自序道："元至正间，红军作难，苦为教害，适爨下一人出，慰曰：'惟众安稳，我自御之。'乃奋神棍投身灶炀，从而突出。跨立于嵩山御寨之上。红军自相辟易而退，寺众异之。一僧谓众僧曰：'若知退红军者耶？乃观音大士化身紧那罗王是也！'因为编藤塑像，故演其技不绝。"这是程宗猷在少林寺学武过程中的所闻所述。

紧那罗王还被少林寺奉为元末神僧，护寺伽蓝神。据明代《嵩书》记载："至正初，忽有一僧至少林，蓬头、裸背、跣足，止著单裈，在厨中作务数年，殷勤负薪执爨，朝暮寡言，暇则闭目打坐，人皆异之，莫晓其姓名。至十一年辛卯三月二十六日，颍州红巾贼率众突至少林，欲行劫掠。此僧乃持一火棍而出，变形数十丈，独立高峰。贼众望见，惊怖而遁。僧大叫曰：'吾紧那罗王也！'言讫，遂没。"

在少林寺的碑廊里，有一通金代石刻碑，名为《那罗延执金刚神像》，立碑时间大致为1153—1167年，碑高0.69米，宽0.39米。碑上有线刻"那罗延"（紧那罗王）画像，画中紧那罗王袒胸赤足、怒目而视、手持金刚杵，威风凛凛。这是少林僧崇奉"紧那罗王"的又一文化例证。

第三节　明代的少林武术

明代，是中华武术的大发展时期，此时的少林寺更是威震天下。少林僧为保卫国家，积极参加抗倭战争。他们所使用的兵器，以棍最闻名。少林武术名声较大，为提升少林寺的名位起到了巨大作用。

一、铁棍扫倭寇，为国捐身躯

明代嘉靖、万历年间，倭寇猖狂，不断骚扰江浙沿海一带，少林僧应召奔赴前线。在抗击倭寇的战斗中，少林武僧所持之棍是铁制而成。关于少林僧以棍逞雄的英烈行动，明代不少史料中都有明确记载。

据顾炎武《日知录》载，"嘉靖中，少林僧月空，受都督万表檄，御倭于淞江，其徒三十人，自为部伍，持铁棍击杀倭甚众"。

明代张鼐撰写的《吴淞甲乙倭变志》记载，在杀击倭寇的战斗中，月空、一舟、玉田、太虚、性空、东明、古泉、大用、碧溪等四十人皆称少林僧。他们俱持铁棍长七尺，重三十斤，持作运转起来犹如舞动竹杖一般，骁勇雄杰。每逢与倭寇交战，少林僧总被设为前锋，冲锋陷阵。战场上，他们抢棍破敌，遇者即仆，顷刻间就能击毙倭贼。在嘉靖三十二年（1553）的一次抗倭战斗中，少林僧手提铁棍一柱地面跃越过红衣倭贼左侧，转身一棍，落其一刀，贼即滚转。

明代《云间杂志》云："招僧兵百余人，其首号月空……一贼舞双刀而来，月空坐不动。将至，身忽跃起，从贼顶过，以铁棍击碎贼首，于是诸贼气沮。"

抗倭战争中还有不少在少林寺学过武功的其他寺院的武僧被征调到僧兵队伍中。少林寺的武僧们在寺外的其他地方也教有不少子弟，他们都是少林武术的传艺范畴。

少林寺武僧在国难之时，挺进抗倭战场，使得少林拳在南方也得到迅速传播。其后，又经地方武术家们的梳理改良，逐步演变成了具有地方特色的流派，这种现象在福建泉州、莆田等地尤为明显，当地人们中也广泛流传着关于南少林的故事。

二、俞大猷建议修建十方禅院并传授临阵棍法

明代与戚继光齐名的抗倭英雄俞大猷，久闻少林有神传长（棍）技之术，于嘉靖四十年（1561），北伐山西后、南征云南时特意取道少林寺，观看少林武术表演。观后，俞大猷直言不讳地说道："此寺以剑技名天下，乃传久而讹，真诀皆失矣。"小山和尚听罢此言，随请俞大猷将军当场指教。俞大猷说："此必集之岁月而后得，非旦夕可授而使悟也。"

俞大猷还参观了达摩洞、初祖庵、二祖庵等圣地。当回到少林寺门前时，俞大猷在寺前对小山和尚指着寺门对面说道："此地可建一个十方禅院，以增少林之胜。"小山随即应诺："建院之责，愚僧任之，即可平治地基，已经始也。而剑诀失传，请示真诀，则有望于名公了！"于是，小山住持便从众武僧中挑选宗擎、普从二僧随俞大猷从军南行。三年后，二僧皆得真诀归寺，将俞大猷临阵棍法在寺内全面传播。

万历四年（1576），宗擎为感师恩，专程赴神机营拜访俞大猷，师徒相见，甚为亲切，共叙往事，通夜不眠。师徒临别时，俞大猷将所著《剑经》赠予宗擎，并勉励其以后精益求精，发扬光大，同时还特赋诗一首送宗擎：

学会伏虎剑，洞梧降龙禅。

杯渡游南粤，锡飞入北燕。

能行深海底，更陟高山巅。

莫讶物难舍，回头是岸边。

宗擎接过恩师所赠之物，激动不已，也写诗一首回敬道：

神机阅武再相逢，临别叮咛意思浓。

剑诀有经当熟玩，遇蛟龙处斩蛟龙。

宗擎回少林寺不久后，小山和尚因长期劳累病故。此时他负责的十方

禅院正在加紧建造中，临近完工之际，少林新住持普明进京面见俞大猷，汇报十方禅院的进展情况，并请俞大猷为禅院题词，俞大猷欣然应诺，挥笔写下"新建十方禅院"六字。其后俞大猷对此解释说道：建立十方禅院，"一则愿圣天子寿考之万年；一则愿四海民物之康阜；一则四方游僧有所栖止；一则宗擎剑法又得广传。"①

三、程宗猷与《少林棍法阐宗》

程宗猷（1561—1636），字冲斗，寄籍徽州休宁，遂为休宁人，一说为四川人，少时就有志于从军报国。明朝隆庆年间，程宗猷慕少林武术，不远千里到少林寺求习武功，拜洪纪等高僧为师，习武十余载，深得少林武术精华。

程宗猷在少林寺习武期间，并非单独一人，还有他的叔祖、武学生程云水、侄子程君信、太学生程涵初等人。他们来寺求学，而后共同帮程宗猷将在少林寺学得武技整理成书——《耕余剩技》，以图示歌诀的形式传承于世。《耕余剩技》中包括《少林棍法阐宗》《单刀法选》《长枪法选》《蹶张心法》等内容。民国期间，周越然影印出版时将其更名为《国术四书》，被誉为武林名著，使世人得以自师，对少林武术的传播发展影响甚大。

四、少林武术助升少林寺名位

明代的少林寺武僧队伍规模宏大，武术威名也远近皆知，慕名前来少林寺者络绎不绝。武术表演成为来少林寺观光者的一种奢望。

据王士性《嵩游记》中所言："寺八百余僧，自唐太宗退王世充，赐昙

---

① 温玉成：《少林访古》，百花文艺出版社 1999 年版，第 114 页。

宗官，僧各习武艺俱绝。""山下再宿，武僧又各来以献技，拳棍博来如飞，他教师所束手观，中有为猴击者，盘旋捉踔跃，宛然一猴也！"足可见，少林僧的武术技能已达到了炉火纯青的地步。

万历十五年（1587），时任河南巡抚的程绍写有一首《少林观武》诗，诗云：

> 暂憩招提试武僧，金戈铁棒技层层。
>
> 刚强胜有降魔力，习惯轻携搏虎能。
>
> 定乱策勋真证果，保邦靖世即传灯。
>
> 中天缓急无劳虑，忠义毗卢演大乘。

此诗贴切地表述了少林武僧钢筋铁骨的体质，赞叹了精妙绝伦的少林武功，颂扬少林武僧习武用武、保国安邦的爱国之举。

万历二十九年进士公鼐，天启年间为千礼部右侍郎，史称"好学博文，磊落有器识"，在观看少林寺众武僧的表演后，慷慨陈词，写了一首《少林观僧比试歌》，全面描述了少林寺僧的比武状况。

> 震旦丛林首嵩少，比丘千余尽英妙。
>
> 战胜何年辟法门，虎旅从兹参像教？
>
> 我度轘辕适中秋，晓憩招提到上头。
>
> 倏忽绀园变芰舍，缁徒挺立如貔貅。
>
> 袒裼攘臂贾余勇，抗声鼓锐风雷动。
>
> 蜂目斜视伏狙趋，距跃直前霜鹘速。
>
> 迅若奔波下崩洪，轻若秋箨随清风。
>
> 眵目高眄慑猛兽，伸爪奋翼腾游龙。
>
> 梭穿毂转相持久，穷猿臂接毚兔走。
>
> 李阳得间下老拳，世隆取偿逞毒手。
>
> 复有戈剑光陆离，挥霍撞击纷飙驰。

狮吼螺鸣屋瓦震，洞胸斫胫争毫厘。

专门练习传流古，凭轼观之意欲舞。

自从武德迄当今，尔曹于国亦有补。

偶来初地听潮音，观兵何事在祇林。

棒喝岂是夹山意，掌击宁观黄檗心。

彭泽载酒惬幽赏，崖桂高悟对潇爽。

一时佛渭散空华，庭阴满院风泉响。

这首诗描写的是作者亲临少林寺观看到千余名少林武僧晨练壮观场景后所见，武僧队伍庞大，武术内容丰富，展示了禅武一体的文化魅力。

明代文学家袁宏道的《嵩游记》作于万历三十七年（1609），共分五篇，后人可以清晰地感知当时少林寺的境况，尤其是《嵩游记一》中描写的众游者一早就排队乞看武僧表演的真实情景，凸显了少林寺僧们的习武风气。现将此文附录于下：

度缑岭，越轘辕关，西南折入山坳，则少林寺也。少室截然横其前，诸山怀之，天然回合，如有尺度。京洛之间，古迹废尽，独此寺犹存典型。日者过东都，觅故宫遗址，了不可识。询李文叔所记名园，亦无有。而伊阙两崖，废像残碣。崩剥苔芜间，令人坠泪。此中差强人意，不复为此寂寂叹矣！樗道人曰："今好事家所贵者，曰古，曰完，曰款识。山狩千虞，古也；雾葱云寮，飞布崖壑，完也；隋唐以来碑碣森列庭中，款识也。"堂头僧曰："道人欲置兹山于贯城市耶？请以一转语酬价矣。"道人曰："有大力者，负之而趋。"余大笑。堂头僧者，曹洞下儿孙，主斯院者也。从院东西穿诘曲蹬道中，过甘露台，有古树，根如欹石虚处如梁。已出寺，西折行，观初祖影石。石白地墨绘，酷似应真像。老僧曰："洞中自有此石，能为水树云影。"余曰："然。石以影重，达摩之重，不以影，不以石，不以面壁，此中不须蛇足也。"已，从庵后出，行三十余盘，得初祖洞。洞中石如波卷，不尽五乳峰者数丈。已下山，度南岭十余里，得慧可觅心台。台形如盂，倚翠壁。下临伊洛黄河，苍莽行绿烟中。已归院。遍历轩除庖湢，休于丈室，顾樗道人语曰："是中有余衣履迹焉。云树烟峦，若旧识者，余梦游兹山久矣！"晓起出门，童白分棚立，乞观手博。主者曰："山中故事也。"试之多绝技。欲登少室。无所得路，乃止。少室奇秀，迫视不可见，远乃得之。行修武道者，望若古钟，仰出诸山上。从汝来者，唯见千叶芙蓉与天俱翠，摇曳云表而已。山四匝皆壁，群山翳其外，迫之，乃不见巅而见翳，游人多不惬。夫豪杰之偶于众也，凡才得肩而蔽之。及时地得远，肩蔽者与腐草俱尽，而天下始望之若飞仙。士患不特达耳！余数年前走南阳道，远翠干霄，士人曰"九顶莲花寨也"。了不知所谓。及过峰崿岭，忽有举此名者，始知所见在五百里外也！少室之秀，特可知矣！

五、关于内功图说

清咸丰四年（1854），王祖源入少林寺习《易筋经》。光绪七年（1881），王祖源《内功图说》面世。他在其《内功图说》序言中有如下叙述：

> 余生而幼弱，药不去口，先大夫常思之。道光甲午年，十三随侍在江西督粮道任，其时有卫守备莱阳周嘉福者，善拳勇习《易筋经》。先大夫使教余，未几一年，颇健饭，力能举十钧物。岁辛丑归里应试，又从莱阳徐全来游，尽悉其技；后以习举业，遂中辍。咸丰甲寅，从先兄滞迹关中，识临潼人周斌。周乃关中力士，最有名。余习与之游，又偕往河南诣嵩山少林寺。住三越月，尽得其《内功图》及《枪棒谱》以归。嗣及服官时，方多事，中处行役，戎马驰逐，忽忽至今，垂四十年。余老矣，无能为也。一麾出守，六载边城，入权大郡，公

牍如织，每追随长官后，步履尚轻健如少年，趋跄拜跪，未尝失仪。向之得力，从可知矣。去岁同年吴县潘尚书，以其家蔚如年丞所刻《卫生要术》一册寄余，摹刻甚精审，视之即余少时之所业《内功图》也。回首前游，如梦如昨。六十老夫忍俊不禁，爰重摹一帙，以示后学，勉力务之。振衰起懦，是余现身说法也。摹者德州武通守文源，刻在成都郡斋，并复其本书原名，曰《内功图说》。

光绪七年，福山王祖源老莲记。

六、李际遇偷袭少林寺

李际遇，祖籍巩邑鲁庄李家窑村。于明神宗万历三十二年（1604）因家乡遭自然灾害随父李呑流浪至登封，落户于磨沟南窑村。由于磨沟村有习武之传统，故李际遇也从小爱上了武术，而且成了村上的"孩子王"。他在苦难中生活，在逆境中成人，加之少林武术精神的感染，从小就养成了强烈的反叛和抗争精神。后来，李际遇成了当地农民起义军的领袖，盘踞山寨，与官府为敌。

据清代顺治年间汪介人所著的《中州杂俎》记述，崇祯年间，登封矿工李际遇领导登封、禹县一带的矿工、农民发动起义，人数达四五万人。他与登封申靖邦、嵩县于大忠、周如立、姚之英等，各结土寨，相互声援，活动于嵩洛一带，诛土豪，焚堡寨寺庙。崇祯十四年至十七年（1641—1644）间，破登封县城。他们时合时分，合则占据县城，分则各据要害。李际遇扎营御寨山，申靖邦屯兵大金店，两者相互照应。当时的少林寺成了李际遇的心头之患。为消灭少林武僧，"乃佯于结纳，日以金啖主僧，僧遂信之，遂不与抗"。一日，李际遇乘少林寺僧正在佛礼之际，乘其不备，出其不意，"率数百人，裹甲以入，径至经堂"，将在场毫无防备、手无寸铁之寺院文僧全部杀死。李际遇于顺治二年（1645）被捕，送至北京后被杀。

第四节　清代的少林武术

少林寺僧助唐代李氏王朝打天下立功受赏，奠定了他们与历代封建王朝的紧密联系，凸显着与众不同的特殊身份。明末，天下大乱，明政权倒台，被清王朝所代替，可清朝统治之初，天下反清情绪高涨，清政府对反对者实施了严厉的打击，其中禁止民间习武就是一大措施。

一、清王朝与少林（寺）武术

清代傅景星在《重修少林寺记》中写道："以末业式微，揭竿四起，野猿悲而出谷，飞鸟为之惊栖。于是，风沙迷目，梵宇穿云，洞天福地，铁甲金戈。而少林千百年祖庭，遭赤眉夜占南山，祸及之险危哉！"可见清初的少林寺，呈现出一片衰败景象。寺僧习武也只能隐于地下进行。康熙十八年（1679），思想家、史学家顾炎武游览少林寺，在其《少林寺》诗中写道："峨峨五乳峰，奕奕少林寺。海内昔横流，立功自隋季。宏构类宸居，天衣照金织。清梵切云霄，禅灯晃苍翠。颇闻经律馀，多亦谙武艺。疆场有艰虞，遣之捍王事。今者何寂寥？闃矣成芜秽。坏壁出游蜂，空庭雊荒雉。答言新令严，括田任污吏。增科及寺庄，不问前朝赐。山僧阙飱粥，住守无一二。百物有盛衰，回旋傥天意。岂无材杰人？发愤起颓废。寄语惠场流，勉待秦王至。"这首诗，清楚地简述了当时少林寺寥寥数僧艰苦的生活状态。

少林寺在历史上兴衰交替，坎坷前行，自唐代以后，少林寺崇武之风一直延传不辍，无论哪个王朝执政，对其习武并未杜绝，以为所用。

各王朝出于巩固政权之目的，对民间习武严加管制，而对于少林寺僧习武，或大力支持，或网开一面。康熙时代，少林僧兵还是康熙皇室的一支重要军事力量。少林寺山门金光闪闪的"少林寺"三字就是康熙四十三年（1704）亲笔御书。据《道义鉴宝》所云：清康熙时，西鲁王造反，清室屡遣兵征讨，均不敌。时陆祖参禅与少林寺，曾率少林寺僧百余人，战退苗兵。康熙帝嘉奖备至，欲留朝重用，陆祖避而未见，留诗归山。诗曰："我佛好生计退兵，不日海晏河亦清。贫僧留朝终无用，将来久有报国恩。"

雍正年间，禁武之令频发，少林寺的习武活动由公开转为隐蔽，由室外转为室内，由白昼变为夜间。整个少林寺的发展受到明显约束，昔日繁荣瞬间不见。时任河东总督王世俊在给皇帝重修少林寺的折子里写道："登封少林，乃系东土初祖道场，九年传冷坐之心，五叶启宗门之绪。法灵普覆，慧日光涵，缘自历代相沿，迄今实多颓圮。"在批复这一折子时，雍正对少林寺周边的乱象及寺院的管理不力十分不满："朕阅图内，门头（民间四合院）二十五房，距寺较远，零星散处，俱不在此寺之内，向来直省房头僧人类不守清规，妄行生事，为释门败种。"接到皇帝批示后，地方官不敢怠慢，于是将散布在少林寺常住院以外的二十五座门头房全部拆除，所谓的这些寺外门头房，实际是少林寺管理下的一些分支。由于寺僧人数膨胀，少林寺常住院容量有限，不得已在寺外设立门头房，而这些门头房又大多是习武场所，是全国各地慕少林之名前来求师习武之人的住宿地。他们无法进入少林寺内，便在周边四外修建房屋，拜师练武。长此以往，僧俗混杂，易生是非。雍正为规范少林秩序，修复少林寺后，不同意少林寺内部僧人继续主持少林寺，决定从京都派高僧赴少林寺任职。此项决定，一则表明雍正对少林寺秩序进行规整的决心，二则也说明对驰名中外的少林寺的重视。

据徐珂《清稗类钞》记述，雍正时期，西征大将年羹尧的部队之中就有少林武僧，他们所持兵器仍为混铁棍，这些年轻的僧兵，见了大世面后，与良民心态无异。他们心有国家，佐佑良民，见邪除邪，一身武功，能把铁棍弯成一环，套于马首，鞭马而行。少林寺是一个保皇的寺院，寺僧的习武往往与国家的战事相统融。虽然时代有变化，朝政有更替，但其习武传统未真正休止。

乾隆十五年（1750），乾隆皇帝也参观过少林寺，而且还书诗《宿少林寺》："明日瞻中岳，今宵宿少林。心依六禅静，寺据万山深。树古风留籁，地灵夕作阴。应教半岩雨，发我夜窗吟。"

今之少林寺毗卢阁（又名千佛殿）内，青砖地面上尚存有当时寺僧练功形成的 48 个凹陷脚窝，加之殿内所存有的各种兵器，都是少林寺武僧长期进行武功训练的历史见证。

二、清政府官员麟庆要求观看少林武术表演

道光八年（1828）三月，清政府官员麟庆祭祀嵩山，观中岳庙后，又来少林寺参观。当问及寺内习武情况时，寺主唯唯诺诺不敢直面回答。麟庆见此情况说："少林拳勇，自昔有闻。只在谨守清规，保护名山，正不必打诳语。"住持僧听到此言，顿时打消思想顾虑，挑健壮僧多人于殿前表演起来。麟庆看后大加赞扬："熊经鸟伸，果然矫健。"现存少林寺白衣殿内的壁画中，有一幅少林寺僧陪同清官员观看寺僧演武的彩色壁画，描绘的就是此场景。这幅巨画中，约有十五对武僧同时出现在演练场上，有的是拳术对练、有的是刀枪对练、有的是擒拿对练、有的是鞭锏对练等，场面宏大，内容丰富，实显少林寺武僧之盛况，折射出少林武僧常年不间断习武的优良传统。

道光二十六年（1846）少林寺立有一通《西来堂志善碑》，其中记述

有寺僧的习武状况:"余自祝发禅门,禀师教之重,修弟子之职,昼习经曲,夜练武略,亦祇恪守少林宗风,修文不废武备耳。"

这通碑文精辟地道出了少林寺千年来与众不同的特殊宗风,与此同时,也有力地说明了当时少林寺内习禅与练武的两重性,兴衰交替是少林寺发展的一个常见现象,此时期,少林寺僧并非冷淡了武功的传承与习练,清王朝也未对少林寺习武传统进行过真正意义上的限制和打压。

第五节　民国时期的少林武术

民国时期,少林寺惨遭兵荒马乱之灾,寺院被烧,寺僧星散各处,少林寺一片荒凉,少林武术受到严重冲击。但可贵的是,一批身怀少林拳绝技的僧徒们和为数众多的当地俗家弟子们,还继承着少林寺传统的习武宗风,并未因兵灾而使少林拳断线。

一、登封县僧会司——恒林

恒林(1865—1923),1911年,时任登封县僧会司,后被地方推选为少林保卫团团总。为保少林地区一方平安,他在任职期间发展武装,购置枪支,训练民团。1920年秋,地方荒旱,土匪蜂起,恒林率民团在登封城、梯子沟、白玉沟、熬子坪产与土匪交战数十次,皆获胜利。恒林威名远播,少林寺周边数十里内无人敢轻易侵袭,百姓由此有了靠山。

恒林在少林寺任当家和尚时,打破少林武术秘不外传的旧规,使少林武术在民间俗家弟子中广为流传。他为人谦恭,与当地民众关系密切。百姓中若有婚丧嫁娶之活动,恒林多有相助。1923年秋,恒林因病而卒。次年春,登封、临汝、巩县、偃师四县民众300余人自愿集资,为恒林在少林寺东立碑为念，以表哀思。

二、当家和尚妙兴

妙兴，河南省临汝谢湾人，是恒林的得意弟子，幼爱武术，20 岁便颇有名气。后入少林寺拜恒林为师，学得少林镇山棍、罗汉拳、点穴法、卸骨法擒拿、气功、七十二艺等武术。在寺期间，每遇俗家弟子来少林寺挑战交技时，妙兴打头阵，皆胜之。1925 年，段之善游少林寺后，写有《游少林寺琐记》，其中记述有妙兴与众弟子们习武的情况："起初所练皆系单人拳法，功力严整，手眼身法，步步周密。演练时全场肃静，中逢节段，莫不鼓掌如雷。复演双人对手，拳脚飞舞，纵横颠覆，尤令观者警目夺神，为之感叹！"

恒林大师去世后，众僧举荐妙兴继任当家和尚，并兼任登封县僧会司之职。其主持少林寺期间，开放包容，积极融入社会，不僵死于寺规戒条，以发扬武术强国强种为宗旨，将少林历代秘不外传之武技向民间众多俗家弟子传授。1922 年，军阀吴佩孚命师长张玉山在登封收编湖北第一师别动队，第一旅旅长卢耀堂得知少林寺剿匪所获枪支较多，就将妙兴编为第一团，授任团长。其后，妙兴随卢耀堂旅开驻郑州，在一次率团攻打舞阳土匪时阵亡，年仅 36 岁。

三、中央国术馆中的少林武术

民国时代，武术被称为国术，深得各界重视。脱离了军界的国民党将领张之江，邀集当时的钮水建、戴季陶、李烈钧、于右任、蔡元培、何应钦、冯玉祥、孔祥熙等 26 名国民党党政要员，联名提议成立国术研究馆。1928 年 3 月 15 日，此建议被采纳。

1928 年 6 月，"国术研究馆"正式成立，成立之初，除建有理事会和监事会组织外，下设少林门和武当门，负责组织和管理教学活动。太极拳、八卦拳、形意拳列入武当门下，高振东为门长。其他拳种列入少林拳门下，王子平为门长。三个月后，因旧有的门派思想作祟，两门之间互不服气，常常发生矛盾，两个门长最终徒手相搏一分高下。

据屈武编写的《中央国术馆史》记载：经双方同意，择日举行两派交手比武，地点选天主大教堂为比武场，国术馆全体师生到场观阵。一位秘书当裁判。这次比武，要求门长对门长，科长对科长。两门比武人员分左右拉开阵势，气氛极为紧张。少林门长王子平，虎背熊腰，臂力过人，动作轻如鹅毛，体魄重如泰山，打倒过俄国大力士康泰尔，被称为"千斤王大力士"。他精于少林功夫，刀、剑、枪、棍等百般武器，样样精通，为少林派杰出代表。武当门长高振东，精通形意、太极等诸内家拳法，身手不凡，力大无穷，运动起来，刚柔相济，快慢相辅，功底扎实，武艺超群，为武当派武艺高超、声誉最大的名流之一。两雄相逢，各有千秋，互有特技，战斗异常激烈，高振东首先使招，向王子平接连几个迎面劈拳，王子平先防守而后反击，双方越比越勇，势不可挡，十几个回合不分胜负，难解难分，大有不获全胜誓不罢休之势。这时，裁判员宣布暂停，并有几位武士上前将二人拉开，停止比赛。裁判员宣布，双方比武平局，但双方并未握手言和，都想再继续比赛。此次比赛，暴露了把众多武术门派简单分为内外两家的错误。其后，国术馆采用"一会三处"的组织建制，一会即理事会，三处包括教务处、编审处、总务处。

四、1928 年少林寺惨遭兵火之灾

少林寺武功主要源于古代军事战争。从历史角度看，少林寺僧们在历朝历代均积极参与战事活动。清末民初阶段，少林寺僧数次军事战斗中建了奇功，在社会上的威望不断提升。少林寺大师恒林的学徒中，以

妙兴武艺最为高强。据崔炎寿《中岳嵩山》所述，1920 年前后，建国豫军樊钟秀任宏威军第四团团长时，曾带手下三人来到少林寺参观，当他发现大殿檐头有点破损时，顺手拿出四百元现大洋交予少林寺僧，并说因军务繁忙，目前顾不上修理，先将款存放寺院，日后有空再来筹措修整，临走时说："我叫樊钟秀，是奉吴佩孚的派遣来登封收编陈青云、任应岐两部分人马的。"1924—1925 年间，樊钟秀被编为直辖军旅，后由两湖返回登封一带整编时，委任妙兴当团长，发给一部分军服、军帽、武装带等物。妙兴当时按团的编制安排人马，但编制人数不满。此时，妙兴手下已有一千多支步枪，五百支手枪。1925 年，樊钟秀曾差派妙兴出去打奉军，接着又派妙兴带着少林僧兵打土匪。在一次战争中，妙兴牺牲于舞阳沙河店。1928 年北伐战争时期，冯玉祥任国民革命军第二集团军总司令，负责扫荡山东、河南两省杂牌土匪队伍。樊钟秀部队原驻南阳境内，看到北伐军后防空虚，想抓住这个良好机遇扩充自身部队实力，就先派一个轻装部队前往少林寺，乘机夺下巩县、偃师两县城。1928 年 4 月上旬，樊钟秀部突然来到少林寺，说是为了保护登封，要把驻在城内的队伍打跑，特约少林僧兵出来帮助，并把司令部驻扎在少林寺。他指挥手下兵团把登封县城团团围了半月之久。当时登封城内驻有北伐军冯玉祥部苏明启旅，人数不足，粮草困难，弹药又缺，只能防守，无力主动出击，两军处于对峙状态。樊钟秀部想了一招，从登封城东关民户家中挖了个地道，用两口棺材装满火药，运到城墙根下，引火爆炸，炸开一个十五丈长的大豁口。但城里官兵与登封共存亡，用机枪、大刀掩护。登封县长余斌派人与驻军合作，很快将城墙修复，坚守登封，还以二百块银圆的价格雇佣一位身强力壮的农民，把紧急求援信缝在鞋帮里逃出西城门，送达洛阳第二集团军监督处，转报给冯玉祥。第三日，冯玉祥部石友三军长率领大军攻至轘辕关，先派搜索营进入少林寺。此时樊钟秀的司令部与部队早已逃之夭夭。少林僧众一看情况不妙，也已四散逃跑。此时，附近一部分对少林寺有恨的佃农，看到寺内僧人全部逃光，随即进入寺院，将厨房里的油缸，抬出来洒在大殿明柱上点燃。也有士兵拉来两桶煤油，军队、群众一齐把油浇在钟、鼓二楼等殿柱上，瞬即火光冲天。后上级命令队伍救火，并劝群众回家安心种田，石友三即率部追赶逃军。

次日，第二集团军第二军刘汝明部军法处主任前来了解少林寺火灾情况：无价之宝达摩面壁石已烧裂成片，烧毁藏经十二大柜，计一千四百部和大量少林寺拳谱等宋体字印刷铜版一百余套。还有中佛殿二十五间、藏经阁二十五间、天王殿十二间、东钟楼十六间、东西客堂四十间、东西房四十间、西鼓楼十五间、西六祖堂十五间、东紧那罗殿十五间、东西禅堂四十间、上客堂九间、武术庭二十间、龙王殿九间、僧房十五间，共计烧毁二百九十六间，未毁的尚余一百零二间。

经这次人为火灾，寺院遭毁最为严重，也对少林拳造成极大冲击。从此以后，身怀少林绝技的武僧四散各地，少林武术的延续也自然呈现一种松散式传承状况。

面对少林寺奄奄一息的衰败境况，当家和尚贞绪、素典、德禅等共谋重振少林武术发展方案，为延续少林武术，他们召回了已经还俗的优秀弟子寂勤、俗子吴山林大师，重整旗鼓，训练武僧，先后培养出了德根、行章等40余名武僧。

1942年，少林寺还创办了少林中学，学校也开设有少林拳课程。1946年海灯法师也应住持僧德意之邀，来少林寺担任武术教师。少林武僧的持续练武，使少林武术得以延续发展，而一些远走他乡的少林武僧们，浪迹天涯、靠卖艺或其他方式谋生，少林武术在全国各地播下种子。

五、蒋介石参观少林寺

1936年9月，蒋介石借在洛阳庆祝五十寿辰之机，在河南建设厅厅长张静愚及随从人员侍从长钱大钧、秘书长毛庆祥、宪兵团团长杨振亚陪同下，和医生、摄影师、记者、风水先生、厨师等到嵩山游览。途经参驾店时稍作休息，登封县县长毛汝采率部分公教人员和地方武装人员前来迎接。毛汝采带来20台两人小轿交予侍从长钱大钧安排使用。蒋介石、钱大钧、张静愚、王泽民、毛庆祥、杨振亚和医生、记者等人全乘轿子，其余人员乘坐汽车前往。到少林寺时，全寺50名少林寺和尚着袈裟，敲着诵经乐器排队出门迎接。县长毛汝采当导游，众人观看了唐太宗李世民的"赐少林寺主教碑"、千佛殿壁画、和尚习武留下的脚窝、达摩洞、塔林等名胜古迹。其间，蒋介石问道："少林寺怎么这么破烂？"毛汝采把1928年石友三火烧少林寺的经过做了介绍。蒋介石说："这个石友三真够坏了。"少林寺僧为蒋介石一行表演了大洪拳、小洪拳等武术套路。临走时，蒋介石令副官拿现金一千元交予少林寺住持僧。当晚，蒋介石回登封县城警察局入住，第二天，参观了中岳庙。

六、少林武术专著相继面世

1928年前（少林寺被火烧前），少林武功已闻名天下。少林寺经火烧以后，少林僧人散布于全国各地，少林武僧备受世人关注，所到之处，人们多以宾客相待，求学拳技之人众多。也就是在这一时期，关于少林武术的专著相继面世，如：尊我斋主人《少林拳术秘诀》，赵连和、陈铁生《达摩剑》，吴志青《少林正宗练步拳》，朱霞天《少林护山子门罗汉拳图影》，金恩忠《少林七十二艺练法》，姜容樵《少林棍法》，唐豪《少林武当考》，徐震《少林宗法图说考证》等近百种，促进了少林武术的传承与发展。

第六节　中华人民共和国成立
以后的少林武术

1949 年，中华人民共和国成立，少林武术的发展受到高度重视，其主流功能和作用也在悄然发生着变化。它同其他武术流派一样，由过去的一味强调军事格斗、拼搏杀戮逐步与时俱进，与社会同频，向强身健体方向发展，形成了一支庞大而特别的民族传统文化体系。

一、"业余武术体校"与"少林武术培训班"

1958 年，登封县设立"登封县业余武术体校"，成为少林武术重要的传播平台之一。此时的少林高僧释德根等一批优秀代表积极纳徒授艺，为少林武术的传承与普及作出了重要贡献。

1966—1976 年，少林武术的训练、竞技、演艺、普及、传承等活动冷淡萧条，损失巨大，一些少林武术的重要内容（技术、功法、文献）再次失传、遗失，少林武术步入低谷。

1970 年，"登封县业余武术体校"恢复重建，调请著名拳师杨聚才、梁以全等到校任教，为少林武术的传承与振兴打下基础。

1978 年，随着改革开放政策的实施，少林武术也得到了一定发展。1979 年，登封县第十五中学成立了"少林武术专业队"，1980 年成立了"少林武术培训班"，由著名拳师王超凡、吕学礼、王宗仁、郑书基等任教。

二、日本少林寺拳法联盟朝拜少林寺

早在 1936 年，日本人宗道臣就曾进入少林寺学习少林拳，回国后，建立"日本少林寺拳法联盟"，并大力发展会员。1979 年 4 月 10 日至 15 日，阔别中国 40 余年的宗道臣一行 70 余人到少林寺归山朝圣。在这次访问中，时任中日友好协会会长廖承志在会见宗道臣时亲笔题词："少林豪杰，横眉前领，中日友好，前程似锦。"

1980 年 4 月，宗道臣和女儿宗由贵及弟子们，在少林寺刻立"日本少林寺拳法开祖宗道臣大和尚归山纪念碑"。撰文"少林武术，缘起中州，名冠天下。日本国僧人宗道臣，入嵩山禅林，修得少林拳，归国后开创日本少林拳法，饬兴三法，二十五系，六百数十技，使中国之传统文化得以在日本生根、开花、结果。法师在日本传授少林拳法，同时弘扬中日友好之要义，并率先实践。1979 年 4 月，法师于下山四十余年后，重访此地，使日本百万少林拳士对中日友好事业怀抱之热忱空前高涨，为纪念法师重访嵩山，并祝中日友好前程似锦，特立此碑。"自此以后，"日本少林寺拳法联盟"几乎每年都到少林寺归山朝圣。

另外，美国的华林寺武术社，也不断来少林寺学习拳术，并在少林寺立有"归宗朝圣"碑。新加坡、瑞士等国家的少林武术团体也立碑于祖庭少林寺。少林武术的国际化发展势头强劲。

三、少林武术学校的萌芽

1980 年 11 月 13 日，《中国青年报》以"路在名山异水间"为题报道了登封第十五中学少林武术培训班的成长过程。1981 年 8 月，历经二十多年发展和壮大，成立于 1958 年的"登封县业余武术体校"更名"登封县少林武术体校"。在此期间，民间收徒式的武术馆校相继出现，并得以迅速发展，如少林塔沟武术学校、少林寺武术学校等，由此拉开了登封民间开办少林武术馆校的序幕。众多的武术学校，成了传播少林武术的中坚力量。

四、少林武术的挖掘与整理

1979 年，国家体委下发《关于挖掘、整理武术遗产的通知》。1982 年至 1986 年，河南省体委按照通知精神，先后组织人员对河南武术进行了摸底，其中少林武术是重要摸底对象。全面系统的挖掘整理工作，对少林拳的发展是一个强大的推动力，引起了职能部门、民间拳师、广大武术爱好者对少林武术的重视。在挖掘整理过程中，建立武术档案，对七十岁以上的传承人进行技术录像、撰写专辑，为促进少林武术的继承、发展和理论研究奠定了基础。

少林寺周边地区，深厚的武术文化资源促使民间武术很快得以复兴发展。每年正月里，村与村之间、乡与乡之间关于少林武术的社会交流活动如火如荼，形成了欣赏、传播、宣传少林武术的浓厚氛围。舞龙、舞狮等原生态民间武术社团穿梭在十里八乡之间，民间少林武术活动一派繁荣景象。

为了传承与发展少林武术，众多民间拳师积极响应政府主管部门号召，把宝贵的少林武术技术与古老的文献资料捐献出来，对少林武术的挖掘、整理、传承、发展作出了积极贡献。伴随着社会的发展与开放意识的增强，传统思想在悄然发生变化，主动交流、相互切磋、资源共享、共同进步日渐成为常态。民间武术从过去的乡村、田间、社团表演型向城镇、武校、收徒、教练实用型方向发展，百花齐放、百舸争流的武术发展态势渐渐呈现。

五、电影《少林寺》与武术学校的兴起

1982 年，香港中原制片公司摄制的彩色宽银幕功夫片《少林寺》公映，轰动海内外。此影片以民间流传的"十三棍僧救唐王"历史传说为背景，创编了以觉远和尚为代表的少林寺和尚帮助唐军李世民同郑军王仁则作战的故事，反映了少林僧坚持正义、反对邪恶的动人故事。影片中的武打动作大多由演员亲自上阵，没有替身和特效，真实感强。影片的成功播

放，强有力地宣传了少林寺与少林武术的文化精神，在国内外引起了巨大震动。同时，该片主题曲《牧羊曲》也随之传遍大江南北、大街小巷，少林寺一下子成了当时街谈巷议的热门话题，尤其是广大的青少年群体，慕名前来少林寺投师习武者络绎不绝。

面对空前的少林武术热潮，登封众多少林武术馆校也应运而生。1983年至1993年间，在以少林寺为中心的方圆数十里内，各类大小武术学校多达80余所，生源遍及全国各地，甚至不少国外学员也到此习武。河南省及当地政府部门，因势利导，提出了"武术搭台，经贸唱戏"的口号，多次举办中国郑州国际少林武术节。来自世界各地的武术团体同国内的武术代表队同台竞技，相互学习，加深了友谊，促进了合作，成为与世界进行交流的大舞台。

六、河南大学少林武术学院的创办

1988年8月，经登封县政府、人大、政协等研究协商，决定与河南大学联合创办"河南大学少林武术学院"，以社会力量办学，旨在规范教学秩序，提高办学档次与水平，促进少林武术传承的良性发展。河南大学副校长贺陆才兼任院长，栗胜夫教授任常务副院长主持工作，河南大学张国臣、登封县政协副主席王鸾任副院长。严格的管理、规范的教学为促进少林武术的传承与发展和当地民办武术学校的建设起到重要作用。1993年，河南大学校本部武术本科专业正式创立，1995年，河南大学少林武术学院师生随之回河南大学校本部工作学习，后发展为武术系，继而发展为河南大学武术学院。

七、系列学术会议的召开

1989年，全国少林拳学术研讨会在少林寺客堂举行，时任中国武术协会副秘书长潘一经、清华大学王志忠、河南大学栗胜夫、中国人民警官大学杜仲勋、天津体育学院高文山、《中华武术》杂志王维联等全国 11 个省市 80 余名代表参加会议。经过三天的研讨，会议圆满结束。栗胜夫、高文山、郑书敏、朱天喜、张志勇等学者的论文成果获评优秀。

1990 年 9 月，国际少林拳学术研讨会在少林寺客堂举行，北京体育学院、上海体育学院、成都体育学院、武汉体育学院、西安体育学院、北京大学、南开大学、河南大学等单位的近 30 名专家学者和美国、日本、法国、比利时、加拿大、韩国等国家的 93 名代表参会，共有 32 名专家学者发言。《中国体育报》《中华武术》《少林与太极》《郑州晚报》等报刊对本次会议进行了介绍。何志坚、栗胜夫、程大力、张振国、高文山、徐长青、德虔等获得优秀论文奖。

2003 年 4 月 9 日至 12 日，由嵩山少林寺、中国艺术研究院、登封市人民政府共同举办的少林功夫国际学术研讨会在少林寺举行。本次研讨会是一次规模较大、范围较广的国际性学术会议，参加会议的代表有来自日本、以色列、澳大利亚、韩国、美国、瑞典六个国家以及河南大学、北京体育大学、上海体育学院、北京师范大学、南京师范大学、郑州大学等 120 多个单位的专家学者。会议共收到论文 130 余篇。会议分主题发言和小组发言两种形式，并评选出多篇优秀论文。会后，少林寺住持释永信将一批优秀论文汇集成《少林功夫文集》，由少林书局出版。

八、少林寺建寺 1500 年庆典

1995 年 9 月 3 日，嵩山少林寺迎来了建寺 1500 年庆典。当时的少林寺，从山门前广场到寺院内各大殿堂装饰一新。山门上方，悬挂着"隆重庆祝中国嵩山少林寺建寺一千五百周年"横标。山门前，高 15 米的旗杆威严伫立两旁，杆上的杏黄色旗帜迎风招展。正对着山门的讲台为方形，高 1 米，被红毯覆盖。方形讲台左右两侧，扇形摆放着 120 个座位的主席台，坐满了国家、省、市的有关领导和海内外佛教界的知名人士及贵宾嘉宾。山门内外，宽 5 米、长 300 米的红色地毯从山门前的台阶一直铺到寺院内法堂前，形成一条红光灿烂的通道。通道两旁列队站立 200 名手持各种仪仗的僧人。1500 朵不同造型的荷花吊挂在苍柏银杏树上，象征着少林寺千年沧桑巨变和改革开放所带来的生机。永信法师致辞，登封市市长傅文灿讲话，中国佛教协会副会长净慧法师代表中国佛教协会致辞。①

永信法师在庆典大会上致辞："今天，我们在这里隆重举行禅宗祖庭、武术胜地——嵩山少林寺建寺一千五百周年庆典仪式。这既是嵩山少林寺创建历史上的一次空前的庆典活动，也是一次海内外佛教界著名人士团聚弘法的大盛会。少林寺从北魏太和十九年创建至今跨越了整整一千五百年的历史岁月，在它漫长的历史发展过程中，产生了跋陀、慧光、僧稠、达摩、慧可、邵元、边澄、小山、月空、宜山等著名高僧；出现了达摩面壁、慧可断臂、十三棍僧救唐王、日本僧人参学、少林武僧抗倭寇等动人事迹；留下了寺塔建筑、造像石刻、书法绘画等精美绝佳的佛教艺术品，最终以禅宗祖庭和少林武术两大特色著称于全世界，名扬于海内外，这是先辈的功绩，后辈的自豪。"

登封市市长傅文灿在庆典大会上讲道："在纪念世界反法西斯战争胜利和中国人民抗日战争胜利五十周年之际，中国嵩山少林寺迎来了建寺 1500 周年庆典大喜。这是嵩山少林寺建寺以来首次举行的一次融宗教活动、文化展示和武术观于一体的大型庆典活动，也是我市认真贯彻落实党的宗教政策，维护宗教场所合法权益的具体体现，它对扩大少林寺的社会影响，

① 张国臣：《中国少林文化学》，河南人民出版社 1999 年版，第 110 页。

促进少林寺与国内外佛教界的进一步友好交往，提高少林寺的知名度，都
将产生深远的影响，有着重大的现实意义和深远的历史意义。嵩山少林寺
作为佛教活动的名刹，1500 年来，饱经沧桑，变化巨大，中外瞩目。我们
要发挥自身的特点和优势，弘扬中华文化，扩大对外交往，使其真正成为
增进友谊、加强合作的'黄金纽带'；在党和政府的领导下，高举爱国主义
和维护世界和平的旗帜，弘扬少林精神，同心同德，团结协作，把寺院建
设好，管理好，为改革开放和经济建设服务，为祖国的繁荣昌盛和人类的
和平幸福作出贡献。"

中国佛教协会副会长净慧法师受全国政协副主席、中国佛教协会会长
赵朴初先生委托，代表中国佛教协会致辞：少林寺在中国佛教史上的影响
和作用是极其巨大而深远的。千百年来达摩、慧可禅师的禅法和禅学思想
不但使中国禅门心灯相济，支派横流，禅风远播，影响了整个东南亚的佛
教国家。由此派生出来的少林武术，神拳一如，威震四方，弘扬了传统文
化，振奋了民族精神。在改革开放的春风吹拂下，今日的少林寺更是殿宇
庄严，名震遐迩。我们相信，通过纪念少林寺建寺 1500 周年的活动，少
林寺大众一定会更好地继承和发扬佛教的优良传统，提高寺众素质，加强
自身建设，把少林寺的建设和管理工作搞得更好。

九、《少林武术大全》的出版

1991 年，北京体育学院出版社出版发行了《少林武术大全》，作者德
虔。德虔，俗名王长青，河南登封大金店乡王上村人，1961 年参军，后复
员到新疆尼勒克县十月医院。1980 年因病退职回到登封，此时，正值少林
武术发展火热之际。

德虔爱医术，常到少林寺走访名僧，以求指点。他相识了少林寺名僧
永祥，此僧身患肺病，德虔冒着被传染的风险，精心照料。永祥心存感

动，在病危之际，将一生所积累的大量少林武术拳谱资料托付于德虔。德虔深知资料宝贵，感到使命重大，为不辜负先贤们的心血与嘱托，把主要精力倾注在少林武术拳谱的整理工作上。

1982 年，德虔同少林寺僧人积极投入少林武术资料的挖掘、整理工作之中，出版有《少林气功秘集》《少林擒拿法》《少林武术入门》《少林点穴法》《少林拳法真传》等。在此基础上，德虔又把从永祥手中得来的大量少林拳资料进行了汇集整理，出版了《少林武术大全》，属少林武术巨著，价值重大。

2009 年，德虔之妻德炎把德虔所珍藏的古老的《少林拳谱》原件呈献给人民体育出版社，并以影印本的形式出版发行，这套少林武术专著共八册，属少林武术的宝贵财富。

十、少林拳系列（刀、枪、剑、棍、拳）竞赛套路创编

1996 年，国家体育总局武术运动管理中心就全国著名优秀传统拳种进行了竞赛套路的创编工作，少林拳名列其中。古老传统的少林拳虽然套路繁多，但大多短小精悍，演练时间都在 30—40 秒左右。若按国家制定的传统武术竞赛规则中 1 分钟的时间要求是不够的。所以，少林拳每每参加全国性质的比赛，总是在套路演练时间上被扣分，成绩不佳。为解决这一硬伤，在少林拳众多原有套路的基础上进行创新改编已势在必行。为把少林拳竞赛系列套路编写成功，河南省体育局抽调专家进行论证与考察，决定由登封市体育局郑跃峰草拟初稿，河南大学栗胜夫教授负责统稿修改，最后经专家组审定。

2001 年，《少林拳系列竞赛套路》（少林拳术、少林刀术、少林枪术、少林剑术、少林棍术）正式由人民体育出版社出版发行。其后，在河南省、全国、国际等传统武术大赛中，少林拳竞赛套路由于符合武术竞赛规

则的要求，在赛场上大显身手。1 分 10 秒的套路完成时间，是对传统套路的一个巨大跨越，也是对传统套路一个质与量的提升。此书的创编为其后少林武术套路的传承与发展、创编与实践、普及与提高起到巨大作用，不少新编少林拳套路相继而生。

十一、登封市"十大拳师""十八金刚""十八罗汉"

武术的发展、事业的传承最关键的是人。2000 年，登封市体育职能部门凭借"全国少林拳比赛"这一平台，评选出登封市少林拳"十大拳师""十八金刚""十八罗汉"，彰显少林武术先进人物，进一步扩大少林武术之影响。

（一）"十大拳师"

梁以全 1931 年生，中国武术九段，国家高级教练，登封市少林鹅坡武术学校创办人，享受国务院政府特殊津贴。

现任国家体育总局武术研究院专家委员会专家、少林武术协会名誉主席、北京体育大学名誉顾问、河南大学客座教授。先后荣获"中国当代十大武术名师""全国离退休老干部先进个人""改革开放 30 年中国武术最具影响力人物""全国健康老人""河南省非物质文化遗产传承人""河南省首批民间文化杰出传承人""河南省武术家"等数十项殊荣。受到了党和国家领导人的接见。

刘宝山 1931 年生，中国武术九段，"中国民间文化杰出传承人""全国十佳孝贤""首批河南省武术家""河南大学客座教授""改革开放 40 年，河南省武术特殊贡献者"。自幼随祖父刘发泰和父亲刘景文习武，深得少林武术之精华，撰写有《传统少林拳套路教程》，系世界规模最大武术学校——少林塔沟武术学校创始人。郑州少林塔沟教育集团董事长，曾接待过国内外近百名前来学校参观的国家政要人物。

陈五经　1927年生，受祖辈熏陶，幼年酷练少林武术，擅长少林大洪拳、罗汉拳、少林棍法等，已为地方培养出众多优秀弟子。1983年被授予"十佳老拳师"称号。

付志乾　1930年生，幼年入少林寺常住院习武，深得武术名家指点，擅长少林大洪拳、炮拳、行龙刀、六合拳、六合棍等功法。1972年获河南省武术比赛一等奖、1983年被授予"十佳老拳师"称号。

王长青（德虔）　1943年生，中国武术八段，撰有《少林寺武术百科全书》《少林武术大全》等多部少林武术专著，曾赴美国、日本、新西兰等国家访问、讲学，曾任河南省武术协会副主席，登封市少林武术学院院长。王长青为人忠厚，少林寺和尚永祥得病后，他精心料理，永祥病情恶化之际，将多年珍藏的拳谱全部交付王长青，并嘱咐他精细保管，认真整理，争取呈现于世人。长青未负师言，后经艰苦努力，将大量少林拳资料整理成书，发行于世。

陈成文　1926年生，长期从事习武活动，当地知名拳师，在家里精心耕耘之余，苦研少林武术，授拳传艺桃李遍地。1996年获全国武术比赛一等奖。严格要求弟子习武，其子陈同山、陈同川所创办的武术学校——小龙武院已有万人以上规模，孙子释小龙已成为具有影响力的影视界武术演员。

崔西岐　1922年生，少林著名老拳师，常年习武，擅长少林拳、梅花枪、春秋大刀、双草镰等，曾任嵩山少林西岐武馆馆长，弟子遍及全国各地。

刘振海　1933年生，习武六十余载，擅长少林心意拳、六合拳，挖掘整理的《少林武术拳械录》获得中国武术协会的表彰，1983年被授予"十佳老拳师"称号。

耿合营　1955年生，中国武术六段，自幼习武，1980年入选河南省少林武术专业队，擅长少林罗汉拳、炮拳、双刀等功法，1978 年获得全国武术比赛金牌，曾赴日本、中国香港、中国台湾等国家和地区进行武术表演和教学。曾任登封市达摩武术学校校长。

王宗仁 1956 年生，中国武术六段，当地知名拳师，为人忠厚，得少林武术真传。其自幼跟伯父王顶一大师习武，擅长少林长护心意门拳、七星拳、春秋大刀、技击等。1991 年获河南省武术比赛一等奖，2000 年获全国少林拳大赛一等奖，曾开办武术学校，弟子遍及全国，现任登封市武术协会会长。

（二）"十八金刚"

郑光荣 1963 年生，中国武术六段，中国一级武术裁判，自幼习武，1980 年入选河南少林武术专业队，1982 年获省武术比赛一等奖。先后五次担任中国郑州国际少林武术节登封筹备办公室主任，组织编导了大型文体表演活动，参与撰写《少林武术教材》《少林武术规范套路》等武术专著。2024 年 1 月，任登封市武术协会主席。

焦红波 1962 年生，中国武术七段，自幼习武，1980 年入选河南省少林武术专业队，1985 年入北京体育大学深造，1983 年获全国传统武术比赛一等奖，多次参与编导中国郑州国际少林武术节大型文体表演活动，多次应邀赴亚洲、欧洲、美洲等地进行武术表演和教学。现任嵩山少林寺武术馆馆长，率团在世界各地进行少林武功的专场表演，所到之处，均受欢迎。

郑中孝 1963 年生，中国武术七段，自幼习武，"少林武术研究院"创始人，擅长少林梅花拳、炮拳、春秋大刀等。1983 年获河南省散打擂台赛 65 公斤级亚军，1988 年 7 月，在少林寺立雪亭击败了前来挑战的德国选手。

郑书敏 1963 年生，自幼习武，1980 年入选河南省少林武术专业队，

1988 年毕业于天津体育学院武术系，擅长少林大洪拳、春秋大刀，曾任登封市十方武院院长，后为少林寺对外联络处主任。

梁嵩华　1963 年生，中国武术七段，自幼习武，1980 年入选河南省少林武术专业队，1986 年入北京体育大学深造，1988 年获全国传统武术汇演一等奖，曾多次组织编导了中国郑州国际少林武术节大型文体表演及竞赛活动，参与编写《少林武术教材》《少林武术规范套路》等教材。曾任登封市体育运动委员会副主任。

王松伟　1964 年生，中国武术七段，国家级武术裁判，自幼习武，1980 年入选河南省少林武术专业队，1986 年入北京体育大学深造，1988 年获全国传统武术比赛金牌。曾多次编导和组织中国郑州国际少林武术节大型文体表演及竞赛活动，参与撰写了《少林武术教材》《少林武术规范套路》等教材。曾任登封市体育运动委员会副主任、主任。

郑跃峰　1968 年生，中国武术七段，国家级武术裁判，1984 年入选登封市少林武术专业队，1985 年获河南省武术比赛一等奖。《少林武术规范套路》编委会副主编，曾任登封市体育局副主任、登封市少林武术协会秘书长。

刘海钦　1963 年生，中国武术八段，国家一级武术裁判，幼年随父习武，擅长少林七星拳、六合拳、六合棍等，曾培养出多名国家级散打冠军，现为登封市人大代表、常务委员，郑州少林塔沟教育集团副董事长，嵩山少林武术职业学院少林中等教育部党委书记。

陈同山　1963 年生，中国武术七段，自幼习武，擅长少林黑虎拳、达摩拳，1991 年获全国传统武术比赛一等奖，1986 年被当地授予"十佳青年拳师"称号。现任少林小龙武术学校校长。

刘海科　1965 年生，中国武术八段，国家级教练，享受国务院特殊津贴，国家武术散打队主教练，"全国十佳教练""河南体育世纪十佳教练员"。自幼随父习武，擅长少林长护心意门拳、少林单刀、搏击等功法。被广州体育学院、成都体育学院、河南大学等高等院校聘为客座教授。先后七次作为国家队武术散打教练，其队员在奥运会、青奥会、世界杯、世锦赛、亚运会、全运会、城运会、青运会等重大赛事活动中均有金牌入账。先后六次获得"中华人民共和国体育运动荣誉奖章"。培养出了张帅可、李新杰、孔洪星、叶翔等一大批国际、国家级的冠军。现为河南省武术散打队总教练，河南省人大代表，河南省第九、十届政协委员，郑州少林塔沟教育集团副董事长兼武术总教练、少林塔沟武术学校党委书记。

梁少宗 1967年生，中国武术八段，自幼随父梁玉泉习武，1990年毕业于北京体育大学，擅长少林大洪拳、六合拳、六合棍等。2000年荣获登封市"十大杰出青年"光荣称号，郑州市"五一劳动奖章"获得者。郑州市人大代表，登封市人大常委。现任少林鹅坡教育集团董事长，北京慧闻国际文化有限公司董事长，登封市少林鹅坡武术学校校长兼总教练，少林鹅坡武术中等专业学校校长，广东佛山黄飞鸿国际文武学校校长，河南嵩岳商会副会长，黑龙江省武术散打搏击协会副主席，登封市旅游饭店协会会长，登封市企业家协会副会长，少林武术协会副主席，登封市慈善总会副会长。2014年5月，被郑州市企业联合会、郑州市企业家协会、郑州市工业经济联合会联合授予"郑州杰出企业家"光荣称号。多次赴奥地利、法国等国家进行武术表演和教学。

陈同川 1967年生，中国武术七段，自幼随父习武，擅长少林流星锤、方天化戟。1988年获全国传统武术比赛一等奖，多次出国表演和教学。现任少林小龙武术学校副校长兼总教练。

冯根怀 1959年生，中国武术六段，自幼习武，擅长少林关东拳、梅花枪、擒拿格斗、搏击等功法，1983年获河南省武术擂台赛60公斤级冠军，曾任河南少林武术学院副院长。

张岩青　1957年生，中国武术六段，登封市"十佳馆校长"，多次被评为教学管理先进工作者，擅长少林传统拳械及功法，曾任嵩山少林寺塔林武术学校校长。

刘海超　1952年生，中国武术八段，自幼随父刘宝山习武，擅长少林七星拳、六合拳等套路。1981年毕业于郑州大学，撰写并出版《传统少林拳套路教程》等教材。主编的《传统少林拳套路集成》被国家汉语国际推广领导小组办公室列为汉语推广教材。现任登封市政协委员，郑州少林塔沟教育集团副董事长，嵩山少林武术职业学院院长。

郑基松　1972年生，中国武术六段，1983年入登封市少林武术体校习武，1990年入选河南省散打队训练，1996年毕业于北京体育大学武术系。擅长少林罗汉拳、炮拳、散打等项目。

梁继红　1965年生，中国武术六段，国家二级武术裁判，自幼习武，擅长少林长拳、阴手棍、梅花枪。1986年被当地授予"十佳青年拳师"称号，多次获全国传统武术大赛一等奖。现任嵩山少林武术拳击馆馆长，登封市武术协会秘书长。

王占洋　1965年生，中国武术七段，自幼随父习武，擅长少林炮拳、大洪拳、少林单刀。应邀出访新加坡、泰国、意大利、法国等国家进行表演和教学，多次参加全国性武术比赛获一等奖。现为少林精武学校校长、嵩山少林寺武术馆副馆长，兼意大利少林武术协会主席、日本少林寺武术馆总教练。河南省翰墨书画院副院长、河南榜书协会副主席。

（三）"十八罗汉"

李劲飞　1969年生，中国武术六段，自幼习武，1993年毕业于天津体育学院。同年获河南省传统武术比赛一等奖。曾多次担任中国郑州国际少林武术节大型文体表演活动编导，参与撰写《少林武术规范套路》。

陈俊杰　1968 年生，中国武术七段，自幼习武，擅长少林拳和各种器械及散打。1994 年毕业于北京体育大学，曾赴德国、法国、西班牙等国家进行武术表演和教学，现为嵩山少林寺武术馆副馆长。

闫治军　1967 年生，中国武术六段，1980 年考入少林武术体校，1988 年获河南省农民运动会武术比赛一等奖，曾多次担任中国郑州国际少林武术节大型文体表演活动编导。曾赴奥地利、法国、荷兰、泰国等国家进行武术表演和教学。

刁山多　1968 年生，中国武术八段，自幼随父习武，擅长少林大洪拳、梅花螳螂拳、月牙铲等项目。获全国传统武术比赛一等奖、首届全国少林拳比赛一等奖、首届世界传统武术比赛一等奖。曾参与《中国嵩山少林寺武功传世秘笈》挖掘整理工作。多次应邀出访韩国、意大利、日本、法国等进行武术表演和教学。现为少林永智传统文武学校校长。

王海营　1967 年生，中国武术六段，国家二级武术裁判，自幼习武，擅长少林拳法、擒拿技法、鹰爪功、散打。1996 年获全国武术比赛一等奖，现任群隆武校校长。

陆海龙　1969 年生，中国武术六段，自幼习武，擅长少林大洪拳、神鞭、六合枪。曾获省武术传统武术比赛一等奖，曾参与《中国嵩山少林寺武功传世秘笈》挖掘整理工作。现任少林水库武术学校校长。

蒋东旭　1971 年生，中国武术六段，武英级运动员，自幼习武，擅长棍术、对练等，曾在全国武术比赛中获得棍术冠军，曾应邀赴荷兰、比利时、德国进行武术表演和教学。

梁少飞　1970 年生，中国武术七段，自幼随父亲梁以全习武，1992 年毕业于北京体育大学，多次获得国际和全国传统武术比赛冠军，培养了一大批少林武术优秀弟子。现任河南省武术队领队，河南省武术协会副秘书长、郑州市武术协会名誉副主席、少林鹅坡武术学校总教练。曾任河南省武术运动管理中心段位制办公室主任、郑州市青联委员、郑州市体育分会办公室主任、郑州市武术协会秘书长等职务。

董平　1966 年生，中国武术五段，自幼习武，1984 年考入少林武术体校，擅长少林大洪拳、梅花拳，曾多次参赛获奖，曾任少林俗家弟子武术学校校长。现在法国、瑞典等国发展。

潘国静　1974 年生，中国武术五段，自幼习武，擅长少林罗汉拳、通背拳、散打。1993 年获全国武术散打邀请赛 52 公斤级第一名，现任登封市南北武术学校校长。

屈申盈　1966 年生，中国武术六段，国家二级武术裁判，自幼习武，擅长少林拳法、六合枪法、散打，1995 年获全国武术比赛一等奖，曾任嵩山少林寺文武学校总教练。

王志强　1963 年生，中国武术六段，自幼习武，擅长少林长护心意门拳、春秋大刀等。现任登封市嵩阳武术学校校长。

李云龙　1964 年生，中国武术六段，自幼习武，擅长少林炮拳、散打。1987 年获河南省武术散打擂台赛 65 公斤级第一名，现任少林功夫研修学校校长。

王德庆　1974 年生，中国武术五段，1985 年入少林武术体校习武，擅长少林罗汉拳、醉剑、九节鞭等拳械，曾获省武术比赛全能冠军，多次应邀出国表演和教学，现在国外发展。

金钦洪　1962 年生，中国武术六段，自幼习武，擅长少林罗汉拳、散打、武松鸳鸯腿，1993 年获国际少林武术擂台邀请赛 65 公斤级亚军。现任登封市禅武学校校长。

陈军　1966 年生，自幼习武，擅长少林罗汉拳、朴刀、散打。1986 年获安徽省武术散打擂台赛 60 公斤级冠军，现任登封市少林第一武术学校校长。

孙全林 1966年生，回族，中国武术六段，自幼习武，擅长心意六合拳、擒拿技法和散打。曾获河南省少数民族运动会武术比赛一等奖，现任登封市民族武术学校校长。

张晓旺 1966年生，中国武术五段，自幼习武，擅长少林七星拳、罗汉拳、散打。1998年获河南省武术比赛一等奖，曾获河南省优秀馆校长荣誉称号，时任登封市中心武术学校校长。①

十二、少林拳列入全国高等院校武术教材

中华人民共和国成立后，各种武术教材层出不穷。但在高等院校的武术教材里，少林武术长期处于缺位状态。2003年，经全国体育院校教材委员会审定的《中国武术教程》由人民体育出版社出版。河南大学栗胜夫教授所执笔的"少林拳"一节列入其中，少林拳正式成为全国高等院校武术教材的一部分。此后，在高等院校各类武术教材中，少林拳都成为重要内容之一。

十三、"中国武术段位制"少林拳教材的创编与实践

自古以来，广大的武术练习者、传承者都在辛勤地为中华武术的发展而努力，可一直没有一个衡量武术人等级制度的评判标准。1989年，国家职能部门组织相关专家进行反复论证，决定参考国际其他项目的经验，设置"中国武术段位制"。这是中国武术协会制定的一项全面评价习武者武术水平的等级制度。1998年，我国第一批中国武术九段人物产生，授段仪式在北京举行。要实现武术段位工作程序化、规范化，段位制规定教材、段位制评定标准的出版与制定显得尤为重要。

---

① 此资料为2000年由登封市武术协会秘书长郑跃峰提供。作者有个别补充修改。

2005 年 8 月，国家职能部门在北京小汤山组织 20 位著名武术流派的相关专家，封闭性地进行了武术段位制教材的编写。其中的《少林拳》教材于 2011 年 7 月由高等教育出版社出版发行。该教材执行主编为河南大学教授栗胜夫，副主编有清华大学冯宏鹏、登封市体育局郑跃峰。

武术段位本着由浅入深、逐步升级的基本原则，共分 6 个档次，即 1—6 段。1 段由 8 个动作组成，2 段由 16 个动作组成，3 段由 24 个动作组成，4 段由 36 个动作组成，5 段由 46 个动作组成，6 段由 56 个动作组成。每套动作既能单练又可对练，打练结合。该教材对于促进国内外少林武术段位制的发展作用甚大。

十四、首批"河南省武术家"证书颁发仪式

为推进河南省武术事业发展，河南省体育局、河南省武术协会于 2014 年 3 月在漯河市举行了首批"河南省武术家"证书颁发仪式，七位对武术事业贡献较大、在国内外武术界影响较大的武术家被命名为首批"河南省武术家"。他们分别是：河南大学（二级）教授、博士生导师、中国武术九段、河南省武术协会副主席、河南大学重点研究机构——武术文化研究所所长栗胜夫；中国武术九段、中国武术协会专家组成员、河南省武术协会副主席、河南省登封市少林鹅坡武术学校校长梁以全；中国武术九段、民间武术优秀传承人、河南省登封市少林塔沟武术学校校长刘宝山；河南省温县陈家沟陈式太极拳第十九代传人陈小旺；河南省温县陈家沟陈式太极拳第十九代传人陈正雷；河南省温县陈家沟陈式太极拳传人王西安；河南省陈家沟陈式太极拳传人朱天才。仪式由河南省武术家联合会会长、河南省武术运动管理中心主任赵峻主持，中国武术协会副主席、河南省体育局局长、党委书记、河南省武术协会主席彭德胜为七位武术家颁

发荣誉证书。栗胜夫代表七位武术家发言。七位武术家中，栗胜夫、梁以全、刘宝山为少林武术优秀代表，陈小旺、陈正雷、王西安、朱天才为陈式太极拳优秀代表。

第七节　少林寺周边的武术之乡

在众多的少林武术资料中，多以少林寺为唯一研究对象，很少对其周边乡村进行摸底调查。2019年8月12日至14日，笔者在郑州市少林拳协会副主席李西荣、登封市少林拳协会秘书长梁继红等陪同下，对阮村、磨沟两个"教师窝"村进行了实地调查。少林寺周边蕴藏着巨大的少林武术资源，尤其是明清以后，每当少林寺因朝代更替而处于暂时沉寂或衰落时，就会有大量武僧流入社会，不少僧人本身就是当地人，他们离寺以后，将从少林寺里学来的武技在自己的家乡或其他地方进行传授交流，使少林拳得以广泛传播。对于这种现象，甚至有人认为，每当少林寺衰落之际，也是少林武术在社会上或周边民间最为活跃之时。久而久之，距少林寺不远的阮村、磨沟二村就被当地群众称为"教师窝"村，即拳师、习武者众多之意。

一、阮村

（一）概况

阮村位于河南省登封市石道乡，距少林寺西南十余公里处，自古到今都是有名的武术村，元代以后，不少武术爱好者慕名到阮村来学拳。中华人民共和国成立后，此状尤甚。阮村的拳术传播到登封的君召乡范堂村、南洼村、孟村，颍阳镇庄王村，石道乡西爻村、郭沟村、闫坡村，大金店镇，送表乡等地。后又相继传到偃师、中牟、伊川、西平等地。现在，学员已经发展到安徽、江西、湖南、湖北、四川以及波兰、以色列、英国等地。

据阮村众多老拳师们讲，早在元代，阮村就有习武之风。到了明朝末年，李天法（字宁公）出家少林寺，在少林寺南院师从著名大师无言道公，学得少林珍秘。一天，天法宁公大和尚在路经阮村时昏倒在路边，被阮村村民相救。后经了解，此人是少林寺南院（永化堂）大名鼎鼎的无言道公的弟子天法宁公，村里武师们兴奋极了，把天法宁公安排在阮村北关屋居住养病，照顾得无微不至。宁公身体复原后，为了报答阮村人的救命之恩，把自己从少林寺南院学得的少林拳传授给阮村武师们，此后阮村的武术发展如虎添翼，远近闻名。为纪念天法宁公在阮村的贡献，阮村人于2006年春特意在村北一公里处修建了《天法灵塔功德碑》，以示敬念。

在阮村，一座始建于明代崇祯九年（1636）的练拳房仍然保存完好。此房入深5.3米，长17.6米，高3.8米，名曰"嵩山阮村拳房"。房的西山墙内敬奉有"挪挪爷"（即紧那罗王）神像，房内两行带有凹痕的地面既显示着这里的苍苍武术史，也是无数拳师们汗水的象征。

在阮村，李氏是一大姓，也是武术传承脉络较为久远的姓氏。据李氏家谱和现存碑文可知：李氏家门中，第六代弟子李汉忠李希程父子因武功义举曾获"皇清恩赐耆老"碑；第八代弟子李成义武艺高超，曾供职于清廷，获道光帝"皇王圣旨李成义处士"碑。

（二）阮村的武术传承谱系

就阮村武术历史传承而言，有据可查的是从明万历年间的李德盈开始。

第一代：李德盈（1571—1651）明万历四十六年李家民间武术弟子；

第二代：李之宾，明万历至崇祯时人，李德盈弟子；第三代：李秀雨、李秀芳、李秀云，崇祯至顺治时人，李之宾弟子；第四代：李作龙、李作凤，清顺治至康熙时人，李秀雨、李秀芳弟子；第五代：李汉荆、李汉魁，清康熙至乾隆时人，李作龙、李作凤弟子；第六代：李希聚、李希程、李焕成，清乾隆时人，李汉荆、李汉魁弟子；第七代：李同楷、李同松，清乾隆至嘉庆时人，李希聚、李希程弟子；第八代：李成义、李成鳌、李登弟，清乾隆至道光时人，李同楷、李同松弟子；第九代：李金邦、李金魁、李四升、李金川，清嘉庆至同治时人，李成义、李成鳌、李登弟弟子；第十代：李永和、李明、李臭，清嘉庆至光绪时人，李金邦、李金魁、李四升弟子；第十一代：李业万、李复德，李永和、李明弟子，李改名；第十二代：李长令、李中央、李书林、李五常、李麦富、李长清，李业万弟子；第十三代：陈富升、李新年、李文通、李长荣，李长令、李中央弟子；第十四代：李振阳、李新治、李银锁、李雷阳、李天西、李遂和、李章麦、杨富生，陈富升弟子；第十五代：李献武、李新奇、李战阳、王国昌、李丙欣、王国民，李雷阳、李遂和、李新治弟子，杨西欣、杨战武、杨战伟；第十六代：李二阳、张广兴、李玉峰、王振洪、李洪飞、张鹏飞、李俊鹏、李军龙；第十七代：李正昊、李金鹏、张景灿、吕寒冰、赵浩佳、杨晓峰、张梦博、李亚婷、李璐瑶。

以上历代传人均习武，拳技在身，在不同年代，各自有不少精彩的传说故事、忠义之举。

（三）阮村公开的部分古老文献资料内容

1.武术基本内容及类型

阮村武术共有拳术 200 余套，器械套路 119 套，功法 19 套，单练基本功 36 种，实战法 8 种，硬气功 18 种。从类型上讲，有套路、轻功、气功、点穴功等。

2.天法宁公秘传的功法形式

形秘、口秘、意秘、动秘、静秘等。

3.练功方法

意识练、体悟练、浑元练、潜能练、虚空练、刚柔练等。

4.对武术功能的理解

论起阮村武术的功能，可以用三十二个字来概括，即："修心，养性，护身，健体，明理见形，明意见神，坎离交媾，乾坤重逢，意感混元，潜能显现"。

阮村武术讲真功夫。拳师李长令说："练武要注重实战，一是要真正弄清拳意，精通拳理。二是要真正掌握拳技并做死法活用、灵活机动。三是必须练就过硬的功夫，作假不得。"拳法勇猛刚健，快如闪电，招招发力，一招制敌。搏击时，先守后攻，进攻时，最大限度靠近对方，跳步打人。阮村拳术中的马步是"丁字步"，枪法是 180 度螺旋式刺入。刀法讲究有斜度的攻防等。实战中讲究以意打人，"有意莫带形，带形必不赢"，即拳不打人，意打人也。

（四）天法宁公的练功方法

1.三回九转练功法

天生道，道生万物，三回九转。意识→感悟→自性。意识感悟莫休闲，洗髓动动意灵悟，神意灵悟见自性。其过程有三层：

第一层：独立守神，舍气从脉，肌与脉合，先天开发，神肌意脉。

第二层：浑圆感悟，虚灵感悟，刚柔相济，意感独存，和谐阴阳。

第三层：精神诱导，神意灵悟，四个阴阳，自性显现，明心见性。

总之，感悟是练精化气，练气化神；体验是明劲练骨，暗劲练筋；浑圆释放是神灵显现，明心见性。

2. 禅武之魂

易筋经、洗髓经。易筋经分为内经与外经，洗髓经也分为内经与外经。易筋经外经以特定的姿态与形态为基础，而内经是通过意识和意念、心念再加上特殊的呼吸方法，意感混元之气，改变人的气质。由量变到质变，良性循环，产生种种奇异性的动态和着象，在条件反射中，有效释放出整体力和浑圆力，禅武核心由物合成，不尚形式，重在内涵。洗髓经为禅武之魂，易筋经为禅武之宝，意识为禅武之源，禅武之核心就是由悟之合成也。

3. 宁公秘诀

宁公秘传："舍气从脉，意脉生玄。"用意、用神、勿用力，能养意调息，气刷河床，意感混元，有形有意都是假，无形无意便是真，真道无心始见奇，己身知意，凝意自存，意精握固，感丹吞液，坎离交媾，乾坤会合，感悟有物合成，便得此道其奥妙运矣。

附：紧那罗王老拳歌

> 少林武艺十八般，枪刀剑戟拳为源。
>
> 罗王老拳晓百械，虚灵感悟是要关。
>
> 运气用气和纳气，呼吸动静久磨炼。
>
> 手足身步眼法全，浑圆感悟尤占先。
>
> 拳拳服膺生浑圆，浑圆合成筋棱现。
>
> 意识感悟莫休闲，洗髓洞洞意灵悟。
>
> 达摩祖师传易髓，精灵意感见天真。
>
> 虚灵进退灵中悟，含蓄意感闯顶峰。
>
> 意如峰，身如刀，意感独存盖势艺。
>
> 筋法合法练身法，节律蠕蠕神艺精。
>
> 精灵凝视圣光照，圣灵甘露煜身田。

肌肤腠理开合妙，三焦宇系通神灵。

托天提地理三焦，五行气顺无偏奇。

单练纵深双群打，双练步步出实招。

天地交合云闭明，禅武合一灵中悟。

阴阳交合天地动，气形意合山能崩。

达摩祖师竖精神，罗王老拳出英雄。

天法宁公来奉献，后生弟子来发扬。

4.见死反活法

战法曰：或嫩或老，皆死势也，势死必输于敌人。人人求反活，反活有法宝也。如遇失于嫩了，速将后手往前紧抢，后腿往前紧追，即可求活。若遇失于老，时上进用裹捕进身求活，梢节可多变化之。根节不明易出失误，中节不明浑身是空，手起手落在于己。进步低、退步高、先上身、脚手齐动方为真。天地交合云闭明，武艺相斗先闭五行，心意一动身手随，前腿落、后腿上，二手相连三寸间。两手随一腿，能全身发力。铁臂银心展，展手起，莫要望空走，脚手休在空地落。远打一丈不为疾，近在眼前一寸间。心去意难随，追步十字捶，望眉架敌，如虎掏心，进步能胜。明了四梢永不俱，闭住动静永无凶，明了六合多意贯，明了五行多意气，明了三心多意力。三回九转只一势，势怕人间多一精。身法、步法、手法为一势，四梢、四心俱要齐，手如流星、眼如灯。二人下战场，中心走位细致观，远近须知手当先，变化起落人不知，一动无不动，手动不如身动，身动不如心动，心不动身动也是空。二肘不离肋，二手快如风，打着如电闪。与敌相战，须明三前：眼前、手前、脚前，踩空中门去打人，如蛇吸食一般，势正者不上，势远者不上，先打灵法后打空，浑身随机应变。内提、形沉、三心之宝上下相合。起行之节不露形，露形不为能。到场内不定其形，或把、或拳，坐着望势随高打高、随低打低，打近要疾。

内要提、外要随、落要顺、打要远、气要催、拳如炮、与敌好似火烧身。内要精神鼓荡、外要神情安逸、守之如处女、起则如猛虎，捷若脱兔、追形遂影、纵横往来、与敌不忙，打前顾后是老方，来来往往休停立，遇敌三方战一方。

5. 呼吸动静养生法

人生以气为本，天地相去八万四千里，人心肾相去八寸四分。脐下一寸三分处，中有一脉，以通元息之浮沉。息总百脉，一呼则百脉皆开，一吸则百脉皆合，天地化工流行，亦不出呼吸二字。人呼吸常在于心肾之间，血气自顺，元气自固，七情不炽者乃百病消也。每子、午、卯、酉时，清心寡欲，盘脚趺坐，褥铺榻上，瞑目视脐，以帛布塞耳，心经念宽，以意随呼吸一往一来，上下于心肾之间，勿急勿徐，能坐一炷香后，觉口鼻之气不即不离渐渐和柔。又一柱香后，觉口鼻之气似无出入，然后缓缓神聚、开目、去耳塞，下榻缓行。后又偃卧榻上，少睡片时，起来啜啖米粥半碗，不可劳作恼怒，以损静功。每日能专心依法行之，二月之后即见效。

6. 吐纳术六字诀

人因食五谷杂粮，经风雨雷电，时常劳作，又有六欲七情，积结九生之气，内伤脏肺，外伤七窍，百脉受病，轻则成疾，重则丧亡。六字气诀，治五脏六腑之病。其法以呼字泻出脏腑之毒气，以吸字而望采天地之精气以补之。卫生之宝，非人勿传。呼有六曰：呵、呼、呬、嘘、嘻、吹是也。以呵字治心气；以呼字治脾气；以呬字治肺气；以嘘字治肝气；以嘻字治胆气；以吹字治肾气；以六字气诀，分主五脏六腑也。吐纳术六字诀产生于我国南北朝时期，后经历代完善，现已经成了广为普及的传统健身功法。但对清代时期地处山岗之间、交通闭塞、文化知识缺乏的阮村来说，能有如此功法传承，非能人不能为，此能人即天法宁公也。

（五）阮村武术的现状

随着社会经济的发展，现代化的生产生活方式激烈地冲击着原有的生活模式。年轻人纷纷外出打工挣钱，无心花费气力学习传统武术。老拳师们虽然还可以身体力行地传授武术技艺，但他们大多文化水平低下，不能对武术进行系统整理，因此阮村武术正面临失传的危险。为防止危险成为现实，阮村成立民间武术协会，收集整理阮村拳谱及历史故事。从娃娃抓起，在阮村吕岗学校开展传承活动，每周二、周四体育课由阮村武术教练杨富生、李秋芳负责传授武术；开展群众性的习武健身活动，分片分组练习；对阮村武术理论、拳法进行探讨研究。2012 年，老拳师李振阳组织成立了登封少林易筋经研究中心。尽管如此，阮村传统武术仍需进一步保护。

二、磨沟村

磨沟村隶属于登封市唐庄乡，位于登封市东北 10 公里左右处，是远近闻名的"教师窝"村。

（一）磨沟村少林武术之来源

据凌鸿德《磨沟神韵》一书，磨沟村武术起源于元末明初，属于少林寺武术的一个分支。元末明初，少林武术有南院、北院之分，磨沟村的武术是由南院永化堂传出延续。

范氏是磨沟村第一大姓，是磨沟村武术传承与发展的中流砥柱。据《范氏族谱》记载：磨沟范氏是范仲淹的后代，范家祠堂内有"先贤文正公范子之神位"，到了明代洪武年间，一个名为范让的后人当上了通政司左参议。他从政之余，酷爱武术，大力倡导尚武之风，教其子孙习武，健体防身。

元朝末年，少林寺一烧火僧曾不止一次击退红巾军的进攻。后来，范让得此消息，就诚心聘请这位烧火僧来村上为其子孙传教少林武术。这位紧那罗王爷爷（当地人称挪挪爷）就成了寺僧及村民们敬奉的少林拳祖师爷。村北的"挪挪庙"由来已久，历代习武之人都对这位挪挪爷崇拜有加。练武之前，要焚香跪拜，祈祷赐教，传给真功。逢年过节，古刹大会团体外出行社，也要祈祷挪挪爷佑护弟子，祈求平安、胜利归来。

（二）磨沟村武术的基本内容

主要拳术有：老洪拳、小洪拳、六合拳、通臂拳、云阳拳、七星拳等。在磨沟村，当地人称练拳为"打捶"或"练捶"。

主要器械有：青龙大刀、单刀、流星锤、拐子、九节鞭、绳鞭、草镰、梢子棍、齐眉棍等。

（三）磨沟村的武术练习

武术之村必有其传统的练武场地。磨沟的练武场地最初分东窑、西窑、南窑三个主要场地。东窑、西窑居住的主要是范姓人家，因此，他们把自己家族的祠堂当作习武场所，时间一久，祠堂地面被踏出了凹陷深度不等的八个"脚窝"。很显然，这与少林寺千佛殿中的脚窝类似，与其练功内容与形式有密切关系。但可惜的是，这一练功场地因年久失修，现已倒塌数年，昔日的练功屋即将化为乌有。

南窑周边，凌姓较多，为方便练拳，他们盖有专门练功房，也称官房。1964年至1969年，南窑的习武之人还在其中练习，其后，随着练武人数的增多，场地也无特定的场所，村中空地、田间地头均成了习武之地。邻里之间、村人之间，相互交流切磋已成日常便饭。

凌鸿德《磨沟神韵》一书中讲，"磨沟武术渊源于少林武术。挪挪爷为磨沟先人传授武术是被确认的历史事实……毫不夸张地说，磨沟武术曾一度优先发展于少林寺武术。这有民国时期的嵩山武术抗日救国联合会的副会长凌斗在少林教场可以佐证……许世友将军在少林寺习武时，也曾拜凌斗为师。在一次行军路过河南时，还给凌斗大师捎过一封信（此时凌斗已故，由凌斗的大儿媳存放，因'文革'时搬家遗失），信的大概意思是：不忘恩师之情，由于军务繁忙，兵马倥偬，无暇拜会师傅，特修书一封，藉以慰问"。

（四）磨沟村拳法部分歌诀

1. 劲法歌诀

拳出心劲如火攻，拳打膀劲如开弓。拳打腹劲如浩气，拳打胯劲如疾风。拳打足趾如虎爪，拳打手指如钢钉。拳打径直一条线，练武场地哪都行。肺动沉雷响，脾动大力攻。上下一气连，马到必成功。八劲合一劲，打人不落空。八劲合不住，伸手也稀松。

2. 打要害部位

一打眉头双睛，二打唇上人中，三打穿腮耳门，四打背后骨缝，五打肺腑胸膛，六打耻骨下阴，七打鹤顶虎项，八打破骨千斤。

3. 忌打部位

一不打太阳为首，二不打正对锁口，三不打两臂中心，四不打两肋太极，五不打海底撩阴，六不打两肾对心，七不打尾闾风府，八不打双风贯耳。

4. 腾挪移闪歌诀

拳法妙处在移闪，动静呼吸一气连。来来往往要自如，尽在接取一瞬间。通背叫移闪，心意称腾挪。近移接取便，远挪挨不着。一气通天地，二气隔山河。密云蔽日月，妙术细揣摩。

5. 练气歌诀

拳法不知来练气，尽有仙着不足恃。头领肩砸步存尽，一动一静一呼吸。一念动时皆是火，万籁寂静方生真。掌随气通关节敏，自然精气骨神存。

6. 行动歌诀

心动如火焰，肝动似飞箭。肺动沉如雷，脾动功力添。手似利箭射，身似弩弓弯。发劲后脚蹬，放胆凯歌还。

7. 拳法歌诀

起落缩抖欲出势，虎扑鹰捉法精奇。直起直落人难识，横顺之法靠心机。会透六合是真理，四梢齐备无患失。各路拳势体验到，年深日久玄妙出。

8. 练武手脚歌诀

出拳先把他人迷，迷惑对方保自己。前出手，不见手，后用肘，不见肘。腔肩随着身子扭，根节交叉同时走。踢腿不过膝，过膝没有力。踢脚要过高，根基不牢靠。裆部以下用脚踢，腹部以上用拳击。身进手方出，身回足退缩。束身与反侧，齐起要齐落。欲进先要退，欲开先要合。横展鹤亮翅，左挎右需括。单鞭与斜形，前踩后带跺。高宜用钩挂，低来足可拨。远手近用肘，挑押走搓摩。交手审接取，动静呼吸合。死势不打人，身法要灵活。功到妙自出，望君多揣摩。

9. 掌法歌诀

气自丹田出，全力注掌心。按实始用力，吐气要开声。推移朝上举，紧逼短马蹬。目要放机灵，掌出分量重。

10. 技击歌诀

攻要察敌势，手足勿轻出。见隙疾如风，避实宜如驹。不畏强中怯，勿因弱中失。出手按宗法，心身定如一。如此可通神，临战胜可取。不但攻如是，守也要谨密。足来分反顺，手来分虚实。柔来勿轻御，刚来不惴栗。神眼察敌情，静心不放逸。牢记歌中诀，技深妙自出。

先提精神后壮胆，察言观色是关键。不怕对方来势猛，就怕自己不清醒。该攻你不攻，贻误战机慢用兵。该晓己不晓，自个把苦找。拳到心不随，不定谁打谁。弓步出拳要侧身，先保自己后伤人。出拳不定发无力，回手不速害自己。

11. 攻守进退歌诀

攻击看准门，开门不迎人。先预防后进攻，先守后攻自己清。长身如虎绣如猫，攻守之法最为高。封逼当头阵，二法拳相应。如不加拿手，克敌难制胜。敌情摸不准，先探而后兵。吞吐含其中，变化见机行。浮身制远数，沉法攻下层。妙用存乎心，速度疾如风。歌诀要悟通，失机退宜快。乘势侧锋入，身稍向前迈。掌实即需吐，发声似惊怪。变化似蛟龙，迟速分胜败。

（五）武术传承谱系

磨沟武术渊源于元末明初，距今已有 600 多年的历史，历经明代、清代，但在传承中缺少文字记载。清朝以前的传承人仅靠磨沟老一代人的口耳相传，记录了一些知名度较高的几个武术人物，如范钦、范可均、范士通、范士宏、范老五等，其谱系难以准确呈现，但根据口头传说，传承人顺序大致如此。

第一代，从挪挪爷传授少林武术开始，算作武术始祖。挪挪爷就是磨沟武术的祖师爷（北山坡上有祖师庙）。

第二代：范让、范钦。

第三代：范可均，明朝中期曾任都司中军，守备等武职。

第四代：范士通、范士弘，明朝后期人。

第五代：李际遇、范成武，明末人。

第六代：范老五，清朝初期人。

第七代：范吉兴、范吉顺、范吉泰、范吉照，清朝中期人。

第八代：范朝顺、范微久、范朝宗、范振山、范国标、任大山，清朝后期人。

第九代：范大田、凌斗、范双喜、刘喜坤、范根群、范大来、任新田、范运明、范起林、范水林、范云升、范显章、范合路、范遂合、范三花、范小拴、范木旺、凌次耐、任成、任合申、范德运、范丙洋、范四成、范长明、范小妞、范同乐、范文喜，清末人。

第十代：范瑞敬、范发技、范松辰（此三人是黄埔军校学生）、范五顿、范和尚、范文喜、范运木、任庆。

第十一代：范遂有、范孟喜、董夫、范根山、范全成、范福生、范大木、范得胜、范小章、范大坤、范玉坤、范升、范发科、范拴紧、范炎祯、范勤华、范小娃、范有成、范金库、范先、范长。

第十二代：范金祥、范夫中、范长柱、范长法、范桂朴、凌永汉、范小灿、范合章。

第十三代：范海云、范林森、范西顺、范国彬、凌六林、王根柱、范江水、范国太。

第十四代：凌建松、凌国选、任延庭、任小五、温振朝、范朝杰、范满仓、范发财、范三、范中令、范国选、刘振杰、范永和、范林平、凌靖波、范春杰、凌晖。

第十五代：范亚飞、范亚楠、丁春和、凌玉龙、凌霄龙、凌幸龙、丁攀、任世博、温亚星、范景星、范颖颖。①

---

① 凌鸿德：《磨沟神韵》，东方文化出版社 2011 年版，第 88 页。

第九章　少林寺（部分）武僧

　　昼习经曲、夜演武略是少林寺薪火传承的独有宗风，武僧层出不穷。但由于时代久远，加之种种原因，数以千计的少林武僧并未留下太多个人信息，可谓巨大憾事。

第一节　南北朝时期的武僧

　　南北朝时期，有一位少林寺武僧载于史册，他就是僧稠。

　　北魏太和二十年（496），孝文帝敕令，在少室山阴为印度高僧跋陀立少林寺而居之，净供法衣，取给公府。当时，一个名叫僧稠的和尚，慕跋陀名，奔少林寺拜师求法。僧稠入寺前也曾拜过数位名僧修行，已经具备较好的佛学功底。入寺以后，他更加努力，精勤梵行，克传圣业，一览佛经，便可涣然神讲。跋陀对僧稠十分宠爱，夸他是"葱岭以东，习禅之最"。后来，僧稠果然成了大名鼎鼎的稠禅师。

　　在武功方面，据道宣《续高僧传》记载：僧稠"抱肩筑腰，气嘘顶上"。

　　唐人张𬸦的《朝野佥载》、北宋初年李昉的《太平广记》对僧稠禅师都有相似的记载。《太平广记》依据《朝野佥载》里所述的内容写道："北齐稠禅师，邺人也，幼落发为沙弥，时辈甚众。每休暇，常角力、腾趠为戏，而禅师以劣弱见凌，给侮殴击者相继。禅师羞之，乃入殿中，闭户抱金刚足而誓曰：'我以羸弱为等类轻侮，为辱已甚，不如死也。汝以力闻，当佑我。我捧汝足七日，不与我力，必死于此，无还志。'金刚形见，手持大钵，满中盛筋，谓稠曰：'小子欲力乎？'曰'欲。''能食筋乎？'曰：'不能。'……乃怖以金刚杵，稠惧遂食。……食毕，诸同列又戏殴，禅师曰：'吾有力，恐不堪于汝。'同列试引其臂，筋骨强劲，殆非人也，方惊异……因入殿中，横踏壁行，自西至东，凡数百步。又跃首至于梁数四，乃引重千钧。其拳捷骁武动骇物听，先轻侮者，俯伏流汗，莫敢仰视。"

清代洪亮吉撰《登封县志》述：僧稠"闻两虎交斗，咆响震岩，乃以锡杖中解，各散而去"。

第二节　隋唐时期的武僧

隋唐时期，少林寺内已经有了不少习武之僧，但只是为了保护寺院安全，而一场战争使武术成了少林寺僧们世代绵延的文化内核。

昙宗

621年，李世民率唐军入关，征战盘踞在洛阳、自封郑国之王的王世充。战斗的紧要关头，以昙宗为首的十三僧，见机行事，帮助唐军活捉了王世充侄子王仁则，并将其捆绑送至唐营，立下大功，得到唐王朝特别优待，频降玺书宣慰。昙宗被封为大将军，其余十二人不愿为官，接受所赐袈裟归寺。

志操

少林寺住持僧，擅武功，621年，参与了李世民征战洛阳王世充的战役，率僧偷袭了王世充侄子王仁则的后营，活捉王仁则送至唐营，立下大功，后受李世民嘉奖。

善护

俗姓周，名福。从小在山东一家马戏班里从活，频遭班主陈三成欺辱，后投少林寺为僧，参加了十三僧助唐伐王世充战役，立大功受赏。

惠锡

俗姓刘，名道全。曾在隋营任副将。因同党陷害，入狱多年，出狱后，投奔少林寺，在 621 年唐郑战役中，参与十三僧军事行动立功受赏。

普惠

俗姓侯，名大勇。擅棍，621 年参与十三僧军事行动立功受赏。

明嵩

俗姓张，名顺达。入少林寺拜弘一为师，身怀武功，在讨伐王世充战役中立功受赏。

灵宪

俗姓韩，名天保。六岁入少林寺，弘觉为其师，621 年，在李世民征战王世充战役中立功受赏。

另有**普胜**、**道广**、**智胜**、**智舆**、**丰**、**满**等，均在唐郑之战中立功受奖。

圆静

据《新唐书·李师道传》中所述，815 年，嵩山（少林）僧圆静与青州节度使李师道策划谋反，消息泄露，数人被捕。主谋圆静，嵩山僧人，时年八十余，伟悍过人，擅武术，刚捉住他的时候，大力士用力奋捶，不能折其胫。圆静骂道："竖子，折人胫而不能，敢称健儿乎！"乃自置其足教折之，临刑叹道："误我事，不得使洛阳流血！"

第三节 宋、金时期的武僧

宋、金时期的少林武僧为数不少，但因缺少资料记述，已知的也只有如下数名。

灵丘

金陵人，性倔强，少言语，默习武功，宋太祖太平二年（977）圆寂，遗有《少林点穴秘旨》。

福居

福居禅师，河南少林寺僧，曾密授罗汉真传，即罗汉短打及行功谱。又擅长分筋截脉术，技冠群英，动作神快，变化莫测。传人有云花观、升霄道人。著有《少林衣钵真传》，又名《短打秘钥》。另据德虔《少林拳谱》：北宋初年，福居曾邀集天下十八家武术名流于少林寺，进行武艺交流，事后，他将十八家技艺汇集成册，供寺僧研习。这十八家的绝招妙艺的特点为：

> 以太祖长拳起手，韩通之通臂为母。
>
> 郑恩之缠封尤妙，温元之短拳更奇。
>
> 马藉之短打最甚，孔恒之猴拳且盛。
>
> 黄佑之靠身难近，绵盛之面掌疾飞。
>
> 金相之磕手通拳，刘兴之勾搂探手。
>
> 谭方之滚漏贯耳，燕青之粘拏跌法。
>
> 林冲之鸳鸯腿脚，孟苏之七势连掌。
>
> 崔连之窝里炮捶，杨滚之捆手掳人。
>
> 王郎之螳螂克敌，怀德之摔掠硬崩。①

----

① 以上十八家特长，在升霄道人《少林衣钵真传》中虽有个别文字不一，但内容基本一致，且为开篇之章。

宗印

《宋史》记载，宋印擅用刀、枪、剑、棍等兵器，北宋末年，金兵到达潼关，危急时刻，宗印接上司河南尹范致虚之命，充任宣抚司参议官，并节度军马，率少林僧"尊圣队""净胜队"两支人马，赴潼关抵抗金兵。由于宗印，无作战经验，虽众僧奋力抗敌，终因寡不敌众致全军覆没，血染疆场，无一生还。

惠威

俗姓周，名太肇，济南人。宋神宗元丰六年（1083），皈衣少林寺拜智堂为师，法名惠威。金兵犯中原，惠威带僧兵五百于黄河沿岸与金兵周旋，杀敌数百。

惠琳

俗姓郑，名可，保定人，自幼读五经四书，爱天文地理，因抗婚离家进入少林寺，曾任书记、提点等。后又习武，在抗金战争中，因懂天文地理，助僧兵击金兵立功。

海舟

俗姓田，名七，知县之子，自幼爱习武艺，自家族蒙难，只身逃往少林寺习武数年，后云游天涯，不知去向。

智瑞

俗姓孙，名金花，金陵人。进少林寺拜福湖为师。擅弓箭，能百步取物。宋乾德五年（967），随师南游，途中数次遭贼暗算，皆战而胜之，后在一次混战中失踪、生死不明。

觉远

又称觉远上人，严州人。金哀宗正大年间人。其人武艺高强，深谋远虑。他继承少林寺海纳百川、采百家之长的优良传统，常思少林武功兴旺发展之事。为振兴少林拳风，他西游千里，走访名师。遇李叟、白玉峰

（秋月）两位民间拳师，敬之入微。劝说二位大师至少林寺传授武技。觉远死后，遗有《罗汉十八手》《七十四散手》相传。

秋月

原名白玉峰，山西太原人，富豪子弟，少习武功，任侠，喜周游四方，结识豪杰，受少林僧觉远之邀赴少林寺授拳。撰有《五拳精要》传世。

第四节　元代的武僧

慧炬

据德虔《少林武僧志》：慧炬为少林寺住持僧福裕之高足。学识博广，擅气功、剑术、禅杖、轻功等技能。行走如飞，动作敏捷，能行禅七日不动，时称"活菩萨"。

大智

据德虔《少林武僧志》：大智，日本人，泰定年间入少林寺习禅练武，在寺十三年，于1337年返回日本。

邵元

据德虔《少林武僧志》：邵元，日本人，至正年间入少林寺修禅练武，曾任寺院书记，在寺26年后回日本，将少林寺禅宗与少林拳法在日本传播。

智庵

俗姓刘，名志刚，沧州人，入寺十六载，习剑术、气功等技，脚上功夫尤甚。著有《擂台交战法》一册，曾任寺首座僧，于1325年圆寂。

觉训

据德虔《少林武僧志》：觉训，河南南召人，13岁出家入少林寺拜子安为师，习练刀术、点穴术，擒拿卸骨术尤精。洪武四年（1371）圆寂，遗有《擂台摔拿法》一册。

紧那罗

明代著名武术家程宗猷，曾在少林寺专攻少林武术十余载，对棍术尤精，著有《少林棍法阐宗》之书传世，其自序道："元至正间红军作难，为苦教害，适爨下一人出，慰曰：'惟众安稳，我自御之'，乃奋神棍投身灶炀，从而突出。跨立于嵩山御寨之上。红军自相避易而退，寺众异之。一僧谓众僧曰：'若知退红军者耶？乃观音大士化身紧那罗王是也。'因为编藤塑像，故演其技不绝。"

明人王世懋，明代文学家、史学家，在《宿暖泉寺游嵩山少林寺记》中云，"入殿礼佛毕，西参六组殿，东谒紧那罗，紧那罗者元末神僧，怖红巾不入寺者也。故即为寺伽蓝云。拜毕，主持法师常润、号幻休者，始出迎，初犹以世礼见，而微有傲色。余与俱人方丈，指所着衣，谓曰：'昔现宰官身，今成居士服。愿与法门游，毋为世礼局。'"①

清代《少林寺志》载："元至正初，忽有一僧至少林，蓬头裸背跣足，止著单裈，在厨中作务数年，殷勤负薪执爨，朝暮寡言，暇则闭目打坐。人皆异之，莫晓其姓名。至正十一年辛卯三月廿六日，颍州红巾贼率众突至少林，欲行劫掠。此僧乃持一火棍而出，变形数十丈，独立高峰。贼众望见，惊怖而遁。僧大叫曰：'吾紧那罗王也！'言讫，遂没。人始知为菩萨化身也。众感其德，塑像寺中，遂为少林护法伽蓝，至今灵验。"②在少林寺的碑廊里，有一通金代石刻碑，名为《那罗延执金刚神像》碑，立碑时间大致在1153—1167年间，"碑高0.69米，宽0.39米。碑上有线刻'那罗延'（紧那罗王）画像，画上紧那罗面目狰狞凶悍，袒胸赤足，獠牙突

---

① 郑州市图书馆文献编辑委员会：《嵩山文献丛刊》第一册，第529页。
② 郑州市图书馆文献编辑委员会：《嵩山文献丛刊》第二册，第386页。

出，怒目而视，手持金刚杵，威风凛凛。背的上部刻有楷书铭文，载紧那罗为护法之神，乃观音化身，有愿求之即灵。碑为金代少林寺住持祖瑞重立。"①另据德禅和尚介绍："紧那罗是元代少林寺烧火做饭的和尚，俗名许那罗，偃师人。他对刀法、枪法、棍棒、剑戟、草镰等十八般武艺无不娴熟，流传于世的有《紧那罗兵法十五篇》，少林僧称他为二辈爷（头辈爷是昙宗），他在少林寺僧人心目中占有极重要的地位。"②

第五节　明代的武僧

明代是中华武术的重要发展期，此时的少林武术也与中华武术一样处于顶峰，资料相对丰富，不少杰出人物、武术事件也能在一些军事专著、史志类专著里得以呈现，武术性质的专著也相继问世。

小山和尚

明代少林寺的著名住持僧，嘉靖年间，皇帝钦命其任少林寺第二十四代住持。15岁出家，多处拜师从佛。在少林寺期间，大开法席，门庭兴旺。明代中后期，倭寇骚扰东南沿海一带，他曾派多批武僧开赴战场，为国而战、为民捐身。皇上为赏其有功，特在少林寺山门前立牌坊，竖旗杆，还赠石狮一对盘卧于山门两侧，至今尚存。

嘉靖四十年（1561），俞大猷北伐山西后，特意取道少林寺，并观看少林武术表演。观后，俞大猷说道："此寺以剑技名天下，乃传久而讹，真诀皆失矣。"小山和尚听罢此言，随请俞大猷指教。俞大猷还参观了达摩洞、初祖庵、二祖庵等圣地。当回到少林寺门前时，指着寺门对面

---

① 　吕红军：《少林寺》，河南人民出版社 2022 年版。
② 　登封县志办公室编：《新编少林寺志》，中国旅游出版社 1986 年版。

对小山和尚说道："此地可建一个十方禅院，以增少林之胜。"小山随即应诺。

1576年，小山和尚因长期劳累病故，此时他负责的十方禅院正在加紧建造中。临近完工之际，少林寺新住持普明进京面见俞大猷，求其为禅院题词，俞大猷欣然应诺，挥笔写下"新建十方禅院"六字。

边澄

宁波人，十五岁时入少林寺习武，性格憨厚，食量、气力过人。一次在去往少林寺的路上，看到一辆满载东西的车子在上坡时突然下滑，其以肩膀抵住车辆而不动，车主甚为感激。到了少林寺，住持僧分配他到伙房做工。边澄吃苦耐劳，白天在厨房做活，夜晚抽空向师兄师弟们求学武功。数年后，边澄已得少林拳真谛，思乡之情渐在脑海里翻腾。一日，他终于鼓起勇气向方丈诉说了自己的想法。时任方丈笑道："你来寺里立志习武，今又想返乡，武功如何？"边澄回答道："已懂其大概。"方丈随后择骁勇者十人，一一与边澄交手，结果皆被边澄击败。

明嘉靖年间，有一支日本贡使来中国，他们心怀鬼胎，要挑战中国武技。皇室闻宁波边澄习得少林功夫，随策马下诏令边澄前来解难。此时，边澄正在田间干农活，因时间紧急，只好随手持农具——大杴作为武器，随宫中使者一同前往。

面对日本武士，边澄自信十足，先是逐一决斗，倭寇皆败。后来，十名日本武士见边澄技艺熟练，力大无穷，不是对手，于是想出毒招。十人各持钢枪，将边澄团团围起，后一齐大叫向边澄刺来，企图使边澄顾此失彼，变为枪下冤鬼。千钧一发之际，边澄待众人接近时大吼一声，以大杴为支撑，纵身跳出众人之围，转身高举大杴，向武士首领头部击去。当大杴将至武士头部时，边澄收住劲力，将大杴轻轻放于日本武士首领面颊处。此时魂不附体、面色苍白的武士睁开眼睛，感激万分，随即下跪称服，感谢不伤之恩。

扁囤

法名悟须，字无空，号扁囤。河南禹州人，二十岁时投奔少林寺，拜梵僧哈麻为师。出师后多处游说，从不告人所定之处。此人武艺高强，曾经解救苗族人于水火之中。明代，程宗猷所著《少林棍法阐宗》中说："哈麻师以拳棍授扁囤"，这也成了少林武术中夜叉棍的由来之源。

周参

号竺兰（1517—1574），颍川（登封或禹州）人，少林寺著名武僧将领，少时出家少林寺，礼悟空为师，"习学演武，名播四海，武亚诸方"。精通用兵之法，嘉靖三十二年（1553），河南柘城以师尚诏为首的农民起义军造反，其奉官府之命，率僧兵50名前往征战。战场上，其"运大智于沙场，战雄兵于顷刻。"周参在寺里也有任职，助方丈任监寺与提点三十余年。万历元年（1573），官府因寺僧征战有功，特批准免除少林寺新增税粮。万历二年（1574）圆寂，时年58岁，葬于塔林。

洪转

明代少林武僧，出家少林寺，后随师叔周友和尚习武，擅长少林棍法。万历中，俗家弟子程宗猷慕少林寺武功，前来学武，拜洪转膝下为徒，尽得其艺。程宗猷在《少林棍法阐宗》中云："师年逾八十耆老，棍法神异，寺众推尊。"明代的少林棍法属三分棍法、七分枪法，洪转又精通枪法，授徒颇多，曾著有《梦绿堂枪法》传世。洪转还曾任登封县僧会司官。洪转对少林棍、少林枪的传承发展贡献巨大。

洪纪

少林高僧，以枪棍之术最为擅长，程宗猷曾入少林寺拜洪纪为师，习枪棍之技。崇祯年间，洪纪受明政府派遣，率军镇压农民义军，在一次战斗中阵亡。

三奇和尚周友

少林武僧在正德年间的主要战事是：征刘贼，即征讨刘六、刘七及刘惠（刘三）等农民义军。正德五年至七年（1510—1512），这股农民义军被镇压。从少林寺碑刻、塔铭资料可知，这时期最重要的代表人物、少林寺战功显赫的僧兵是三奇周友（？—1547）。他在正德年间"蒙钦取宣调"，镇守山东、陕西布政使司（省）辖下的堡塞，屡立战功，御封为"都提调总兵"。他亦曾奉命统征云南，讨伐叛蛮。

塔林中现存有"三奇友公和尚塔"。塔形为方形，单层三檐。塔额曰："敕赐大少林禅寺，敕名'天下对手，教会武僧'。正德年间蒙钦取宣调，镇守山陕等布政边，京御封都提调总兵，统任云南烈兵扣官，赏友公三奇和尚之寿塔。"立塔者为河南府仪卫司千长李臣及其弟子洪仲、洪良等人。周友之所以被称为"三奇和尚"，就是指他是一个立过三次"奇功"的和尚。永乐以后，军功分为三等，即奇功、首功、次功。周友获得三次奇功，英勇善战，武艺高超。

周友的战绩主要表现在四个方面。一是戍边。二是征讨刘六（刘宠）、刘七（刘衰）等人于正德五年（1510）十月在霸州的起义。该部于次年入河南，由杨虎、刘惠、赵隧率领，分为二十八营，人数达十三万之多。他们转战于南阳至洛阳一带。正德七年（1512）五月，明将仇铺败刘惠等于南召，刘惠自缢而死；赵隧退至湖北应山溃散，被俘于江夏（武昌）。三是"统征云南"。正德以来，云南临安府（建水县）土官禄奉交通弥勒州十八寨"强贼"作乱。朝廷于正德十六年（1521）二月派巡抚、云南副都御史何孟春，讨平弥勒州苗民之乱。周友参加了这次战役。四是参加征讨王堂暴动。嘉靖元年（1522）十一月，山东青州矿丁王堂等人起事，攻掠蓬莱、泰安等地，转而入豫，大败官军于归德（今商丘市）。王堂等于次年二月败亡。

周友号称"天下对手,教会武僧",膝下有僧俗弟子一千多人。塔铭说他"僧俗徒众千外余名,山东并南北隶直、本省(河南)睢、陈、归德、钧、许等州,监扶(扶沟)、西(华)、遂(平)、堰(城)、夹巧(县)、襄(城)、宝(丰)、汝(州)、宁(陵)、两蔡(上蔡、新蔡)、裕(州)、邓(州)、鲁(山)、雀(确山),无不有教。"他在少林寺的弟子,有洪仲、洪良,法侄洪转、洪佑,法孙普清,重孙广记、广顺等。

周友的法侄洪转,是一位著名武僧,在万历初年已八十余岁,著有《梦绿堂枪法》一卷,从理论上总结了周友的枪法。继周友等人之后,少林武僧还参加了征讨师尚诏和远征倭寇的战争。少林寺内今存《登封县帖》石刻一件,落款时间是万历九年(1581)十一月廿七日,内称:"先年,上司调遣寺僧随征刘贼、王堂、师尚诏、倭寇等,阵亡数僧,屡有征调死功,情实可哀。"

智囊

嘉靖六年(1527),官兵击倭于南汇,时倭寇驻扎在白沙湾,都司韩玺率各路兵及僧兵御之。大战倭贼百余。倭寇队伍中有一位身材高大者,号称"赵大王"者,身穿红色衣服舞双刀吼叫扑来,领兵僧月空和尚遍视诸僧,皆失色。唯一僧智囊神色不动,镇定自若,即前拒之。二人短兵相接,智囊僧提铁棍一柱跃过红衣倭,一棍击落一刀,贼倒身就地而滚。智囊又跃过红衣贼右,又一棍击落一刀,倭寇失双刀,站起身,直冲智囊,智囊举棍劈下,红衣倭贼脑浆四溅,应声倒地。群贼见状,或跪地求饶,或狂奔逃命。

月忠

据《少林拳谱》中载,明嘉靖期间,月空率僧赴松江战寇,月忠任先锋。带六名僧埋伏芦苇丛中待敌,倭寇劫百姓财物,月忠等六人出战,杀倭寇多人,月忠也因身受重伤而卒。

月空

据《日知录》《倭变志》所载，明嘉靖期间，少林武僧月空接到都督万表檄文，率僧兵三十余人开赴松江一带抗击倭寇，手持铁棍，长七尺，重三十斤，运转如竹节，每逢杀敌，总为先锋，杀敌甚众，终同道友皆战死疆场。另据《云间杂志》记载：嘉靖三十二年（1553），月空领僧兵驻在沙镇。倭寇中有三十六人最为枭捷。月空率僧兵百余人前去迎击，并扎营贼阵地旁。一贼舞双刀来，月空坐而不动，贼将至，月空跃身而起，从贼头顶飞过，随用铁棍将贼头击碎，众贼观此状，皆惊惧而逃。

玉田

据《少林拳谱》载：少林武僧玉田随月空一同前往松江抗倭，少林僧手持铁棍，奋勇杀敌，遇者即仆，激战惨烈，剩玉田最后一名时，遭倭寇群击，为泄兽性，将玉田碎尸数片。

竺芳

据《少林拳谱》载：嘉靖三十二年，倭寇侵我江浙一带，明皇室钦命少林寺武僧出战，竺芳率僧五十人奋战，杀倭寇上百，后因多次征战，寡不敌众，五十位武僧全血染南疆，魂归苍天。

广顺

号万庵，早年入少林寺为僧，是著名少林武僧周友之徒孙，深得友公真传。曾任少林寺都提举、少林寺监寺和登封县僧会司司官，影响极大。嘉靖末应招参加抗倭战争，并立战功。

宗擎、普从

明代著名武僧，嘉靖四十年（1561）抗倭明将俞大猷前往少林寺参观，时任少林寺住持小山和尚组织武僧表演少林武技，观后，俞大猷曰：少林棍法"传久而讹"。小山和尚忙请俞大猷求教。其后，二僧随俞大猷南下云南，三年间，尽得俞大猷临阵棍法。回少林寺后，将其棍术向寺众僧传授。

玄机

玄机是明末清初的著名少林拳大师，明万历年间入少林寺为僧，拜无言正道为师，精研少林拳法。天启二年（1622），曾协助无言禅师整修初祖庵、千佛殿等殿堂。崇祯时期出任少林拳法习教都提举之职，组织寺僧学练少林拳法。可贵的是，为弘扬少林拳法，他还打破旧有规矩，向俗家弟子陈松泉全面传授少林拳。陈松泉得技以后，珍惜所得成果，终身深习。年老时，又将少林拳法传给弟子张鸣鹗。到了清康熙年代，著名武术家张孔昭根据张鸣鹗所传练的少林拳法，整理成《拳经》一书。乾隆四十九年（1784），武术家曹焕斗又在《拳经》一书基础上进行加工备注，更名新书为《拳经拳法备要》，此书共两卷。曹焕斗在《拳经拳法备要》中说道："拳法者，卫身御侮之善术也，其原始与少林。"《拳经拳法备要》的面世，对后来少林武术的传播发展具有巨大作用。

拳棒僧

朱国桢《涌幢小品》载：董青芝词部，闻倭警，集教师数十人讲武事。与一少林僧角拳，皆仆。僧曰："此谓花拳入门，错了一生矣！"词部惘然，亦不复谈。王龙溪得一僧，曰孤舟者，善棍。荐于府，集教师二三百人与试，约角死无论，咸俯首愿受教，后死于倭战。

明代武僧甚多，但由于缺乏具体资料，一些史书中只显名字或单显事迹，故无力一一述清。

第六节　清代的武僧

清代的少林寺，武僧众多，但到了清代后期，寺院衰落，大部分武僧离开寺院，广泛参与社会活动，他们对少林武术的传播起着积极作用。

玄志

字望山，俗名张虎，从小跟舅父马太宗习武。一次随舅父马太宗街头卖艺，恰遇高手同梁观之，经一番交手，同梁完胜。马太宗、张虎遂拜同梁为师，三人一同入少林寺，入寺后被赐名玄志，跟师学少林棍、五虎掌、气功等秘术。康熙三十二年（1693），玄志圆寂，遗有《擂台对拆法》《散手摔拿抓破法》《少林兵法秘诀》等。

如秀

号芝三，八岁入少林寺，拜真洞为师，幼时喜经书诗文，十五岁能谈吐诗文。十五岁时，开始习武，擅长绳鞭、大刀、禅杖、梅花拐、七星剑、鸳鸯拳等。如秀性情温和，处事沉稳，虽偶遇受欺而常现笑脸，曾曰："善对众，则更益于善，遇暴行暴，制暴必达暴。若制暴必得藏奇技，制暴众则安，乃为普济众生也。"习少林武功，受师抚爱，得铁砂掌、金骨头、千斤脚、飞毛腿、点穴功等稀有绝技。年二十六岁时任僧会司，统领登封县境内的会善寺、清凉寺、卢涯寺、嵩岳寺、法王寺等。康熙五十三年（1714）圆寂。

海梁

号万龙，康熙五十八年（1719）入少林寺习武，擅长六合拳、金刚拳、劈挂拳等，把金刚拳由六路拓展为十路，把六合拳由三路发展至六路，把劈挂拳由三路发展为八路，后众僧尊称其为兴六合祖师。卒年无记载。

玄贵

字安乐，俗姓刘，幼名太平，洛水人。入寺拜国禧和尚为师。习武擅长通臂拳、罗汉拳、棍术、剑术、绳鞭等。与此同时，又修医学，尤长伤科、针灸。在寺期间，众僧推其为西堂武教师、知客等职。乾隆四十三年（1778）升为方丈。

如有

洛州人，俗姓田，原为盐商。其父被官府所害，为报父仇，十七岁时，拳击暴吏，夜奔少林寺拜真乐为师。隐姓埋名，暗中习武，长进非常。擅长滚龙刀、梅花刀、七星刀、流星刀、青龙刀等。技法精猛，出刀似箭，撩刀如火，砍刀如斧沉，推刀如闯门，云刀如飞燕，收刀如闪电，刚如崩弦，柔如抽丝，绰号"单刀王"。如有性情刚暴，快嘴直言，我行我素，常与师兄弟不和动武。雍正三年（1725），染疾月余圆寂。

湛化

雍正年间（1723—1736），入少林寺拜海珍和尚为师习武，对棍术、三节棍造诣高深，雍正十二年（1734），带弟子寂杰、寂魁、寂文等出山未归，不知去向。

湛德

《少林拳谱武僧集》云："雍正六年（1728），入少林寺拜海川和尚为师习武，得气功，桩功真诀。又拜海法师学成'千斤腿''流星腿'，同时喜医学，懂骨科，著有《少林寺骨科神囊》。乾隆四十年（1775）圆寂。"

湛举

号古伦，德虔《少林武僧志》云："乾隆五十年（1785）入少林寺，拜海参为师，随如静学练六合枪。跟如色学六合棍、六合拳。为丰富自我技术，常外出走访名师，谦学名派精华。在寺里，常在毗卢殿夜间磨炼，功夫超群。后任武教头，要求徒弟一丝不苟，徒弟寂聚、寂袍均为继人。遗有《少林六合拳谱》《少林七十二艺》《少林洪拳对招法》等。"

湛洛

字灵安，乾隆四十年（1775），入少林寺拜海参和尚为师，得六合拳、六合棍、六合枪技术，擅技击散手。同治三年（1864），年龄已六十有余，赴金陵打擂而全胜，返寺途中，遭歹徒暗算，右腿负伤，在弟子寂魁、寂伦护送下归寺，同治六年（1867）冬，圆寂。

眇和尚

据徐珂《清稗类钞》中记载，嘉庆年间（1796—1821），少林寺有一位叫眇和尚的人，折臂跛足。平时专食蝎子、蜈蚣、毒蛇等有毒之物。离寺周游四方，日乞于市，练就一身"五毒功夫"。眇和尚手下有两位徒弟，靠为人保镖护送货物为生。一日，二徒弟护货主停泊于一湖泊时，遭到一个叫沈大的人的无理扣押。争议后，眇和尚的徒弟与沈大交起手来，结果沈大得胜。无奈之下，二徒弟返回少林寺，向师傅眇和尚汇报了事情的经过。几天后，眇和尚亲自来到湖州，行乞于沈大门前。沈大孔武有力，能以手断奔牛之脊背，粗练拳脚，性横好斗，无人敢惹。沈大见眇和尚衣着破烂，行乞于门前，于是大声呵斥，命其离开。眇和尚求索久立不去。沈大怒而骂之，并冲到和尚面前直拳打来，僧不慌不忙闪过。又打，又被闪过，如是者连续三次。此时的沈大恼羞成怒，拳脚齐向眇和尚击打，眇和尚趁机用右手二指轻轻点击沈大一上臂，使其险些跌倒。沈大气极，再起脚踢之，未击中僧，自己反倒跌仆数尺外。僧转身而去。

旁观者拳师濮焕章，见状大疑，遂追僧求教。僧曰：我乃少林寺而来，有"五毒功"在身，属异人传授，不在寻常武艺之中。此功发力，凡以一指着人肤者，其人七天皮肉可化为脓血，无药可治。然余有秘方可愈。

濮焕章将和尚之言速告沈大，沈大起初不信。继而渐觉和尚所点之处微痒，接着，伤痕渐扩，皮肤应指之处腐落，血流衣袖，作深黑色，始大为恐怖。遂乘夜奔之龙翔寺，果见得其僧，即长跪乞命。僧观其心诚，徐徐从怀中取药一丸，形如龙眼大小，令调水服之。笑曰："愈矣！"沈拜谢而返，几天后，臂伤果愈。

少林僧游南海

据清代徐珂《清稗类钞》中所述，清朝末年，少林寺一度衰败，寺僧无法在寺里修身，周游四方者居多。南海黎某，家为巨富，少时慕技勇，请当地武术师傅到家里专攻武技，时至中年，家中破落，黎某便教拳棒为生，名噪一方。一日，一少林僧带少儿来镇上卖艺，遭黎某痛斥，僧为躲避黎某，多次辗转，但都未甩开黎某的跟踪纠缠。老僧乞求黎某高抬贵手，放过师徒二人。而黎某则要求僧徒把卖艺所得之钱交予他手，作为买酒之资享用。老僧速拱手百钱奉上。黎某嫌太少，要亲自搜身，竭尽囊中所有。老僧忍无可忍，随即与之争论起来。黎某道："不搜身也可以，但你敢与我比武吗？你若胜，我不要你一分钱，若不胜请乖乖地将身上所有钱财留下，速速离开此地。"围观者拍手起哄。黎某手持巨戟，不容分说，气势汹汹地向少林僧胸口刺去，少林僧镇定自若，闪身躲过，用左手一拨，巨戟顿时脱手落地。黎某更怒，又持剑向少林僧乱刺乱砍，僧抽身绕圈一周，瞅准时机，待黎某出剑再刺之际，一个腾挪跃至黎某身侧，左手削其持剑手腕，右掌反手击其脊背，加之右脚一个泼扫动作，黎某身子直前趴下，鼻脸摔于硬地之上，一时动弹不得，手中之剑也随飞出数丈之外。在场观众初是目瞪口呆，后是拍手叫好。少林僧说了声欺人太甚，随手拉少年扬长而去。

以摸钱投石习拳法

徐珂《清稗类钞》记载："少林寺拳法著于世，学者先存赀若干，拜一僧为师，衣食之费皆取给予赀之息。学成将行，从庙后夹弄出。门有土木偶，设机焉，触之，即拳杖较下，能敌之而无恙，可安然行也！行时，僧设饯（酒食）于门。返其赀，不然，仍返回受业。又数年不成者，则越墙而去，赀也不可得矣。一日，有瞽（瞎眼）者来请业，僧视其瞳有膜障，以铜钱五百枚投山上下，俾觅之，曰：'尽得，当传技。'瞽乃日于两餐外踯躅山上下，暗中摸索，渐有所得。年余，积四百九十九枚，遂大索其一。一日，忽得之，狂喜，目亦顿明，乃授其技去。又有患痿症者，两股不能动，也持赀来学，僧以石子一筐，置其坐处，于山上一石，画大小墨圈，明之击，久辄中，乃命击飞鸟，鸟应手下。后以石子小于芥者掷鸟目，目穿而坠，前后左右，无不如志，僧曰：'技成矣。'后辄以护水镖为业，每坐船头首，身旁置石一器，剧盗不敢近。"

纯智

河南禹县人，道光二十七年（1847）出家，先入龙兴寺为僧，后到少林寺习武，学得齐眉棍、夜叉棍、五虎群羊棍、猿猴棒等。一日路过十八盘（距少林寺东北四里）处，突遭群匪纠缠。他赤手空拳战贼，得贼手中扁担充当棍棒，将匪击散。一年后又远离寺门，经确山丛林小道时遭遇群匪拦截，纯智且战且退，随折一树枝为器，将群贼击溃。其身边高足有贞绪，后来为名高位显之僧。

寂元

字晓宇，洛西人，咸丰六年（1856）入嵩，皈依少林寺拜湛寿和尚为师，喜爱硬功，常因拍打木人，拳砸青石而血浸土石。十八岁时便掌握诸多武艺，可起步越涧，纵步上房，白手夺刀等技。还擅长书法，出口成章，珠笔成诗，法学渊博，讲经说法、诱人千众。三十五岁荣任僧会司，在职期间开仓放粮，修建殿宇，辅徒平盗，赢众颂扬。光绪十六年（1890）因得罪官府，遭重疾圆寂。

第七节　民国时期的武僧

民国时期，国难当头，战事连连，少林寺饱受苦难，但寺内武僧仍守传统武风，传承技艺不断。

贞俊

号秀山（1865—1939），俗姓李，河南偃师县沟斯镇玉湾村人。1871

年入寺，拜纯阳法师为师，赐名贞俊。在寺期间，学练大小洪拳、通臂拳、炮拳、心意把、铜锤、月牙铲、双钩、春秋大刀、九节鞭、绳鞭等套路。对气功、轻功也有不凡功夫。贞俊重武德，对身边弟子要求严格，曾撰文："凡天下老者我之父母，平辈者我之兄弟，幼小者我之儿女，何以暴行乎？"寺内多年，德高望重，众弟子无不敬服，1939年圆寂，享年七十四岁，徒孙德禅泪诗如下：

> 食尽百担黄连苦，颇获佛武医技奇。
>
> 禅坛讲经成盛会，武功数辈居首魁。
>
> 医亦康复千僧众，秀山才华莹嵩峰。
>
> 嫡孙誓承先祖志，迎来金匾挂少林。

素光

登封县城关镇悬天庙村人，1891年生，俗姓王，十六岁入少林寺，拜贞俊为师，赐名素光。其聪明过人，学得心意把、梅花拳、炮拳等。主善擒拿、点穴、匕首，绰号"云中侠"。后任武教师，对弟子立有"武规"。1917年，因患肺病圆寂，年仅二十六岁。

恒林

俗姓宋（1865—1923），法名恒林，号云松。河南省伊川宋寨人。光绪初年入少林寺为僧。在寺期间，性格沉稳。民国元年，任登封县僧会僧会司，后被地方推选为少林保卫团团总，为保少林地区平安，任职期间发展武装，购置枪支，训练民团。1920年秋，地方荒旱，土匪蜂起，恒林率民团在登封城、梯子沟、白玉沟、熬子坪与土匪交战数十次，皆获胜利。后有匪徒朱保成、孙天章、段洪涛等联合夜袭鲁庄镇，事后向西南逃窜。巩县九区民团追击，路经偃师府店时，偃师十四区、十五区民团也加入追击行列。土匪逃至少林寺西熬子坪时，遭恒林截击，被消灭大半。

恒林武功高强，修养高深，尤擅长罗汉拳，威名远近。他对少林功夫有如下总结："发于心灵，出于性能""拳如流星""冲拿点击，出神如玄，受者如触雷电"。恒林主持少林寺时，其周边数十里内村庄无人侵袭，百姓安居乐业，与当地民众关系密切。百姓中若有婚丧嫁娶之类活动，恒林多有相助。1923年秋，恒林因病而卒。次年春，登封、临汝、巩县、偃师四县民众三百余人自愿集资，为恒林在少林寺东立碑为念，以表哀思。

妙兴

据金恩忠《少林七十二艺练法》载：妙兴大师，别字文豪，绰号金罗汉，豫之登封人也。幼习技击，兼功翰墨，尤嗜佛学。年二十岁便颇有名气。后入少林寺拜恒林为师，学得少林镇山棍、罗汉拳、点穴法、卸骨法擒拿、气功、七十二艺等内容。在寺期间，每遇俗家弟子来少林寺挑战交技时，妙兴皆首战，皆胜之。弱冠技渐精纯，乃遍游大江南北，遇才异能之士甚夥，互相研讨，技得大成。曾任至团长，因耻自残之士不武，乃思放下屠刀，立地成佛之旨，慨然解职归田，耕读诵经习武以自安。又数年，感国势飘蓬，人民颠沛，道德沦亡，于愧恨之余，入嵩山禅林剃度为僧。少林寺僧精于武功，全国知名。近虽受时代之摧残，然宗派承当代大师之提倡，不致湮没无闻，亦可庆幸。妙兴大师自受佛家洗礼之后，间乃熟习拳术，以锻炼体魄，旋时被掌教方丈发现，惊为奇人，盖妙兴大师斯时之功夫，确已臻于化境矣，于是优待备至。蒙方丈授以少林嫡宗拳械及各种功夫，并镇山棍、护山子门性功罗汉拳等术，并点穴、卸骨、擒拿、按导、炼气行功等法，技艺精绝。俗家有拜山较艺者，必令妙兴与较，无不胜者，于是僧众皆重视之。后至监寺兼长僧俗教授事宜。方丈圆寂，遗嘱妙兴继任，复得僧众推举，始任掌教方丈，兼少林宗派嫡系之师承。其门弟子甚多，僧徒五千余众，俗家二百余人，余亦大师徒众之一。大师素以诲人不倦自任，誓云"打破历来秘技不传之旨，以发扬武术，强种强国为职志"。故少林历代宗派不传之秘技，至大师任内，传于俗家者甚夥，于此可想见大师之大度与热心矣。大师曾著《少林宗派渊源世系图解》《少林拳解》《少林棍解》《达摩五拳经》《禅杖图解》《少林戒约释义》《增补拳械箴言》等书，惜录本为本寺珍藏，未能问世为憾焉。民十七，余随军游少林，蒙吾师授以先天罗汉拳、白猿剑法、七十二艺、性功秘诀等抄本，嘱为光大，以扬宗风。余遵师言，拟编辑成书，先后问世，亦不忘吾师之雅意也。最近余奉函请索吾师照象，始知于去年已圆寂矣，年仅五十有八。余闻悉之下，不觉悲思落泪。缘吾师非仅精于武学，即翰墨亦甚惊人，如此文武兼善之才，殊可贵也。况于发扬少林宗风，功尤伟焉。兹将吾师往年题赠予之性功罗汉拳诀等书箴，制版刊诸本书，以向阅者，并附联语，以志不忘。

挽妙兴大师联：瞻彼昂昂金罗汉，拳剑枪刀，交发并至，跳龙卧虎，尚武精神，豪气鹏鹏贯牛斗。

叹我堂堂勇禅师，胆坚铁石，志烈秋霜，发扬国粹，救我民族，大义凛凛满乾坤。

1922年，军阀吴佩孚命师长张玉山在登封收编湖北第一师别动队，其第一旅旅长卢耀堂得知少林寺剿匪所获枪支较多，就将妙兴编入第一团，授任团长之职。其后，妙兴随卢耀堂旅开驻郑州，在率团攻打舞阳土匪时阵亡，年仅三十六岁。葬于少林寺东北半山坡上，与师傅恒林之墓相伴。

体性

字定所（1874—1924），原籍河南省登封县城关镇十沿何村，俗姓耿。因父母双亡，为谋生于光绪八年出家到少林寺为僧，跟纯智、纯阳等武师苦练少林武术，学有少林六合拳、春秋刀等武艺。后来又跟师傅苦练轻功，能横走墙壁，飞越殿脊，号称"飞毛腿"。他还练成了千斤足，足踢石滚飞，脚踩石板断，功夫超绝，声震中州。

1921年仲夏的一天，体性法师由会善去少林寺，走至三岔路口处，看见三个歹徒正在撕拉一位村姑，大声喝道："住手"，一歹徒见其一人，随回答道："秃驴少管闲事"，说着抽出匕首，向他袭来。体性飞足踢掉了歹徒手中匕首。另一个歹徒随即投来飞镖，体性出手接过，随即又把飞镖甩到歹徒脚前道："贫僧'戒杀'，要不就要了你的性命啦！"三个歹徒见身边和尚为少林寺高手，便不敢挑战，遂跪地连声求饶。

体性大师平常艰苦朴素，省吃俭用，数次将身上钱财送给过路难者和孤儿老弱。由于德高望重，僧会司任他在会善寺当方丈。会善寺在他主持期间，香火兴隆，连开戒场，弟子千余。后患肺病，医治无效，于1924年冬圆寂。

素典

俗姓陈（1868—1926），洛阳人。皈依少林寺后拜贞瑞为师，赐法名素典。擅长七星剑、梅花拐、绳鞭等。常在法堂前当众表演，博得掌声。素典善武重文，阅览群书，择优集录，熟能背诵。加之口齿利落，交际广泛，甚得众僧尊重。光绪二十五年（1899）任知客。在职三十一年，曾赴五台、峨眉、灵隐等名寺讲经说法。

素典武功深厚，平常很少炫耀自身武技，而徒弟永祥则是一个好学好胜之人，他从师于素典、贞绪、吴山林等得技艺后，总想与名家过招，以便测试自己的武术水平。一天，素典正在立雪亭打坐，永祥趁其不备，偷袭素典，没想到，竟被素典一拳打倒在地。爬起身来，再攻，又如前一跌。当永祥还想再次进攻时，素典发话说："永祥，你不要命了吗?"永祥立即停手，谦恭而去。1926年冬因病圆寂，享年五十八岁。得意弟子还有德立、德乾、德保等。

素坤

陕西人，光绪八年出家到敬德寺，曾拜贞瑞大和尚为师，赐名素坤。入少林寺后，奋读佛经，深究医学，慈善居魁，于1913年任方丈，住少林寺，并虚心拜贞俊大和尚习武，通晓诸拳金戈，擅长双刀、绳鞭。精伤科医术，能制药少林千捶膏、白衣菩萨膏、生肌散，药效如神，求医者络绎不绝，于1929年圆寂。

德全

河南偃师县府店乡口孜村人，俗姓杨。因家贫出家到少林寺为僧，拜素印和尚为师，苦学少林功夫，擅长擒拿、点穴绝技，于1920年经友人推荐加入国民党军队，任某团参谋长，在抗日战争中骁勇直前，后不幸阵亡，时年三十七岁。

贞和

河南偃师县府店乡口孜村人，俗姓薛。于光绪八年（1882）出家到少林寺为僧，随师父纯朴和师叔纯智学武。对六合拳、六合棍、双刀、单拐、双拐甚为擅长，又苦练擒拿、卸骨、点穴等，十九岁身怀真功。为提高武技，还先后到沧州、太原、广州、安庆、长安等地访师拜友，学别派之长。曾三次参加打擂，均获全胜。光绪二十二年（1896）任寺武教头。为培养新秀，立有《少林习武新规》，严约众僧，成效明显。1935年因病圆寂，享年六十岁。

第八节　现代的武僧

1949年中华人民共和国成立，少林寺当时千疮百孔，挽救与恢复少林寺成了寺僧们的主要大事，他们克服困难，艰苦奋斗，在国家的大力支持下，使少林寺渐渐获得恢复与发展。

贞绪

俗姓李，名正印，号耀宗，法名贞绪。原籍河南省巩县鲁庄乡南村人，生于光绪十九年（1893）。因年逢大旱，五谷绝收，于光绪二十五年（1899）出家到巩县龙兴寺，拜淳智和尚为师，师赐法名贞绪。1920年随师回嵩山少林寺，拜著名武师恒林为师，苦学少林功夫。善练大小洪拳、通臂拳、六合拳、炮拳、春秋刀、龙泉剑、铲钩、双拐、叉锤等套路，最为擅长"铁身靠"功夫。每天夜里到千佛殿方丈室研练铁身靠，始用臀部击殿内大柱，后在殿外臀击大树。贞绪还练成"踢千斤"之功，当众僧之面把一个大钟鼻（约200斤）一脚踢之丈外，众僧无不惊叹。贞绪武德高尚，团结各派武术门徒，尊敬八方高手，主张"能于我者学之，我能于人者授之"。

四川江油县高僧海灯法师于1936年到少林寺求他指教，贞绪法师毫不保留地满足了海灯法师的要求。为发扬少林武术，在他连续两次任少林寺监院期间，不断向寺僧传授武艺，寺内外授徒达千计。贞绪法师常教育弟子们"习武心要正，一作国杰，二为民除恶，三健身延寿"。1944年3月，日寇侵入嵩山境内，推行惨无人道的"三光"政策。中国共产党领导下的皮定均将军率豫西抗日支队转战嵩山南北。当时在少林寺立中学任职的地下工作者魏教员秘密组织"少林抗日政府"，身为一寺之主和中学董事长的贞绪大和尚想到"国家兴亡，匹夫有责"的古训，挺身而出，并令其亲如手足的长徒素祥（偃师府店乡人，俗姓王，名天仁）和行香、行书、永宫等武僧参加了抗日支队。抗日支队在贞绪和尚的协助下，有力地打击了日伪军。后来皮定均部离开嵩山，贞绪法师亲自送弟子素祥等武僧参军，并谆谆嘱咐："到了前线，英勇杀敌，为国立功，普度众生，兴我民族，扬我少林。"

贞绪法师主持少林期间，建院有策，训徒有方，寺院逐日昌盛。众僧在他的指引下不仅爱国，而且济民。每于春季农民青黄不接时，就开库放粮，周济贫困，赢得了群众的称赞。贞绪一向为人正直，忠恳慈善，生活简朴，常把自己的薪俸拿出来救济贫民，以践佛门之道。1955 年他因劳累成疾，医治无效，圆寂于少林寺，享年六十二岁。葬于寺东南半山坡上。遗有《打擂秘诀》《点穴旨要》等。贞绪主要有两个徒弟，一是素祥，后返乡还俗。另一位是素喜，曾主持少林寺多年。

行正

俗姓李，幼名太宝（1914—1987），少林寺第二十九代方丈。原籍河南登封县城关镇刘庄村。因登封连年大旱，家庭贫寒，无法生活，六岁时，泪别双亲，出家到嵩山少林寺为僧，拜德保法师为师，赐法名行正，字愿安。1932 年春天，前往安徽九华山东崖寺受戒。1951 年起任少林寺监院。1958 年受寺院委托，到中南区佛教工作训练班学习。1984 年任郑州市佛教协会理事、少林寺武术协会副会长、少林寺佛教管理委员会副主任。他具体负责寺院行政事务工作。1986 年，少林寺拳谱编写组组长。1986 年 12 月 13 日，被批准任第二十九代方丈。

行正法师出家进寺，勤劳俭朴，任劳任怨，孝敬师长，团结僧众，为人忠诚，七十年如一日，受到众僧和寺外群众的一致好评。特别是军阀混战时期，寺僧四方出走，各自谋生，只有他一人坚守寺院，坚持参禅，看守寺内文物。在他的影响下，僧人陆续归院。为了生活，他不仅自己昼夜苦干，克服重重困难，维护寺院安全。当坏人窥窃和破坏寺院文物时，他冒着生命危险，挺身而出，勇同贼盗拼搏，保护了少林寺的大批珍贵文物。行正法师后来双目接近失明，但他为了继承和发扬少林武术，坚持练功，重视少林武术事业发展，在主持寺院期间，积极支持寺院内外弟子整理编写武术资料。大师因久累成疾，患贲门癌医治无效，于 1987 年 8 月 27 日晨在洛阳安乐医院圆寂，葬于塔林，骨灰存于塔底内。

德禅

俗姓刘，幼名二和，1907 年生。河南登封县城关镇左庄村人，早年丧父，家境贫寒，因遇连年灾荒被迫辞离亲人，于 1916 年进入少林寺叩拜素光和尚为师。初到少林寺院，做勤杂工，由于尊敬师傅，勤奋读书，受到师僧们的喜爱。翌年便被送进寺立学校读书。1920 年毕业于少林中学。师爷贞俊看他聪明志学，于 1921 年送他到黄湾庙随著名僧医济学专攻医技。1924 年 5 月，受寺院之托，到少林寺分院会善寺任监院。1927 年回寺院任知客兼僧医。当年 3 月受寺院委托，到少林寺分院会善寺任监院。后又调回寺院任知客兼僧医。1929 年，国民党反动军官石友三火烧少林寺，大部分僧人外逃，他却积极组织武僧骨干同敌人顽强斗争。

当皮定均司令员奉命进驻嵩山地区，他热情地支持弟子们参加少林抗日联合组织，并冒着生命危险保护抗日游击队员。1948 年，皮定均部队南下，他又送弟子行芳、行香、秦龙、素祥等参军入伍，并嘱咐僧徒，遵守纪律，勇敢杀敌，为人民、为少林寺争光。

中华人民共和国成立后，德禅法师为登封县卫生协会委员，热心为寺僧和周边百姓诊脉看病，并亲自上山采药做丸、丹、散、膏剂。有时还亲自给患者煎药送药上门，赢得密县、禹县、开封、临汝、伊川、洛阳、巩县、偃师等方圆百里民众尊重。

1963 年 4 月，时任国务院副总理李先念在河南考察工作时，特意参观少林寺，李先念与德禅法师边参观边交谈，时间达两小时之久。

1979 年 4 月，日本少林寺拳法联盟会长宗道臣大和尚到少林寺拜祖，受到了德禅法师的接见，双方进行了亲切交谈，彼此结下深厚友情，并在碑林落成了"日本大和尚宗道臣归山纪念碑"。其后，宗道臣让女儿宗由贵尊拜德禅为义父。宗道臣去世后，宗由贵接任日本少林寺拳法联盟会长，每年亲率代表团来少林寺看望义父。她还经常把日本其他代表团介绍给德禅法师，增进了中日两国人民的友谊。

德禅法师先后会见了前来参观少林寺的几十个国家的代表团和一些国

家政要。1965 年，德禅被任命为寺院住持僧，主持寺院工作。

1982 年 11 月任中国佛教学会理事，同年 12 月任登封县少林协会副会长，1983 年 2 月任少林寺式术协会分会名誉会长，同年 3 月任登封县政协常委，5 月任少林寺武术学校名誉校长，12 月任河南省佛教协会第一副会长。1984 年 4 月任郑州市佛教协会会长。

1981 年至 1983 年，德禅组织寺内外弟子整理编写了《少林寺拳谱》38 卷、《少林医药资料》5 卷，共 50 多万字。1982 年 7 月，他献出了珍藏多年的少林药酒秘方。1984 年 5 月，少林寺第二十九代方丈德禅大师与少林拳研究会召集众僧和俗家少林武术名师共同商讨订立了"少林习武新戒约"。1985 年患病下肢瘫痪。1992 年 11 月因受外感，住进登封县人民医院。由于年高气衰，医治无效，于 1993 年 1 月 26 日凌晨 5 点 30 分圆寂，年八十六岁，葬于塔林。

素喜

俗名耿栓柱（1924—2006），河南登封人。入寺后先做杂工，因忠诚老实，辛勤守规，尊师和众，很快就得到了师父的喜欢，后被送入寺立学堂读书。属嵩山少林寺第三十代传人，曾任少林寺首座僧、住持大和尚、名誉方丈。

1936 年投身嵩山少林寺拜贞绪禅师为师学习少林武术。1937 年 8 月 17 日在嵩山少林寺达摩亭拜河南省嵩山少林寺永化堂上传曹洞正宗第四十三世、雪庭福裕禅师下第二十九代嗣祖沙门、住持大和尚贞绪禅师为师剃度出家，赐法号素喜。1941 年 9 月，在西安大兴善寺心道法师座下得授三坛大戒。1955 年得贞绪禅师嘱咐嗣法传承少林曹洞正宗法脉，并到北京佛学院进修。从德浩老和尚学习《楞伽经》和《法华经》两年。

素喜法师具有良好的武德修养，他把先师的"习武先挨打，笑脸迎人欺，良师倡武德，苦恒出高手"等训教贴在床头，作为座右铭。他常对弟子们说："宁可受人打，决不先打人，持技做歹事，辜负先师心。"素喜刻苦研练少林传统武术，虚心吸收众家之长，团结各武术流派。他主张，"各流派均为一家，师与徒互相学习，能者为师"。值座方丈室十多年，每天都把来宾惠捐的钱物，全部上交给寺院管理使用。

1982年12月的一个傍晚，他去寺院北场练武，听有人哭泣，走近一看，原是从郸城来的一位小姑娘，因盲目跑来出家，无人收留，钱已用完，住宿无着，只好躲在一个窗洞里哭泣。当他问清情况后，将其领回寺院。送上饭吃，又安排旅社住下。第二天，拿出20元钱送她回家。姑娘的父亲十分感动，专程到少林寺拜谢。此类善事甚多，全国各地的感谢信件和不远千里来访者络绎不绝。合肥市矿机中学一位学生来信感谢道："素喜恩师德风尚，济我盘费返家乡，送我寒衣暖心房。"素喜法师一贯生活简朴，把政府每月发给的10元钱都存起来，献给佛教事业。1987年12月，嵩山少林武术总会在寺院西客堂成立，他与弟子一同当场献款各100元。1988年3月，他听说河南佛学社因初办经费困难，又拿出现金100元亲自送去。素喜老年患有半身不遂，为了传承少林武术，常带病传艺。2006年圆寂，享年八十二岁，葬于塔林。

永祥

俗姓王，幼名文斌，吉林长春人。1920年，因家庭贫困而远离故居，到少林寺出家为僧，拜行令和尚为师，赐法名永祥。入寺后跟行令习通臂拳、六合拳、春秋大刀、九节鞭和滚趟刀等，后又向著名武师贞绪大和尚学洪拳、炮拳、梅花拳、七星剑、夜叉棍、双拐、心意把、铁身靠等，仅7年时间就基本学会了少林拳术和十八般武艺。

永祥还有一个嗜好，即喜欢骑马，曾带枪夜里独闯土匪窝，承持既得艺，必试敌理念。他的活动范围，东至密县、西至洛阳一带，虽胜败兼有，但他乐此不疲。贞绪等观永祥学艺刻苦，腹含雄志，主动把擒拿、点穴等少林绝技秘授于他。民国中期兵荒马乱，土匪和盗贼常偷袭寺院。他忧虑拳谱恐遭劫失，便向住持僧贞绪请示复抄拳谱。富有远见的贞绪和德禅法师异口同声地说："正合吾意。"德禅法师鼓励他说："抄吧，再给你两个助手，三个月完成。"贞绪大师接着说："永祥，完成后，我请客。"就这样，1926年9月10日，永祥法师投入了十分艰苦的复抄少林拳谱工作。他废寝忘食，带病抄写，终于在1928年1月5日抄完了寺存少林拳谱42卷。当月18日，接到父亲去世的消息后，他含泪告假与众僧辞别，回老家葬亲。临行时，德禅法师劝他在家多住几个月，并嘱他把复抄的拳谱随身带走，暂存吉林，待风平浪静后返寺。永祥离寺不久，就接到德禅法师的书信，得知军阀石友三火烧少林寺的不幸消息。阔别几十年后，永祥法师掘出了藏在屋墙几十年的拳谱，重返少林寺院。当德禅法师和众僧知道他安全地带回了拳谱时，个个心情激动，德禅法师兴奋地说："大师侄，我早料定，你在拳谱在，要不是你当年敏智，吾少林瑰宝就会丧失在咱们这一代了，荣幸，荣幸，阿弥陀佛。"

永祥重返寺院后，遵照国家体育运动委员会关于"挖掘、整理、普及、提高"的武术工作方针，在登封县体委和县武协的领导下，积极参加少林武术的挖掘整理工作，主动献出了自己珍藏几十年的宝贵资料和习武经验。1983年冬，因患肺结核病，身体瘦弱，但当他听说要成立"少林武术挖掘整理组"时，扶杖参加会议，并带着重病做示范动作，还帮助德虔编写了《少林拳谱新编》《少林擒拿法》等书。

1983年12月，永祥法师病情加重，每天吐血不止，为其健康考虑，寺院住持同意其义女送他返长春医院治疗。临别前，他把一大包积累的珍贵拳谱交给德虔，且含着眼泪说："我命危朝夕，已无能为力，托付你把它整理成册，传于后生，为继承和发展少林武术，振兴中华，辉增少林，建功立德吧！"

永祥法师曾任少林寺武术教师、少林寺武术协会常委、少林武术挖掘整理组传授师、少林拳谱编委会委员等职，并编写了《擒敌秘旨》《少林防卫100招》。为保存少林拳谱，发展少林武术，贡献巨大。1984年，永祥病情加剧，撒手人寰。对于他所托付之事德虔牢记在心，后经艰苦努力，终于将所得的少林拳谱整理成书——《少林武术大全》等发行于世。

释永信

1965年生，俗名刘应成，自号皖颍上人，安徽省阜阳市颍上县人。中国佛教协会副会长，河南省佛教协会会长，河南佛教学院院长，少林寺方丈，第三批国家级非物质文化遗产少林功夫项目的代表性传承人，河南大学名誉教授，第九届、第十届、第十一届、第十二届全国人大代表，第十届全国青年联合会委员，第十一届全国青年联合会名誉主席，政协河南省委第十二届委员、常委。

释永信于1981年至嵩山少林寺拜方丈释行正为师，剃度出家。后参学江西云居山、安徽九华山、北京广济寺等处。1984年回寺，协助释行正处理日常寺务；同年任寺院民主管理委员会委员。1987年发起"少林寺武术队"，后发展为"少林寺武僧团"并任团长。同年8月，释行正圆寂，接任少林寺管理委员会主任，全面主持寺院工作。

释永信主持少林寺以来，整修寺院，重整纲纪；先后组建少林寺武僧团，成立少林慈善福利基金会，创办《禅露》杂志，开设少林寺网站，创立少林慈幼院；整理、挖掘少林文化，创立"少林学"；恢复少林药局和少林寺禅堂，举办禅七法会、少林问禅、三坛大戒传戒法会、佛医论坛、水陆法会、少林无遮大会、少林功夫网络考功大赛等；开展各类文化交流活动，为少林寺的发展和少林文化的传播作出了重大贡献。

释永信注重推动少林文化"走出去"。2001年，少林寺在海外设立第一家少林文化中心：德国少林文化中心。随后，在英国伦敦，美国洛杉矶、纽约，澳大利亚等四十多个国家和地区陆续建立海外文化交流中心。为进一步扩大海外文化中心的影响力，2010年成立"少林欧洲联合会"，2011年成立"少林北美联合会"。

释永信勤于著作，撰写《禅露集》（四卷）、《我心我佛》、《我心中的少林》等多部专著，主编《少林寺》（画册）、《禅林意趣诗》、《国际禅文化研讨会论文集》、《少林文化研究论文集》、《少林功夫》、《中国少林寺》（大型画册，三卷）、《少林功夫医宗秘笈》、《中国佛教医药全书》（全101册）、《中国武术大典》（全101册）、《中国禅宗大典》（全200册）、《少林寺大百科》（上中下三卷，200余万字）、《少林寺年鉴》、《幸福禅》、《菩提心经》等几十种书籍。

第十章　少林武术名人名家

陈元赟

浙江余杭人，生于明万历十五年（1587），卒于清康熙十年（1671）。多才多艺，是明清之际一位杰出的学者、诗人和方技家，一生未曾步入仕途，二十七岁时，慕少林寺学习少林拳，并兼学制陶术，后随商去日本国传道，他把少林拳与日本原有之术相互交融，创造发明出了日本柔术，即今日之日本柔道。陈元赟在日本留居52年，为促进日本的柔道、制陶术、文学等发展作出了突出贡献。日本《国史大词典》为陈元赟列有专目说："明归化人陈元赟于正保年间来江户授徒，有福野七郎右卫门、三浦与次右卫门、矶贝次左卫门从其学，尽穷其技。"日本大东出版社出版的丸山三造的《日本柔道史》中说道："日本之有拳法，是近世陈元赟来我国定居后传三人（福野、三浦、矶贝）之后。"在日本爱宕山立有《爱宕山拳法碑》，碑文道："拳法之有传也，自投（归）化人陈元赟始。"中国学者陈家麟在其《陈元赟先生事略》中说："先生又精于拳法，正保中此技自先生始也。"日本人下川潮在其所著的《陈元赟与柔道始祖》中说道："据敛心派之秘笈，我国所谓当身之术，即有大明人陈元赟始传日本之杀活（即捕俘、擒拿打）之法，乃原医道之秘事也。"

日本国人对其极为崇敬，不断举办纪念活动，歌颂陈元赟对日本的贡献。1922年，日本各界在名古屋曾举办"陈元赟二百五十年追远会并遗品展览会"，关于陈元赟丰富的专题研究史料得到全面宣传，一致颂扬陈元赟对日本的历史功绩。关于陈元赟离乡背井在日本传播少林拳并把少林拳与日本原有之术改革为柔道之功绩，我国学术界、体育界、武术界知者甚少也！

俞大猷

字志辅，号虚江（1503—1580），福建泉州河市人。明代与抗倭英雄戚继光齐名的军事家，少年时代喜爱武术，擅骑射、棍钯等。其《剑经》是一部关于实用棍术的经典之作。著作共有六论，即：总论，基本技法论，步法论，攻法论，防法论，对打论，详细地论述了棍法的妙诀，并附有图示。

《剑经》论棍之法，精准微妙，堪称绝说，《总歌诀》说道："中直八刚十二柔，上剃下滚分左右，打杀高低左右接，手动足进参互就。""刚在他力前，柔在他力后，彼忙我静待，知拍任君斗。""阴阳要转，两手要直。前脚要曲，后脚要直，一打一揭，遍身着力，步步前进，天下无敌。"这些富有哲理的实战经验、技术要理，是棍术的灵魂要旨。据俞大猷《正气堂集》所述，嘉靖四十年，俞大猷西征山西，转战云南，特取道少林寺观看少林武术。待观完少林武僧的表演后对寺主小山法师道："此寺（即少林寺）以剑技（却棍法）名天下，其诀皆失矣"。小山和尚听后请俞大猷将军传授棍法真谛，俞大猷认为，"此事非旦夕可授而使悟也！"于是，小山便从寺中挑选勇力和尚二人，一名为宗擎，一名为普从，随俞大猷部南下。三载间，谆谆示之，皆得真诀。少林二僧回至少林，将俞大猷亲手所传棍法教于寺内百余僧，使少林棍法在原有的基础上，又进一步得到发展。至今，少林拳谱中俞家棍之称是也。

何良臣

明代嘉靖年间人，专著有二，一为《军权》，二为《阵记》，《阵记》卷二"技用"一节是专讲拳术与兵器使用之道，其中曰："学艺先学拳，次学棍。拳棍法明，则刀枪诸技，特易易耳，所以，拳棍为诸艺之本源也。"

明确陈述了学习武术的基本程序。另外，他还在参考戚继光《纪效新书》的基础上讲述了他对棍、枪、刀、腾蛇棒、沙家杆子、狼筅等多种兵器的使用技法。《阵记》中记述有少林武僧抗倭的具体事件，对于研究少林武术僧人及少林拳的地位与普及具有重要价值。

程宗猷

明代万历年间人，武术家，字冲斗，安徽休宁人。少年有志从戎，酷爱武艺，曾于其叔父及好友至少林寺习武十多载，从师洪纪、宗想、宗岱等武僧，得少林武术真诀。万历四十四年（1616），程宗猷《少林棍法阐宗》一书问世，其论述全面，棍技奥妙，实为真经秘诀。时至今日，理论与实践价值可与俞大猷的《剑经》之论相比肩。从程宗猷《少林棍法阐宗》中可知，元末少林武僧紧那罗的后嗣蛤嘛师以拳棍授予扁囤和尚，其棍法神异，寺众推崇。天启元年（1621），程冲斗还著有《蹶张心法》《长枪法选》《单刀法选》等与《少林棍法阐宗》合刊发行，取名《耕余剩技》。程宗猷一生喜武、习武、虚心好学、一闻有名即前往投教。故投师颇多。

郭五

明末民间武术家，生平不详。程宗猷《耕余剩技·单刀法选》中说，郭五是安徽亳州人，以刀法闻名于南北，喜欢观学少林寺僧演练棍法，勇士郭五演其棍法为刀法，变化尤精。

刘云峰

明代武术家，浙江人。善刀法，为日本双手刀法重要传人。程冲斗曾请教于他。云峰刀法有势而无名，程冲斗依势画为图像，并一一为之名，后著成《单刀法选》一书，使云峰刀法传至久远。

万表

据高扬文、陶琦主编的《倭寇史略》所述，明代首先招募使用僧兵的当属万表。万表（1498—1556），字民望，号鹿园，定远人。世袭宁波卫指挥佥事，正德十五年（1520），武会试及第。嘉靖二十二年（1543）为广东副总兵，因病辞职回乡。二十五年（1546）起任漕运总兵官，后迁南京中军督府佥书，又因疾乞休。在家养病期间，他念及国家承平日久，士不识战，倭寇骚扰，忧国忧民。在当时，他眼中的英雄唯有少林僧，因他们习武时长，最擅长技击格斗。一旦国有急事，可被缓急。于是，便主动积极地召集少林武僧和天下有志之士，不惜花用家中财力，进行集中训练，准备抵御倭寇入侵。嘉靖三十二年（1553）四月，有倭寇42人进犯浙江东北赭山镇。当时的布政使游居敬请万表设法消灭这帮倭寇。万表挑选200名武僧，交由他的女婿杭州卫指挥吴懋宣进攻倭寇。僧兵个个奋勇向前，将倭寇打得四散奔逃。但可惜的是，吴懋宣因一时兴起，独自乘胜穷追倭寇，结果战死。少林武僧誓要给吴懋宣报仇，皆曰："万将军素好施舍，定为其婿报仇雪恨，吾辈不愿受中丞约束，愿为公灭此贼。"随集结八十余人，寻倭寇厮杀。少林僧手持铁棍，以古大钱贯铁条于中，长约八九尺，重约三四十斤。战场上，他们舞铁棍如竹节，灭倭寇甚多。

另有何良臣《江南经略》卷八《僧兵首捷记》记述僧兵参战的来龙去脉。嘉靖三十二年（1553），有倭寇二百余人进犯苏松一带，民兵御之，连败三十七阵。杭州郡守孙公与都督万表，养有僧兵二百人。倭寇进攻杭州时，僧兵四十名出城击倭，带队的是天真、天池二人，皆为少林僧，与倭寇交战，斩倭寇多名，僧兵大获全胜，剩余倭寇四散逃命。当时操江都御史蔡克廉驻扎苏州，深受倭寇骚扰之苦，闻少林武僧特别能战斗，就特派人来杭州请援。万表看到蔡克廉书信后，派月空等十八人前往。月空见到蔡克廉，又荐少林僧天员为将。天员出山，招选四方僧八十四人，发兵闵行镇（今上海西南之闵行）。天员有勇有谋，处理果断，在翁家巷处指挥作战，僧兵奋勇向前，斩杀倭寇四十余人。其后再战白沙滩，数天内，天员率僧兵追杀残敌，直至把这批倭寇全部被歼。自此一战，大长了军民气势，任环、卢堂、胡宗宪也都重用了少林僧兵。

刘德长

原少林僧人，习得少林枪棍之技后，离开寺院，游方天下。因武艺精良，曾受某边师之崇敬，并劝其脱去僧衣，由军功授职"游击将军"。后由巡抚韩晶宇恭请至府中，教韩晶宇之二公子及手下部将学习少林枪法等技。随时间推移，名望渐远，德长徒众甚多，其最得意弟子为王富、石敬岩、韩二公子、韩来子、韩晶宇等。

石电

石电，字敬岩，常熟人，明末著名武术家。先世为元朝大臣，入明后沦为贫户。少时，常熟县令耿橘募士击"盐盗"，石电应募，耿橘传以击剑、双刀等法。万历三十九年（1611），又应募随陈监军出征两江苗寨，所在立功，授官都司参将。访友求艺，从少林僧洪纪学习少林棍枪之法。又随刘德长习枪法，领悟独高。崇祯六年（1633），沈莘桢备兵太仓、昆山，招聘东南技勇之士教练士卒，石电与曹兰亭、赵英及少林僧洪纪、洪信应聘而来。在昆山凡二年，生员吴殳、夏君宣、夏玉如、卢梓亭等向石电求教。石电传给枪法及刀拳等技。

崇祯八年（1635），张献忠农民起义军攻入两淮地区，连克庐江等城，明应天巡抚张国维传檄苏州卫指挥包文达，驰援桐城，包文达邀石电同往，石电以衰老为由辞之，但赵英等强求同行。二月十二日，包文达在宿松中农民军埋伏，全军被歼，石电力战而死，死时年约六十岁。石电精通枪法，创"石家枪"派。弟子吴殳，著有《石家枪法源流述》等文。

吴殳

吴殳，名乔，字修龄，号沧尘子。江苏娄县（今松江）人，生于明万历三十九年（1611），卒于清康熙三十四年（1695），终年八十四岁。自幼攻文习武，才高博学，精于各种拳械，时称"奇人"。著有《手臂录》一书，对各家枪法及单刀法做了论述，提出了自己的看法。《手臂录》中的大部分内容虽非吴殳所作，但这部书实为后人留下了宝贵的武术资料，避免了当时这些零乱书稿的遗失与遭灾。就少林武术而言，其中收录有《石敬岩枪法记》《梦绿堂枪法》《程冲斗十六枪记》等著名武技。

李超

据《聊斋志异》中所云：李超，字魁吾，淄之西鄙人。豪爽好施。偶一僧来托钵，李饱啖之。僧甚感荷，乃曰："吾少林出也。有薄技，请以相授。"李喜，馆之客舍，丰其给，且夕从学。三月，艺颇精，意甚得。僧问："汝益乎？"曰："益矣，师所能者，我已尽能之。"僧笑，命李试其技。李乃解衣唾手，如猿飞，如鸟落，腾跃移时，栩栩然骄人而立。僧又笑曰："可矣，子既尽吾能，请一较低昂。"李忻然，即答交臂作势。既而支撑格拒，李时时蹈僧瑕，僧忽一脚飞掷，李已仰跌丈余。僧拊掌曰："子尚未尽吾能也。"李以掌致地，惭沮诸教。又数日，僧辞去。李由此以武名，遨游南北，罔有其对。偶适历下，见一少年尼僧弄艺于场，观者填溢。尼告众客曰："颠倒一身，殊大冷落，有好事者，不妨下场一扑为戏。"如是三言。众相顾，迄无应者。李在侧，不觉技痒，意气而进。尼便笑与合掌。才一交手，尼便呵止曰："此少林宗派也。"即问："尊师何人？"李初不言。尼固诘之，乃以僧告。尼拱手曰："憨和尚汝师耶？若尔，不必交手足，愿拜下风。"李请之再四，尼不可。众怂恿之，尼乃曰："既是憨师弟子，同是个中人，无妨一戏。但两相会意可耳。"李诺之。然以其文弱敌，易之。又年少喜胜，思欲败之，以要一日之名。方颉颃间，尼即遽止。李问其故，但笑不言。李以为怯，固诮再角。尼乃起。少间，李腾一踝去。尼骈五指下削其股，李觉膝下如中刀斧，蹶仆不能起。尼笑谢曰："孟浪迳各，幸勿罪！"李昇归，月余始愈。后年余，僧复来，为述往事僧惊曰："汝大鲁莽！惹他何为？幸先以我名告之，不然股已断矣！"

王际亭先生云："此尼小殊踪迹诡异不可测。"又云："拳勇之技，少林为外家，武当张三丰为内家。三丰之后，有关中人王宗。宗传温州陈州同。州同，明嘉靖间人。故今两家之传，盛于浙东。顺治中，王来咸，字征南，其最著者也。雨窗无事，读李超事始末，因识于后。阮亭书。征南之徒，又有僧耳、僧尼者，皆僧也。"

蔡九仪

据《少林拳术秘诀》云，蔡九仪本粤之高要人，崇祯时以武科起家，为洪经略承畴之军令承宣官。后以承畴降清，遁匿于少林寺中。拜一贯和尚为师，擅长超举术，精少林拳腿法，与人相搏能使身体腾空而起落至丈余远，疾如鹰隼，令人猝不及防。年老时节，将其术传至子侄及亲戚之辈，朝夕授技。门徒中，以麦姓、莫姓二人为最佳。唐豪《少林拳术秘诀考证》云："《少林拳术秘诀》作者因粤中有蔡家一派拳技而沿附，并非实有（蔡九仪）其人。"

范士通

范士通，生于明末，河南省登封市磨沟西窑村人，属范氏第七代子孙。自小练习少林武术，体格健壮，力大无比。一日，其弟范士力在北山遇上一只老虎，吓得赶紧跑回家告诉哥哥范士通，士通一听，随即掂起木棍就往山上走去，发现老虎果然卧在乱石堆里。当走近这只猛兽时，它突然向士通扑来，士通一个闪身，随即一棍就将老虎腰脊打断。范氏兄弟把老虎抬回村庄的一块平坦地块上剥了虎皮。现在，磨沟人把发现老虎的地方叫虎坪，剥虎皮的地方叫剥虎场。

有一天，范士通同兄弟士弘出行宝鸡，见一群人围观一大汉，大汉手持铜锣，大叫猴王立擂，猴子勇力过人，有不服者请上来与其交手，获胜者得纹银三十两，败者如数支付。猴体壮敏捷，兽性凶狠，立擂数天，已经连伤多人。场下的范氏兄弟目睹二三个武术好手竟然也败在凶猴手下，而且猴主及一帮随从气焰嚣张，决定上场打败猴子，助长人气。弟弟士弘争先上场，大战数个回合后，不分胜负，在场群众喝彩声震耳欲聋。士通叫停，让弟弟退下，自己上场与猴子决战。此时当地一名士绅叫停说："看来壮士们是外地人，不知猴王厉害，它已得胜数天，连伤多人，今天算是遇上了对手，恐有伤害，建议互立生死状一份，以免事后引起纠缠，不知可否"？双方应许，迅当场立下生死文书。

打擂正式开始，台下又是呼声一片。范士通手提齐眉棍登台，故意装作醉酒迷糊状，而且右脚还拖拉着鞋子，猴主人及一帮随从哈哈大笑，随放猴出击。仅过两招，范士通左脚震脚跺地，右脚速往上踢，鞋子随踢动作飞之空中。猴子往上看，随跃起抓拿空中鞋子，此时范士通趁机用齐眉棍向猴裆部挑去，猴子失去平衡，待从空中落下还没有跳起之时，范士通一个劈棍，将猴王打死在地。场下一阵掌声。这时，猴主及其一帮人情绪激动，要范氏兄弟赔偿五百两银子，否则，不能离去。在场绅士调解无效后，去宝鸡衙门评理，结果，因事先有生死文书为证，范氏二兄弟获胜，二兄弟又把所得纹银，交由当地士绅，让他分给被猴王打伤的几位武林好手以做养伤之用，一时在当地赢到盛赞。

痛禅上人

据郭希汾《中国体育史》："今少林派开始第一手，以左手握拳，右手附其背，即寓仅背国仇之意。地盆则以踏入中宫，亦示不忘中国之旨。当时少林派中，有痛禅上人者，相传为明福王之堂叔，本名德畴，剃度后，引号痛禅。后数年，复蓄发，往广西，谋举兵恢复，不成。又遁之台湾，依延平之子，亦不得志，仍还至少林。上人在少林时，复立诚约十条……

其宗旨正大，较为寰昔，大有不同，籍禅关清静之地，为磨砻筋骨之具，其苦心孤诣有足称矣。"

定因

明末清初泉州僧，臂力过人，所舞铁钯重50斤。尤精少林棍。从其习技者数百人，以杀虎传名。据《聆风簃杂谈》中所述："时漳州有虎狞甚，食人畜无算。定因适以事至，曰：'杀虎易耳。'……虎立毙。官赏之，不受而去。"时郑成功方据台湾，漳泉间拳勇少年多往从之，往往得官，定因则不屑。其后，以老寿终。

李友山

据徐珂《清稗类钞·技勇类》记载，新会李友山，习拳棒，少林派也。游都门，在豫邸数年。有某师者，禅杖重数十斤。友山持枣木棍，与较胜负，竟败之。名噪甚。中岁归里，隐居授徒。偶遇乡中赛神演剧，前往观之。徒之徒右旁侍。列之旁者数百人，一日，有一人约二十，衣服华美，神采焕发。从一剪发奚童，年十三四，盖外来人也。乡人尊友山为师傅。凡师傅过处，辄相避成路。而外来人未知也。望望然，柴立其中央。其众讶其不避，厉声叱之。其人仰首应曰："是官也耶？"则又叱之曰："尔盲也，不识李师傅耶？"其人正要欲避，剪发奴曰："是尚可忍，主人不动手，奴也不能恕矣"。有山门人皆见少年喜事，蜂拥而前，主仆二人举手提人，投诸数十步外。有山不得已，亲往交手。一应拒间，其人喝曰："止，尔少林派也！尔师为谁？"友山告知，其人袒臂示友山，贴金刺字一行，则少林传授世系也，盖与友山之师同出一门焉。

马和尚

清雍正年间，大将军年羹尧率兵西征，幕下有多名参谋，其中江宁的严星标和常熟的徐之仙两位老者随年羹尧征战多年。随着年龄的增长，唯恐成为行军累赘，便主动提出要告老还乡。辞行之时，年将军赠重金送之。回乡的路中，两位老人宿住蒲州，后有两位骑客尾随，形象凶猛，两位老人心中恐惧。接着又逢两位青少年僧也来到住地，更令两位老人为之担心。第二天，两老不敢按正常行速住店，便每十余里就住下。青少僧走来扬目说道："观两位书生一般，难道是盗吗？囊内赤金二千从何而来？"严、徐二人顿时大惊回答道："财为朋友赠送，何妨？"僧曰："若然，二君必年大将军客也。"严、徐对曰："是的。"二僧随曰："好人！"言罢，手拉着女尼进入东厢房。到了日暮西山时，那两位骑客解鞍宿西厢房。深夜，严、徐二人闭门和服而卧，僧在屋檐下喷喷道："好马、好马！灭掉它如何！"深夜里两骑客听到此声，深感不妙，弃马而逃。僧接着进入严、徐二人房中，严星标挺身而出曰："事情到了如此地步，没有什么可说的，眼下只有行李与头颅，你都拿去就是了。"僧笑着说："误解了，我不杀你们，两骑客则是要想杀你们的人。"严、徐惊疑地发问："怎见得？"僧曰："观二骑客是否是贼，我们绿林好汉看马蹄扬尘便可晓得，他们轻身起马，身无重物，虽有囊包在身，却露出了囊中串钱用的空绳子，他们的目标是你们，确巧遇上了我，不然二君必遭劫难。"严、徐问僧："你从何来？"僧曰："我也从年大将军处来，今天行经此处，前往中州，苦于无马，遇两盗所骑好马，故而夺之。"说着，僧拉严、徐走近马棚，将两盗肩用之铁扁担屈而成环，分别挂之两马脖处。言毕，携女扮男装的女尼姑牵马拱手作别，并最后交代说："二君有戒心，可南去，毋忧也。"

三十年后，严星标之孙用晦路过河南省登封县，遇见少林僧论拳法曰："雍正年间，有异僧来，传技优精。后来，河南总督田文镜严禁习武，僧转到永泰寺传技于环师，不久，环师之亡，其徒曰惠来者能传其术。"此时，用晦心知自己的爷爷所遇之僧正是马和尚，环师者，即僧所暗中所交的环师也。这位马和尚是少林寺的武术教师。

甘凤池

　　家拳法奥妙，绝大神力，天下无敌，名震四方。一日，甘凤池刚到京城入住，便受到尾随而来即墨好汉张大腹的挑战。张大腹身材高大、虎背熊腰、气力超人，又懂武功，在当地也是武术界头面人物。因肚子圆大，乡里乡外人都称其为"张大腹"。张大腹久有与甘凤池交手比高下的心愿，常四处打听甘凤池的行踪。甘凤池面对张大腹的恶意挑战，再三婉言拒绝。张大腹则纠缠不休，执意比武。于是，二人开战，几个回合后，甘凤池机警地发现张大腹善用右脚攻击，且力量极强，便决定以此为突破口应对。又当张大腹右脚飞来之时，甘顺势将身体向左一闪，以右手抓张之右脚用力一拧，张大腹哎呀一声，摔在地上。后脱下张大腹鞋子查看伤势，乃发现张之右脚裹有铁皮，因甘握力过大，大腹右脚所裹铁鞋已镶入肉中，血肉模糊。

　　据徐珂《清稗类钞》所云：汴京有一无赖，多勇力，见一富家圉人（养马人）牵马出行，遂跑向前去说："此马高大，暂借吾乘之。"圉人曰："此马善踢人，勿轻近。"无赖对曰："难道我它也敢踢吗？"

　　言毕，夺过缰绳欲骑。不料此马果然踢中无赖股处，少顷，无赖之师胡某得知此消息，速至富人家索要医伤之金。富人解释道："他不听劝告，被马踢伤，难道我还要为此出金医伤吗？"胡某说："照你所说，罪过在马而不在你，那我就踢你的马股如何？"富人允之。胡某为武师也，一脚踢之马股，马着实受伤嘶叫，胡某此时也很得意。此时，恰遇甘凤池路过，富人喜出望外，忙邀请甘凤池前来评理。并用激将法对胡某说："你踢我马不为勇，敢踢甘凤池爷爷乎？"胡某久闻甘凤池大名，但不曾见过面，当听到眼前之人就是甘凤池时，感觉与常人并无两样，便骄傲地回答道："只要他同意，我就敢踢之。"此时，甘凤池笑而应允。于是，奋衣当阶而立。胡某果然怒而猛踢，凤池坚如磐石，丝毫不觉。而胡某则仰面朝天跌于数迟之外，大呼疼痛不止，少顷，股肿如斗。凤池曰："此乃自愿，不得怨言，但你伤势不轻，我给你药丸速服之，静养两个月便能痊愈。"自此，胡某师徒深受教育，行为收敛，再不敢为非施横。

一日，甘凤池出远门，数天后，囊中空空，在路过的镇上卖艺乞食。不料，镇上一名叫"打人王"的得知消息后，便怒气冲冲地前来砸场子，驱赶甘凤池马上离开此地。甘又换了一个地方，仍遭"打人王"驱赶。无奈之下，甘凤池向"打人王"求情，"打人王"见甘凤池向他恳求，便装模作样地提出了一个条件，要甘凤池与其决斗，若胜方可卖艺，若败马上滚出此地。言罢，"打人王"主动出击，怒打甘凤池。甘左挡右闪，"打人王"招招落空。最后，"打人王"使出看家本领，用头部向甘凤池胸部顶来，甘凤池退至一面土墙边，待到"打人王"用力顶撞胸部之际，闪身一躲，"打人王"从洞中穿出，直跌入一个大粪池中，几经挣扎才从池中爬出，满身臭粪，蒙面含羞狂奔而回。

中午时分，一名男子携包袱来见甘凤池，说是"打人王"的哥哥，凤池大惊，一个箭步冲出丈外，回首作格斗势静待。来人见此状况后笑着说道："我是'打人王'哥哥不假，只因我们兄弟二人从小失去父母，弟弟喜武技，有些身手以后，常惹是生非，无羁无绊，不听管教，致使他野马成性，不断伤害邻里，今遇高人交手，使他明白了天外有天的道理。今我来此，一是感谢你对弟弟的教育，二是弟弟要我请你到家，要拜你为师。"说罢，打开包袱，奉上酒肉，二人畅谈起来。

叶鸿驹

据徐珂《清稗类钞》中所云，叶鸿驹，嘉定人。少时喜武有气力，恰遇游方少林僧人，即拜师为徒，后随师到少林寺数年，得少林真功。十年后，离寺返乡，招收门徒，将所得技艺授予弟子，弟子均能以一敌十，故此，威名大震，声名鹊起。

一日，叶鸿驹信步于河滨岸上，一位牵舟人经其面前，竟大声呵斥道："让开"，鸿驹见此人出言粗鲁，遇事无理，便回答道："我乃叶鸿驹也。"牵舟人立刻止步，气愤地将牵舟扁担用力戳入地面，入土尺余，接着说道："我久闻大名，特访汝而来，请较个高低吧！"叶鸿驹知其缘由，便随即应允。二人你来我往，斗技良久，最终，牵舟人垂头丧气、服输而去。

三年后，叶鸿驹又遇牵舟人，再斗，牵舟人又败。此时，叶鸿驹仰面叹道："此人武技大进，若再来，恐不敌他也！"三年再过，牵舟人果然再寻叶鸿驹较技，叶家人称他已突发疾病而亡。牵舟人伤心地吊丧，他跪在棺材前，一边哭泣，一边将手插入棺中，取白灰一把离去。叶鸿驹暗中观察牵舟人举动，待牵舟人走后叹道："此人果然武技高超也！"自此，鸿驹言行谨慎，遇事谦恭如儒，且教育家人与弟子们，武技在身，不可妄为，为人之道，止于至善也。

张兴德

徐珂《清稗类钞》记述："少林宗法以洪家为刚，孔家为柔，介于其间者为俞家，其法甚秘。乾隆初，颍、凤之间，时有传者，宿州张兴德即以俞法号专家，尤善双刀，故有'双刀张'之称。亦侠士也。里曾被火，有友人在火中不得出，张跃而入，直上危楼，挟其人自窗腾出，火燎其发鬓皆尽，卧月余始愈。天马山多狼，数患行旅，张拂刀往伺之，三日获其九。乡里子弟崇其技，多从学者。张虽指教，然未曾尽其技也。"

郑大腹

徐珂《清稗类钞》记述："常熟西乡有郑姓者，失其名，殊健饭，食兼人犹不能果腹，每日抚其腹曰，'如其大腹何？'人以大腹名之。"多力，善技击，得少林宗派，能与水面作蜻蜓点，一跃数十丈，视城垣如门阈。

郜如城

清洪亮吉《登封县志》载：郜邦屏，字如城，在城人也。幼同兄邦翰攻举子业于少室山之清微宫，过目成诵，终身不忘。尝慷慨语兄曰："大丈夫不能坐庙堂，黜陟天下贤奸，亦宜独当一面，为国家效忠御乱，屏迹山谷伴渔樵以老此，他年归里时事耳，岂今日之所宜为？"会明季流士交讧，遂决然辍弦，诵习拳棒于少林寺僧，尤娴大刀。尝乘白马挥刀与土寇战于颍西，斩首数十，擒其巨魁。督都孙传庭上其事，授本县营千总，日练士卒，缮甲仗为守城计。登四围皆峻山，少室尤号天险。土寇李际遇盘踞其上。申靖邦又巢栖金店。登民樵汲耕耘，贼伺其出入，掳掠无虚日。屏出奇扼险，大小四十余战，斩获甚众，猖獗少息。贼攻城略地，如洛、偃、巩、孟、许、泗、襄、郏，凡陷城二十余。登以弹丸小邑，密迩强寇，曾被围二十七昼夜。屏设法死守，指天誓曰，以励众志。又劝富民均粟以饷贫乏，人心和谐，卒保完固。

鲁铁匠

据无谷、姚远《少林寺资料集续编》摘抄《武侠丛画》所述：中州少林寺派，素称为拳术鼻祖。蓼城有鲁铁匠者身材伟壮，任侠好武。幼年其父以鲁多力，命习铁业。鲁为徒时任重致远，不畏其劳，故同业中人颇器重之。而鲁于工作之暇，尝从城中二三技师，学艺于东门大佛寺内。鲁性极灵敏，练时每一经拨点，辄能领会。于是不数年间，而鲁竟青出于蓝，名噪一时。鲁又善炼钢铁，监造军旅用器，比别家锋利。售价稍昂，顾客亦乐从之也。自备一刀，尤为精绝，出入常佩之。会有邑绅吴某，欲占郭秀才女为妾，郭弗允，吴仗势抢娶之。郭鸣于官，官受贿不理。郭遂含冤而殁。女闻父死，羞愤欲绝，亦投环以殉。事为鲁所闻，顿足捶胸，愤不可遏。是夜吴绅家父子三人，身首均异处，而鲁亦因之不知去向。后有张某者，经商过少林寺，遇鲁于途，谈及同为蓼人，甚喜，然鲁已斑白老叟矣。鲁云："观公此来，携带多金，北道不易行，恐将变故，余意送公一程，以尽乡谊。"遂相伴而行，沿途遇盗数起，幸得安全者，实鲁之力也。

至颍州界，鲁向张告辞曰："前去皆坦途，无须吾送矣！请期后会。"张感激谢以金，不受而去。嗣后蓼商，每携巨款时，必邀鲁俱，无不慨允。鲁虽七十老人，犹矍铄精神，趋步如驶。北方强寇，闻鲁之名，无不退避三舍，盖鲁之深得少林真传也。

庄叟技力

据清凉道人《听雨轩笔记》中所述：嘉兴万永元者，素多力，后学武艺于少林僧孤云，遂以拳勇著名江浙间。自号万人雄，从而习艺者以万计。一日，率其徒教技于东塔寺，观者如堵。永元自炫其能，知其奥妙者，感叹赏之。有老叟携一童子，约十余岁，在旁耳语曰："手段亦有来历，但破绽多耳！"闻者皆骇。永元知之，叱叟曰："汝系何处人，敢来讥讽我！"叟逊谢无有，童子以永元厉声色俱厉，因忿然曰："汝技仅止此，而敢于行教，故吾与老人偶论之。今汝发骄慢，意欲何为？"叟频以目示，而童不肯也。永元曰："汝敢与我较技乎？"童对曰："有何不敢！但此地逼仄，难以展舒耳！"时已薄暮，永元约明日至教场相较。问其籍贯，答以"姓庄，长兴雉山人，因女将出嫁，故来此买物，寓于舟中，晚间当去，今君欲见教，又迟归一日矣"！遂相订而去。永元使人伺察之，则其舟泊于宣公楼畔，尚有伴侣二人，见叟回，方欲理楫解缆，叟止之，告以明日与万较技，而怨童子多事，以致迟留。然于较技绝不商量，若裕如也者。探者回告，永元曰："何方妖魔，敢与吾角！"而心亦戒备之。次日至教场，则叟与童先在，迎而谓之曰："吾欲遄归，故候之久矣，君欲角力乎？较拳棒乎？比刀枪弓箭乎？所事惟命，吾父子遵敬焉。"永元见叟戆而童稚。因曰："先试力。"教场有石墩，中通一洞，约重四百余斤，盖操兵时用以竖大旗用。永元两手掇之，行十余步而堕于地，观者啧啧惊叹。叟使童试焉，石巨人小，仅可离地，而碍足不能行，遂置之，然手掇处指已入石寸许，石屑霏霏落，众皆骇然。叟笑曰："孩童不用力尔！"手提石掷之空中，落而陷于地者盈尺，复提起置诸原所。永元自谓拳法无双，欲与较拳。叟曰："吾筋骨久惫，展动为难，且手重，恐或伤君，吾今但立于此，任君来扑可也。"因凝立于演武厅之月台上，永元竭尽所能，欲挥而扑之。拳脚将及叟，叟不举手而微摇其身，永元不觉退走二丈余。叟挟之曰："君不致挫跌，平日工夫亦深，今尚欲较何技乎？"永元更请试棍，叟命童与较，而谆嘱其不可伤人，童唯唯。两棍正舞，宛若游龙，忽格然有声一棍飞起高数丈，落于饮马池中，视永元则空手矣。永元大惭，揖而谓叟曰："吾习技十余年，自谓无敌，今输服于叟矣。然叟之师系何人，而精妙至此！"叟不肯言，拱手将别，适有两鸠鸣树间，叟谓童曰："船中无物下饭，盍取此以佐午餐。"童探怀中出小矢二，除指上铁环，贯舞于中，而次第以指抵之，矢去如飞，转瞬间鸠皆堕地，遂拾之，从容而去。永元送至河干，则二人者，已操橹以待，问叟"赢绌如何"，叟答以"万君绝技，非吾所及也"。与永元握手珍重别。同童子下船，舟行疾于奔马，顷刻已杳，惝恍不宁者略日。后晤其师孤云，述遇长兴庄叟事，孤云大惊曰："此吾师叔也！技与永元力迥绝，同辈吾师亦逊谢之。幸其少时曾与神前设誓，永不伤人，故汝不致受亏，否则殆矣！"永元自后不复事拳棒，业商贩以终。

莆田僧

据无谷、刘志学《少林寺资料集》摘俞樾《荟蕞编》中所云：莆田有官家子，年少出家至某寺中，寺前多龙眼，僧众资之以自给。已而为里中无赖子百十人所扰，龙眼熟，尽而取之。寺僧弱，不能与争，寺遂零落。是僧既出家，得其故，愤然弃去，不知所往。阅三年，复归寺，寺僧怪而问之，是僧曰："吾入少林学拳勇，将以御暴也。"及龙眼熟，无赖子数人复来取，僧执之而不击也。叱之曰："吾知若辈成群有百十人，来扰吾寺，若辈恃众也，若辈敢与我一人斗力乎？若辈能胜吾，一寺前后龙眼，惟若辈取之；我一人胜若辈，若辈当服我。"数人叩首去，约于某地斗力。至期，无赖辈执兵械以待，僧以一棍入，挥之如折枝也。于是，无赖子尽伏地，誓不敢扰寺，并戒以勿扰里中也。于是，拳勇名震莆田，然其技一试于此，后遂绝口不道。有少年，嗜拳勇，且自负其技甚高，慕僧名，欲一得当于是僧。既见，僧绝口不言拳勇。少年曰："吾嗜拳，勇甚，以是游于世，所游之地，莫余敌也。慕师久，敢以是谒师，师其是教我。"僧坚拒之，少年请益力，僧不得已乃曰："若试技，或能当吾意，略以吾法试示若可耳？"少年大喜，踊跃试棍法，僧赴之曰："若技甚俗，不足以进于是也。"少年心不服，大言曰："师欺我。"僧曰："我何为欺汝！汝棍园而不方，濯而无毛！"少年益不服曰："棍本园而濯者也，奈何以为俗！"僧曰："园者方之，濯者毛之，进乎技矣。"少年："奚为而方，奚为而毛？"僧曰："是难之也，若与我交，则知之矣。"少年踊跃以棍与僧交，僧执一竿坐迎之，棍交竹竿，竹竿东，棍随之东，欲西不得西；竹竿西，棍随之西，欲东不得东；若胶之不可解，若风絮之不自主也。如是久之，竹竿忽上指，棍入云霄。僧曰："是之为方，是之为毛！"少年乃自愧其俗，不敢请。

胡大之少林绝技

据无谷、刘志学《少林寺资料集》引王韬《遁窟谰言》所云：羊城有胡大者，积年悍贼也，雄捷能超楼阁。少时学习少林拳棒，得其密授。其师曰法云上人，端谨衲子也。尝戒之曰："观子之儿，当入于邪僻，以非命终。然子之聪明才力，实为及门之冠。吾传衣钵多矣，汝为生平所仅见也。吾有绝技，舍汝无可传者；但传之则恐汝为害于人，不传恐此艺湮没，不能嗣向于人间，岂不可惜哉？"胡大指天誓曰，誓不为非，谓后日自必束身正道，不为师门之玷。法云上人乃尽出心传教之。后胡大父母俱亡，不善筹家计，迫于衣食，乃入匪类为盗。积案累累，县中捕役畏其勇，即知其窝藏处，亦莫敢往擒。一日，胡大潜至城垣，伏匿城西塘鱼栏附近，踪迹诡秘，人不敢诘。营中果弁者，素亦以拳勇名，闻之欣然率众而往。因于晚间遴选壮士百有数名，各持枪械，踊跃前赴，将胡大所藏处，围之三匝。某弁号于众曰："如见贼首出，并力擒之，无令逸也！"于时胡大在内，手由并无利器，闻之亦不惊惧，从容启户，目外达内，望之洞然，胡大将酒肴，陈于厅中，高坐细嚼，旁若无人。众相视莫敢先发。某弁大怒，叱众曰："汝等可谓酒囊饭袋者矣！"持矛径入，众亦随之。胡大掷杯大笑，双拳两脚，纵跳而前，大声曰："汝等勿太迫，乃公去矣！"言未毕，便滚入人丛，三起三仆。凡兵勇手中所持刀棍，尽皆落地，若有捽之去者。某弁举刀飞掷之，误中阶石，火星忽迸，而胡大已不见矣。然兵勇已死者三人，伤者十余人，盖皆在前列而为其拳脚所套踢者也。

王倜士

据无谷、刘志学《少林寺资料集》引富华《武侠丛画》所云：王倜士，通州人，少林弟子也，以剑术名于世，性情温厚，与人无所忤：或有犯之者，则付诸一笑。左邻孙姓妇，家贫早寡，只生一女，颇具姿色，荆钗布裙，风采焕然。母女恒以十指度活，不虑饥寒，宴如也。有黄某，虎而冠者也；膂力过人，能举石臼作旋风舞，故诸无赖奉为党魁。是以无恶不作，而性尤喜渔色。久已垂涎孙女，屡次请人撮合，均遭拒绝，恼羞成怒，誓必得女而后已。一夕，月暗星疏，万籁皆寂，忽有数十人，披发及颈，朱墨涂面，乔扮剧盗，闯入孙家，共掳女去。妇痛哭失声，计无所出，自忖以卵抗石，势终不敌，遂仰药自尽。闻者叹息不止，然莫敢谁何。后为倜士所知，义愤填膺，思有以处之。缘有程某者，素行不端，倜士造其居而诘焉。且曰："汝之无赖，遐迩共闻，孙女被劫事，汝亦偕往乎？速实语我，否则不贷尔！"一时声色俱厉。程惧不敢隐，曰："事虽附合，非余主动，出斯计者为黄某，现住郊外某寺。"言已，跪地乞命，倜士不之顾，径往寺追寻。甫入寺门，见殿中陈设方桌，旁立数十人，皆手执利器，黄某踞坐其中，一女子跪其前，若审判然。倜士识是孙女，乃掇小石，向踞中者掷之，中其颊，血流满面。倜士拔剑，杀旁立者数人，余则缚之送官，一讯而伏。孙女无家可归，认为义女，待如己出；越年，为之择配。一时传为佳话云。

孙贡玉

据清徐珂《清稗类钞》中记述：孙贡玉，以勇闻，习拳于少林寺。得内家法，艺既成，由寺后夹弄出。时日已暮，望前村有灯火光，一老者伛偻迓之曰："汝非某僧高弟乎？此径无足音久矣！"曰："然。"老者曰："盍休此，我与汝师厚，明日汝师当顾我。"旦，僧果自外来，相见色喜。老者令幼子与孙角艺，僧高作壁上观。搏方酣，僧遽呼曰："止、止，为汝易帽。"孙自顾已失，乃悟。请留，复三载，精其技。

孙归后，为镖师，商贾聘护囊箧。里有不逞子，入北省为魁，素骁勇，号大刀柳。然知孙善弹击，戒其党勿犯；以故，望帜即驰去。孙性和易，虽妇孺皆与狎。有固请观技者，削箸作束，抵其项，以手击箸，箸折而项不伤。又指按铜钱数十枚，立碎。有巨盗伺孙久，夜登楼扪之，加利刃，孙捷于飞猱，已自后按其腕，盗投地痛甚。子惎，坚请习技。不许，曰："生平见壮士多横死，汝足病废，天之爱汝者厚矣，我何忍以此技祸汝也！"晚年杜门韬晦，得以寿终。

邢三

名孙科，武林传称"黑虎"，陕西渭南人，另一说是临潼人。身材魁梧，功力尤著。与"鹞子"高三、"饿虎"苏三、"通臂"李四共称陕西四大名家。青年时中武举，擅盘刀、骑射、红拳、炮拳、醉拳等。曾拜居住于陕西的少林游方僧人刘禅和尚为师，学习车前老母子九拳、少林拳、风魔棍等。晚年在咸阳一带纳徒授艺，著名者有李邦彦等。

万籁声

著名武术家，1903年2月出生于湖北省武昌县葛仙镇（今鄂州市葛店镇牌楼街），原名万常青。13岁万籁声青年时随叔父万廷献到北京读书，17岁考入国立北京农业专门学校，毕业后留校任助教、讲师。他自幼爱好武术，在校期间，曾拜沧州神枪手刘德宽的高足赵鑫洲为师。

万籁声学了三年少林六合拳之后，听说杜心五武艺高强，便要拜他为师。杜心五练的是自然门内功，万籁声得自然门内功秘传之后，又先后拜刘百川、杨畏之、邓芷灵、王显斋、王荣标等名师，得到了他们的真传。万籁声在读书和任教的八个寒暑里，除了上课几乎将所有时间和精力都用到了练武上。他除了擅长少林六合门和自然门内功外，对其他各大门户如形意、八卦、太极、猴拳、劈卦、罗汉、南拳及枪器械、暗器等主要功法无不涉猎。1927年初，万籁声第一次在武坛显露锋芒。《北京晨报》连续两个月发表了万籁声的数篇武术论文，引起了武术界人士的关注。1928年，他又撰写了十几万字的《武术汇宗》，并从此把自己的名字改为万籁声。

1928年10月11日在南京参加武术国考，后被当时两广总指挥兼广东省主席李济深先生看中，被选聘担任两广国术馆馆长，授少将级军衔，时年25岁。从此，万籁声在两广声名鹊起。李济深下野，两广国术馆解散。此后，万籁声又辗转南北，在上海、河南、武汉、广西等地从事武术活动。抗日战争期间，万籁声先后任重庆中央训练团武术总教官、湖南国术训练所所长、广西大学体育部主任、永安体育师范学校校长等职。1992年，万籁声病故，享年八十九岁。万籁声生前撰写有《武术汇宗》《万籁声武术教范》《国际技击武术教范》《国际武术体操教范》《国际气功武术教范》《武术言论集》《中国伤科》《治平之道》等。万籁声曾任中国武术学会委员，福建省政协委员，省武术协会副主席、名誉主席，福州市武术协会顾问组长，市武术馆名誉馆长，武当拳法研究会总顾问等。

金佳福

金佳福（1848—?），江苏南京人，传为甘凤池第四代传人。精少林武艺与花拳，尤擅闯少林、文少林、武少林、提鑪少林、拗步少林、神化少林。1928 年任江苏省国术馆教习，传人甚多。

李玉琳

据《中国武术大词典》：李玉琳（1885—1965），字润如，河北任丘人，自幼好武，初拜郝恩光为师学习少林拳、八卦掌和形意拳，后被孙禄堂赏识收为弟子。1924 年任天津中华中学武术会教员，旋被聘至上海，任上海中华体育会武术教员和尚德武术会会长。1930 年受聘为山东国术馆教务主任。1936 年，至哈尔滨开办"太极拳研究社"。随后，又在长春、沈阳等地开办"太极拳研究社"，李玉琳除授杨氏、孙氏太极拳外，还授形意拳、少林拳等。

马承志

据《中国武术大词典》：马承志（1888—1977），艺名马金彪。安徽霍邱县人。幼跟同乡黄树生学习少林拳。1908 年到霍邱县做短工，同时拜师学习拳术与短兵器。善使暗器金镖，曾以手指捻碎绿豆而闻名全城。1911 年参加北伐军，并教授武术。1914 年拜山东王兴隆为师学习形意拳、八极拳、摔跤术达五年之久。1923 年回安庆传授武技，后又到武汉铁路局任教。1928 年参加"国术馆"国考，名列前 15 名。次年获全国摔跤比赛第二名。1930 年，任江苏省国术馆教员，并在桑蚕学校和省党部教授太极拳，拜孙禄堂为师学习孙氏太极拳。1933 年回霍邱县在县武术馆任教。1946 年，在家乡收徒授艺。1957 年获省第一届体育运动会武术比赛一等奖。同年被聘为省摔跤队教练。

陈泮岭

陈泮岭（1891—1967），字峻峰，河南省西平县陈庄人。幼聘武师于家学习少林拳。其后，北上求学。在北京大学土木工程系学习，利用业余时间跟李存义、记德、许禹生等学习形意拳、太极拳、八卦掌和岳氏连手拳。1920年毕业回河南开封，发起创办"青年改进俱乐部"，提倡武术。1926年，俱乐部改组为"河南省武术会"，1931年，更名为"河南省国术馆"，自任馆长。1936年，以国民党汉口特别市党部特派委员身份开办"汉口市体育师资培训班"。1939年，南迁重庆，被中央国术馆聘为副馆长。1940年至1944年任"教育部及军训部国术编审委员会"主任。汇集武术名手编辑"国术教材"。1945年回河南恢复国术馆，继办"国术体育师资培训班"。1949年至台湾。1955年任台湾"中华国术进修会"理事长。1955年任台湾"中华技击委员会"国术部主任。晚年自析其一生经历为"二分水利"，一分（国民党）党务，二分教育，五分国术。编著有摔跤、擒拿及太极拳教材等。

朱国福

朱国福（1891—1968），字炳公，河北人。幼年拜铁罗汉张长发为师，学拳术，少时拜一道为师，学医和拳脚刀棍枪等多般兵器。十二岁又拜马玉棠为师学习形意拳术，曾受李存义、张占奎等指教。后又拜孙禄堂、王又横门下，学八卦、太极和摔跤。1928年在南京国术国考中获第一。其在冯玉祥大刀队里当过教练，后应聘到南京国术馆当教务处处长。抗战时到重庆落户，在重庆大学任教。新中国成立后曾任中国武术协会委员，重庆市武术协会主席。著有《擒拿》《心意六合拳谱》《形意洗髓保健气功》《形意拳源流》《国术归宗》《国术与健康之关系》等武术专著及文章。

唐豪

据《中国武术大词典》：唐豪（1897—1959），自幼好习武术，现代武术学科奠基人。早在20世纪20年代末在中央国术馆任职时，就开始撰写文章，大力提倡武术的科学化，一是主张发展质朴使用的武术而排斥虚假的流行套路。二是批判武术界的宗派门户之风和附会释道、以虚妄荒诞惑世的不良影响。自 1930 年始，唐豪努力从事武术史研究，先后写成《太极拳与内家拳》《少林武当考》《内家拳》《戚继光拳经》《中国武艺图集考》等专著与论文。这些作品资料翔实，推理细密，结论公允。

许世友

图 10-1　许世友

1906 年 2 月，许世友生于河南新县一个农民家庭。少年时，因兄妹多，父母养活困难，8 岁泪别双亲，出家到少林寺为僧，师赐法名永详。据德禅大和尚听贞俊所言："永详的白手夺刀和单刀是百里挑一，功夫独奇，号称'小燕青'。"在少林寺练就一身武功后，离寺参军。1928 年中国工农红军第十一军成立后，许世友历任排长、连长、营长，1932 年任红四方面军第四军第十二师三十四团团长，率部随红四方面军转战川陕，投入创建川陕革命根据地的斗争。1933 年 7 月任红九军副军长兼二十五师师长，后任红四军军长，红四方面军骑兵师师长。在徐向前领导下，参加了鄂豫皖苏区的创建和川陕苏区的历次反"围剿"斗争和长征。他曾七次参加敢死队，多次担任敢死队队长，四次负伤，表现出为革命奋不顾身的英勇精神。在川陕苏区反"六路围攻"时，他指挥三个团保卫四川省万源城，以与阵地共存亡的气概，运用灵活机动的战术，打垮了在数量上占绝对优势的敌人。

钱钧

钱钧一身少林武功，却很少宣露。除了少数高级将领外，知道他熟谙武术的人并不多。他常说："有武功的人，不要与常人炫耀武艺，以免误伤他人。"

一次，他到苏北去检查民兵工作。傍晚休息时，干部们都围着他要求表演"劈石功夫"。没有砖头石块，有人便随地找来一块用来压腌制咸菜的青石，放在屋正中的桌子一角处。钱钧走到桌前，稍加运气，大吼一声，一掌下去，青石顿成三瓣，石渣溅丈余远！

聂志元

河南堰师县府店乡人。皈依少林后，拜德修和尚为师，赐法名行方。行方入寺后先在寺立学堂读书，晚间习武，先后跟贞绪、吴山林等名师习武，擅长擒拿。行方在寺立学堂读书时，与地下工作者魏念明教员接触颇多，深受革命思想影响，1944年9月少林寺抗日组织成立，第一个报名参加了抗日支队。

行方和尚足智多谋，经常单人翻山越岭，侦探敌情，曾多次深入虎穴，技搏岗哨，获得情报，勇突重围。1944年10月，寺院败类体中率队入寺搜捕支队战士，行方为了保护地下工作者，不顾个人安危，主动迎上去与敌人答话，并趁机向相反方向越墙而过，把敌人引向背道，穿过少室山丛林，从梯子沟逃走，使魏念明等11位支队干部安全脱险。1945年秋末，豫西抗日支队皮定均司令员率部南下，行方胸戴大红花，光荣参军。入伍后，行方英勇杀敌屡立战功，先后任班长、排长、连长，一直到师长。

吴山林

吴山林（1875—1970），河南省偃师市人。其父寂勤（俗名吴古轮）为少林寺还俗弟子。吴山林自幼聪颖过人，温柔和逊，颇受邻里喜爱。七岁读私塾，随父耕读习少林拳，深得少林寺拳法真谛，另有医学知识在身。后在父亲耐心指导下，潜心研习，形影不离，从不懈怠。教授弟子，言传身教，晨昏苦练，居住山区，地薄民贫，遵训守本，务农为业，和睦乡里，至诚待人，据德依仁，武躯善心，田有患求，弃锄就医，寒暑昼夜，有邀即往，远近来诊，门庭若市，悉心诊治，手到病除。乡里称誉："推拿神手"，实为山区的罕见良医。遵先父"要把绝学还给少林寺"的遗命，中年应寺住持贞绪之邀，回少林寺传拳三年，培养了一批武术人才。现存少林寺的一些传统套路中，一部分为其当年所传。大师惜念三宝绝学（禅武医）来之不易，珍怀一生。但学习上乘禅功"心意把"要具备很多条件，当时寺僧多已年高，没有合适人选。大师就遗憾地离开少林寺，继续等待机缘，寻觅传人。

宗道臣

日本人（？—1980），早年长期生活在中国，自幼喜爱武术。曾在沈阳拜师学习白莲拳，又拜少林义和门拳第二十代传人文太宗为师，深得文太宗赏识，精心培养。1936年，又亲到少林寺接受礼拜。1980年4月1日，专程率团来少林寺拜祖寻根，立有"日本少年寺拳法开祖宗道臣大和尚归山纪念碑"，其中写道："入嵩山禅林，修得少林拳，归国后开创日本少林寺拳法，饬兴三法，二十五系，六百数十技，使中国的传统文化得以在日本生根、开花、结果。法师在日本传授少林寺拳法，同时弘扬中日友好之要义，并率先实践。1979年4月，法师于下山40余年后，重访此地，使日本百万少林拳士对中日友好事业怀抱之热忱空前高涨。"宗道臣在立归山碑时，日本内阁总理大臣大平正芳等八位官员都赠送了贺词。1980年4月29日回国，临行时特邀请少林寺住持德禅大师去日本参加日本少林寺拳法联盟成立30周年庆祝大会。1980年5月12日，宗道臣逝世，其女儿宗由贵继任少林寺拳法联盟会长。以后每年的4月29日，她都率团员到少林寺朝宗拜祖。宗道臣生前著有《少林寺拳法》《少林寺拳法奥义》。

顾汝章

松田隆智《中国武术史略》载：顾汝章，江西阜宁人，其父顾利子是潭腿名家，曾开设镖局。顾汝章自幼跟父学武，14岁时，其父逝世，于南京入学校学习，两年后毕业，后到山东跟严继蕴学少林拳和铁砂掌等功夫十一年。严继蕴的祖父在少林寺习过武，后到山东肥城开设济东镖局。严继蕴被其父认定为有武术天赋，于是精心培育，后接管镖局事务。不久，顾汝章被南京国术馆聘为教师，并在该馆举办的"全国国术考试"比赛中成绩优异，排第15名。同一年，顾汝章去两广国术馆任教师，1932年去湖南国术馆任武术总教练。两年后，顾汝章回广州居住。1952年，应邀去贵州传授武技，逝世于此地。

叶雨亭

河北沧县人，少年时跟随叶玺振学习少林密宗派罗汉拳，二十四岁时遵师命在东北长胜镖局当镖师，后受北平九门提督王淮庆赏识，被任命为第一大队武术总教练。其后，王淮庆升为北平守备总司令，叶雨亭也随为北平守备的武术教官。叶雨亭后来被张学良和张宗昌等聘为各地军队的武术教师，不久加入上海的中央精武体育会。和赵连和一起研究少林拳，后又到香港南华体育会少林拳班当教师。

叶雨亭的子弟潘茂容对叶雨亭的少林拳套路进行了整理，1955年《少林迷踪派罗汉拳》一书在中国香港出版面世，影响至今。

赵连和

赵连和（1884—1946），字振群，河北省景县赵虎头村人。赵连和精于少林短拳，擅长潭腿门功，在黄河流域享有盛誉。1912年，赵连和应刘振声之邀，赴上海精武体育会任总教练长达三十多年。赵连和初师清直隶武术家赵芝连。赵芝连与赵连和同乡，景州苏庄（今景县境内）人。赵连和勤奋刻苦，遵师门规训，是赵芝连的得意高徒。赵连和熔赵氏功夫与少林功夫于一炉，创造出具有自己特点的武术套路。他对轻功、潭腿门功、五虎刀、八卦刀、群羊棍、二郎拳、二郎棍以及五战拳法，尤为擅长。他曾将自己的门生王凤岗、王凤春、王玉芹等带到上海，参加精武体育会，成为精武体育会的教练。王玉芹还走出国门，赴南洋弘扬中华国术。赵连和平时省吃俭用，但对于公益事业，总是慷慨解囊，毫不吝啬。1925年至1929年5年间，为本村小学捐银圆921元，得到省级褒奖，当时的景县县长徐德麟为他题写了"嘉惠士林"的匾额。

在上海精武体育会任教练期间，一次外出，见一日本兵追逐一名中国妇女，他正要上前阻挡，那名妇女走进一家大门不见了。日本兵恼羞成怒，转身看到赵连和站在那儿，不问青红皂白，举拳便打。赵连和一只手顺势抓住日本兵的手臂，另一只手压住日本兵的胳膊肘，只听"咔吧"一声，日本兵的手臂断为两截。后来赵连和得知，这个日本兵就是日租界颇有名气的摔跤高手滕田少佐。抗日战争爆发，上海沦陷，精武体育会资金周转困难，但赵连和坚守岗位，一直到抗战胜利，1946年病逝于上海精武体育会。

孙玉峰

山东景县人，从元通禅师学习北派少林的罗汉拳，在民国初年致力于中国武术的复兴，与济南镇守使马良是同学。罗汉拳正宗套路有十八个，其中，上六路主刚，中六路刚柔相济，下六路主柔。1921年孙玉峰到了上海，被聘为中央体育会教师，教学内容主要有罗汉拳、刀、枪、棍等。当时有人称他为"五省刀王"。

韩庆堂

山东即墨人，少时喜爱武术，拜访多位武师，所学内容有：潭腿、燕青拳、少林拳、长拳及刀、枪、剑、棍等。后入中央国术馆学习，第一学期成绩名列第一。在国术馆期间，韩庆堂从张本源学习过潭腿、查拳、摔跤和擒拿术。毕业后，任浙江省警察学校教官，后在各地的国术馆、学校、军队里传授武术。1949年后，任中国台湾警官学校教官，还被马尼拉的华英健身学院聘为兼职教师。韩庆堂 70 余岁时仍为中国台湾国术会骨干成员。生前著有《警察应用技能》一书。其子韩树英著有《自卫技击术》一书。美国的武术研究家罗伯特·斯密士曾对韩庆堂的技艺给予了很高的评价，认为他是北派少林拳的正宗传人，他曾用英文版出了一本《少林拳》，由日本讲谈社出版发行。

高芳先

字天佑，山东即墨人，毕业于山东国术馆，培养出不少有名望的徒弟，在美国传授武术时，美国人罗伯特·斯密士和顿·道雷嘉合著的《武术》一书中，高芳先为少林拳套路动作的示范人。

凌斗

据凌鸿德《磨沟神韵》载：凌斗，民国时期人，磨沟凌姓第十代子孙，住靴坪（磨沟东岭）东岭家门村。生就虎背熊腰，体格健壮，身长六尺，体重 200 余斤，气力超人。其人心性耿直，爱打抱不平。因与磨沟村范氏家族之女结婚成家，受此村人人习武之环境影响，也爱上了少林武术，成了武艺超群的高手。抗日战争时期，凌斗积极参加抗日救国会，并担任副会长。少林中学成立后，凌斗应邀到学校向学生传授少林武术，还多次应邀到少林寺传授少林武艺，实为一名少林拳大师。

德根

德根（1914—1968），俗姓韩，巩县关帝庙人。德根武功高超，是近代出类拔萃的少林武僧。六岁时出家于巩县炒米寺。十六岁时回少林祖庭，拜贞绪为师学习武术。后又还俗在民间跟吴山林等学习武艺，为提高自身技艺，他不断四处求教，刻苦练习，掌握拳、械各种套路百余。

1946 年秋，他被少林寺僧聘为武术教师。1949 年，他被聘为河南省歌舞团武术教练。因作风硬朗，要求严格，教学认真，故培养了不少武术人才，为少林武术的传承与发展起到了有力支撑。1968 年春，德根因患肺结核病故，享年五十四岁，葬于芦店，不久迁葬于家乡巩县关帝庙。

梁以全（见第 228 页"十大拳师"）

刘宝山（见第 228 页"十大拳师"）

王超凡

生于 1933 年，俗家弟子，法号素智。自幼受父亲熏陶而矢志习武，寒暑无间。拜访多位名师，后皈依佛门，拜贞下大和尚为师，深得少林武术之真传。其演练的心意把、炮拳和齐眉棍称为少林三绝。擅长稀有兵器双草镰、双拐和达摩杖等。为人直率、豪爽、坦诚、慈孝，具侠义精神。先后担任登封市少林武术协会副会长、嵩山少林拳法研究会副会长、登封第十五中学校长、嵩山少林寺武术馆副馆长、少林武僧团总教练等。生前著有《少林武术要略》《少林兵器优选》《少林武术新戒约》《少林武术竞赛规则》等专著，弟子满天下。其事迹被中央电视台、河南电视台、《中国人才报》《武林》等新闻媒体报道，属当地少林武术名师之一，河南大学少林武术学院客座教授，中国嵩山少林精武院创始人。1992 年逝世，享年五十九岁。

徐祗法

生于 1925 年，山东省郯城县城关镇郑城后村人。自幼体弱多病，跟少林武术名师马希贡先生习武数年，1936 年到少林寺为僧，拜少林寺第二十九世著名武僧贞秋大和尚为师，赐名素法。在寺三个月后，因故离寺还俗。1983 年重回山门，与少林寺方丈德禅、行政、素喜及其弟子德虔、共策兴武之计，参加挖掘整理了《少林武术入门》、《少林武术》4—7 册、《少林拳法真传》、《少林点穴法》、《少林十八般兵器》、《少林武术要略》、《少林寺医秘集锦》，主编了《少林看家拳》等。2012 年 6 月 8 日在山东老家病逝。

毛永汉

登封县城关镇辛店村人，俗姓毛，幼名又华。因家贫如洗，1936 年仅六岁时以 50 斤谷子卖给少林寺，被行朝和尚收为嫡徒，赐法名永汉。永汉初入寺跟师傅行朝学练"跑墙功"，可爬越高墙，众称"飞毛腿"。后跟贞绪、德根等著名武师学习洪拳、炮拳、通臂拳、心意把、齐眉棍、草镰、梢子棍、虎头钩、单刀、春秋刀、就地十八滚等。1949 年还俗务农，但不忘习武，持之以恒。1982 年个人投资兴办了少林武术社，亲任社长兼教练，后被当地评为登封县十佳拳师之一。2019 年，其弟子们为永汉师傅挂匾"少林永汉门"。

刁俊卿

河南登封县城关镇郭店村人，1919 年生，父母早亡，幸被一位仁慈的和尚抱进少林寺长大。德立和尚观他聪明伶俐，收其为徒，赐法名行书。送他进寺立学堂念书，晚上教他武功，10 岁就身怀诸多少林套路。他认为："要想得奇技，须得诸师教。"先后拜求贞绪、吴山林、德根等著名武师学少林功夫，十六岁时武功大成，深受寺僧的器重。

1944 年，少林寺抗日政府成立，行书积极参加抗日小分队。在队长焦长明的指挥下，多次单身出征，孤单征战。1945 年，行书随军投入到解放战争，南征北战，冲锋陷阵，多次立功。

杨聚才

河南省登封县城关镇人，1933 年生，1942 年因家庭贫困，被迫出家到少林寺为僧，拜行智和尚座下为徒，师赐法名永定。他先后跟贞绪、德根、吴山林等武师学习武艺，擅长炮拳、罗汉拳、大刀等。他年轻时就胸怀救国大志，发奋习武。学完少林十八般武艺后，于 1948 年 9 月别师出山，参加了中国人民解放军。复员后，在登封县体育运动委员会任武术教练，后任群众体育股股长。

遵照国家体委制定的武术工作方针，积极从事少林武术的挖掘和整理工作，他编写的《少林大洪拳》在《少林武术》杂志上发表后受到广大武术爱好者的好评。为使少林武术后继有人，杨聚才不遗余力地传授少林真功。全国十四省、直辖市均有所授弟子。晚年，患病卧床，仍然关心少林武术的普及工作，常给徒弟们比手势，讲招法，蚕死丝尽。

李西荣

1954 年生，登封市君召乡人。长期从事少林拳习练，擅长刀枪剑棍，现为郑州市少林拳协会副主席。其祖爷李冠军曾是大清年间的武举人，其当年练功用的 260 斤重的练功石至今还保存完好，供练功使用。曾师从多名当地名师王超凡、吕学立、杨聚才等。身怀技艺而不轻易张扬自我，路遇不平之时，会挺身而出。他曾培育出众多武术弟子，参加各类比赛，成绩优秀。

张国臣

1956 年 3 月生，河南省登封县宣化镇人。中国作家协会会员，博士，河南大学武术学院教授、硕士研究生导师、中国少林文化研究院院长。开创"中国少林文化学"，出版专著 30 余部，多次获国家、省级大奖。2011 年"亚洲财富论坛"授予其"亚洲影响力人物"殊荣。

1977 年 10 月参加高考，获登封县"文科状元"，入河南大学中文系读书，发表《图书馆记》等作品；研究嵩山文化，撰写《历代名人嵩山诗选》等专著，1982 年，获文学学士，留校工作，完成《河南大学概况》一书；1983 年，撰写出版《嵩山》；1984 年，主持编写出版《少林气功》《少林搏击术》等 9 本"少林武术"系列丛书；同年编注出版《少林诗词选》，中国佛教协会会长赵朴初题写书名志贺。1985 年初，任《河南大学学报》编辑部主任，编撰出版《中国艺术之最》，获河南大学优秀科研奖；1987—1988 年，主编出版"中国当代大学生优秀文学作品赏析"丛书，全国政协副主席苏步青教授亲撰总序。曾获河南大学优秀共产党员称号。1988 年初，任河南大学少林武术学院副院长，讲授嵩山少林武术文化，后调任郑州市委办公室副主任；1990 年 3 月，任郑州晚报社社长，作品获全国晚报短新闻大赛奖，主编出版 150 万字的《花鸟诗歌鉴赏辞典》；1991 年 10 月，任中共郑州市委副秘书长兼市委办公室主任，连续发表《试论经济超常规发展》等论文，总结提炼出"郑州精神"，主编出版 160 万字的大型文化辞书《中国文化之最》，被史学家誉为"弘扬中华文化的壮举"。

苦创著书，诗化嵩山。1996 年 11 月任河南省委政研室副主任，主持起草了省委《关于河南省旅游业适度超前发展的调查与建议》等重要文稿，1999 年撰写出版《中国少林文化学》，总结出嵩山文化"豪放、博大、包容"的特点，建立起"中国少林文化体系"。该书获郑州市政府"旅游发展突出贡献奖"、首届中国民间文艺山花奖、学术著作优秀奖。2000 年，撰写 10 集文化电视脚本《嵩山》，央视拍摄后连播。2003 年，出版《神奥嵩山》，费孝通教授题词评介："求索嵩山神奥处，谱写中原文化魂"。2008 年，为庆祝中国改革开放 30 周年，出版"嵩山的流泉"文化丛书九卷。2011 年后，出版《嵩山诗词一百首》《嵩山散文三十篇》《嵩山的记忆》《嵩岳烽火》《嵩高峻极听流泉》丛书。

管理凝书，司法立言。2001 年 2 月，先后任河南省社会治安综合治理办公室主任、省委政法委常务副书记，出版《中国省会城市治安防范管理模式研究》专著，获河南省政府科学技术进步二等奖。2006 年，组织编纂了《河南省政法志》，发表《河南政法简史》论文。2008 年 3 月，任河南省人民检察院常务副检察长，出版《中国控告申诉检察管理模式研究》《中国检察文化发展暨管理模式研究》《中国惩治和预防职务犯罪管理模式研究》，连获河南省社科优秀成果一等奖。2016 年 1 月，当选河南省十二届人大常委会委员、省人大内务司法委员会主任委员，主持完成了《河南省预防职务犯罪工作条例》《河南省职业培训条例》《河南省老年人权益保障条例》《河南省见义勇为人员奖励和保障条例》的立法调研及初审工作，推进了法治河南建设。

张国臣是中共河南省八届、九届省委委员，中共河南省七届省纪委委员，河南省十一届、十二届省人民代表大会代表，河南省九届省政协委员。

吕宏军

生于 1963 年，河南省登封市人。1987 年毕业于北京师范大学历史系方志专业，曾长期担任登封市地方史志办公室主任兼总编辑。现任河南大学武术学院高级研究员、河南工业大学兼职教授、嵩山文化研究会会长、中国先秦史学会夏禹文化研究中心副主任、中国武则天研究会理事等。

自幼受从事嵩山文史研究的父亲吕江水之熏陶，加上居于少林武术发祥地，从 1982 年起一直致力于对嵩山文化、少林文化的研究、挖掘、整理和推广工作。先后发表了《少林武术渊源初探》《达摩来历考》《少林第一碑：太宗文皇帝御书碑》《清朝禁教对少林武术的影响》《传统少林武术及其变异》《少林禅武医探源》《少林禅武医的历史源流》《风格独异的少林武术》《十三武僧救唐王的历史真相》等武术方面的论文。

著有《嵩山少林寺》、《少林功夫》、《少林禅武医宗师无言正道》、《少林功夫》（中英文）、《少林风云》等著作。其中《嵩山少林寺》一书系统总结了少林武术的起源、发展、内容、特点等，并加以考释，曾获河南省社会科学一等奖。《少林功夫》一书被译成英文、俄文出版发行，并被列为中俄友好年交流图书。此外，还编著有《嵩山少林武术基本功》《新编少林寺志》《少林功夫文集》《中国少林寺》《中国少林功夫》《嵩山论剑》《中国少林功夫大观》等有关少林武术方面的书籍。

在少林武术文化研究方面，组织并参加了多次国际、国内"少林武术研讨会""少林禅武医理论与实践研讨会"等，极大促进了少林武术的研究的纵深发展。为了保护少林功夫这一宝贵的文化遗产，积极参加少林功夫申报非物质文化遗产活动，并使少林功夫于 2006 年入选首批国家级非物质文化遗产。

在弘扬和光大少林武术方面，自 1991 年起组织了十二届中国郑州国际少林武术节及两届世界传统武术节登封活动，并担任主要负责人，对少林武术走向世界起到了重要作用。同时，还在中央电视台、河南电视台等 50 多家媒体上宣讲少林武术。还在河南大学、河南工业大学、嵩山少林武术职业学院、中原文化大讲堂、嵩山文化大讲堂等讲授少林武术，为传播和弘扬少林武术作出了积极贡献。

第十一章　少林拳与其他拳种的关系

少林拳之所以能成为一支独特的武术文化体系，与它自身具有宽宏包容、善采百家之长的优良传统分不开。少林武术的形成起点较高，自隋末唐初，少林寺武僧在李世民征战王世充的战斗中立下战功，得到唐王朝的嘉奖后，少林寺僧兵自此便有了发展自身的独特优势。随后的各朝各代，少林拳凭借皇家的特殊关照，自立营盘，发展武艺，他们不断地吸收他派精华，丰富自我，逐步形成了庞大的武术文化体系。如今，社会上广为流行的拳种流派约129种，而其中不少拳种名称被少林拳所涵盖，唯风格有别。

第一节　海纳百川，采百家之长

少林拳体系庞大，内容丰富，这与其地位和发展思路有关。它不同于某个简单的单项拳种，打破门户，海纳百川，见好就学，这是其不断壮大发展之道。

一、宋代十八家名流到少林寺进行技术交流

唐代，十三位少林僧助唐立功，受到唐王器重，不但修复少林寺，允许僧兵存在，名震天下，而且禅宗的地位扶摇直上，他派无法相比。宋

代，皇室崇尚佛教，禅宗发展更快，甚至到了"革律为禅"的地步。不少大儒家、大文豪、大贵族纷纷与禅宗大师交往，谈经论道，关系甚密。宋代禅宗的兴旺，也有力地催动着武术技艺的全面提高。据德虔《少林拳谱》前言所述："北宋建隆二年（961），少林寺方丈福居大和尚，一连三次召集关内外高手汇集少林，进行武技交流。在此基础上，根据福居大和尚的指示，弟子灵智、灵丘等广泛吸收众家之长，绘集成《少林拳谱》，拳谱包括十八家拳械。其中有宋以前十三棍僧的十三路看家拳、十三棍僧的稀有兵器、孙恒的猴拳、孟甦的七十二艺、崔连之的炮拳、王郎的螳螂拳、黄忠的罗汉十八手及通臂拳、杨滚的大刀、金刚拳及六合拳、燕青的擒拿点穴功法、高怀德的春秋大刀等。《少林拳谱》四十八卷由福居大师和灵智、灵丘等弟子汇编而成，其中拳术一百七十三路，兵器一百三十路，绘图三千八百五十幅"。为少林寺的武功传承奠定了坚实基础。查阅少林诸拳的渊源来历，少林通背拳、梅花拳、金刚拳、炮拳、五合拳、六合拳、心意长拳、少林连环拳、朝阳拳、昭阳拳、猴拳、八法拳、少林枪、少林棍、少林剑等，都源自宋代福居大和尚所编辑的《少林拳谱》。宋代福居和尚召集社会上十八家名流赴少林寺传经送宝，进行技术交流，主要依据为少林寺保存下来的《少林拳谱》。为什么宋代正史没有记述福居和尚召集社会名流齐聚少林寺交流武技一事，后人对此存有疑问，推测与宋太祖崇文抑武的治国方略有关。

二、民间拳师白玉峰、李叟到少林寺传授技艺

据德虔珍藏《少林拳谱》及无谷、刘志学《少林寺资料集》中所载，金哀宗正大年间（1224—1232），少林寺和尚觉远心存大志，居安思危，为保持少林武术宗风不衰，常思引进高手传经之计，得师傅洪温大师大力支持。于是，出寺西游，访求名师。至甘肃兰州，遇上名师李叟正遭当地

一个地痞无赖纠缠，李叟巧施一技，将无赖降服。觉远向李叟表明求学之意。李叟原是中原人士，数十年前同孩子一起迁至兰州，遇觉远恳求，便同意与觉远一道回洛阳，寻一个叫白玉峰的高人一同前往。

白玉峰即后来少林寺的秋月和尚。此人生于富裕之家，从小爱武，只要听闻哪里有名师绝技，不畏山高路远，必诚心面见、苦求苦学。历经数十年的不断追求，终得绝技在身。当觉远及李叟父子一同来到白玉峰门下，倾诉了登门之意后，豪爽的白玉峰也心情激动，最后决定，四人一同前往武术圣地少林寺。在寺里，觉远不失时机地向白玉峰、李叟等虚心求教，数年之后，进步飞快，武功上乘。觉远把所学技艺汇集为十八手，进而演化为一百余招，为促进少林武术的丰富发展立下新功。

白玉峰在少林寺倾心教授觉远与众僧技艺的同时，还撰写有《五拳精要》，阐述了虎、豹、蛇、鹤、龙的技击秘要。白玉峰曰："人之一身藉著精、力、气、骨、神，五者互为因果，才能达到出神入化之境界。虎拳炼骨，豹拳炼力，鹤拳炼精，蛇拳炼气，龙拳炼神。"此乃武术之精华也。

三、相互交融，丰富自我

少林拳有不少拳种来自社会，一些俗家弟子入少林寺前就已身手不凡。据德虔《少林拳谱》所述：明代智善禅师，江西人，自幼爱习武，曾到当地的白云观跟蓝林道长习八仙剑，后出家入江西的慈恩佛寺修炼，跟仁良禅师学习梅花拳、梅花桩功夫。三年后，入少林寺又跟海真和尚学习螳螂拳。八年后，智善将梅花拳精华与螳螂拳精华融为一体，创编出了梅花螳螂拳，在少林寺广为盛传。

宋代的洪洛和尚，在寺期间专习猴拳，后周游四方，遇游方和尚海亮学得螳螂拳，回寺后，将猴拳与螳螂拳混为一起，精加改良，取名白猿螳螂拳，并有传人相继。

第二节 俞大猷向少林僧传授 临阵实用棍法

少林武术的威名由来已久，到了明代中期，军队战斗力下降，国防衰败，倭寇连连骚扰江浙一带，杀人放火，无恶不作，最终成了国家一大外患。倭寇作乱，所到之处，如入无人之境，兵民望风而逃。抗倭名将戚继光、俞大猷担起了抗倭重任，加强军队建设，重视内地兵源的筛选，在其后的战斗中，少林僧兵多次应召出战，积极参加抗倭战斗，且屡屡立功，在国内引起强烈反响。

嘉靖四十年，俞大猷率兵征战山西以后，转往云南进兵，途中他特意取道少林寺，观看少林武功，时任住持僧小山和尚安排高僧进行专场武术表演。观后，俞大猷说道："此寺（即少林寺）以剑技（即棍法）名天下，乃传久而讹，其诀皆失矣。"小山和尚闻此言语，恭请俞大猷传授棍法真谛，俞大猷认为，"此事非旦夕可授而使悟也。"于是，小山便从寺中挑选勇力和尚二人，一名宗擎，一名普从，随俞大猷南下。三载间，谆谆示之，皆得真诀，少林二僧得技回至少林，将俞大猷亲手所传棍法教于寺内百余僧，使少林棍法在原有基础上，又进一步得到新发展，俞（大猷）家棍法也成了少林棍法的重要部分。

第三节 少林拳的广泛传播

据民国时期吴志青等人的《国术理论概要》所述：今之言技击者，必曰少林，不同历史时期，少林僧遍及全国多地，他们为了生计，授徒糊口，"粤中有蔡九仪者，崇祯时以武科起家。明社既屋，遁迹少林，平时不以技炫，人亦鲜知之。之超举术，精腿技法，与人搏，动作如风，能飞跃寻丈外。"传其侄子戚友，而肇庆麦氏，番禺莫氏最精。麦氏得蔡氏之五拳秘法，遂为两粤冠，莫短小精悍，独得蔡之超拳术及腿击法。二人能专心练习，自出心裁，凡青出于蓝。声誉即隆。授徒日广，二氏遂为粤中技击之泰斗。少林传于回族者，为查拳门、形意门、红拳门、花拳门、弹腿门、滑拳门、炮拳门。盛于北省者，为少林门。潭腿长拳门、六合门、西洋门、心意门、形意门、八卦门、太极门、两仪门、无极门、地趟门、五虎门、八番门、弥祖门、韦陀门、五祖门、太祖们、罗汉门等流。入南方者：有鹤拳门、蛇拳门、狗拳门、豹拳门、猴拳门、白鹤门、孔家少林门、孙家少林门、少林寺少林大成门、南太祖门、八仙门、少林云门、少林奇门、少林外功禅门等；而与潭、查、花、洪为北派四大家。所谓莲藕荷叶，同出一本也！……盖今日之各派拳术皆少林之支与流裔也。中华人民共和国成立以后，特别是改革开放以来，少林武术不但在国内广泛传播，更是在国外众多国家设有武馆。

第四节　源于少林，自立门户

一、八极拳

少林拳成名以后，成为举世瞩目的优势拳派，人们纷纷学习少林拳。清代以后，由于社会动荡，少林寺僧云游天下，给少林拳在社会上的传播带来了无限天地。不少拳种被少林寺僧人外传后，便自立拳派，自称门户，八极拳就是其中一例。

八极拳又名"开拳"，全称为"开门八极拳"，是我国北方流行较广的一种优秀传统拳种。据安在峰《八极拳运动全书》中所述：河北沧州孟村是八极拳的发源地。清代康熙年间，一名叫"癞"的和尚云游至孟村，把此拳传于吴钟，吴钟习练十年后，"癞"的弟子"癖"又向吴钟传授了大枪，并赠八极秘诀一卷，吴钟如虎添翼。

八极拳的基本内容有：六大开，即顶、抱、单、提、挎、缠等单手的六种基本组合动作；八大招即讲究实用的八种动作组合；八极拳母架，即八极拳的基础练习套路，每套二十个动作左右；八极小拳架，属综合基本套路。八极拳的风格特点：动作刚猛、简洁明快、重心稳固、猛起硬落、短促多变、气势雄健。这些特点与少林拳基本相似。

除此以外，还有许多源自少林拳的拳种在外地生根以后，便自立门户，独成一派，如：功力门、罗汉门、螳螂门、心意门等。

二、南充喻家少林六合门

南充喻家少林六合门起源于河南嵩山少林寺，根植于川蜀大地，枝繁叶茂。从清道光三年间到现在，经历代先师的不断努力和传承，去芜存精，融会贯通，不仅保留了少林拳术"刚猛威武、短小精悍"的技法特点，也继承了少林武术"禅武合一"的哲学思想，在两百年的历史传衍中逐渐与地方文化融合，凸显出川东北地域的文化特点，成为川东北地区民间武术拳种的优秀代表，拳术风格别具一格。

清道光年间，首任掌门喻祯麟（四川省蓬溪县磨刀溪人）"为往圣继绝学"，拜师于河南嵩山少林寺释光大师门下，苦学六合拳技八年，技成后入川将拳技教授子孙和乡邻，至此喻家少林六合拳在南充市、重庆市、绵阳市、壁山市、射洪县等川东北区域开枝散叶，广泛传播。后人也遵循祖师门训，重视外练内修，使其表现形式多样，不仅有传统的拳术套路演练、功力功法演练、实战技法对抗，还有器械套路、单练、对练等多种表现形式。拳术风格独特，自成体系。喻家少林六合拳第五代掌门喻泽彰文武双能，光绪十二年应遂化县令幕僚，县令升任广东府尹，同县令上任。第六代掌门喻应熊老先生秉承家学，外练内修，精通六合内外功法，在清军中曾任游击统领之职，武功出类拔萃被选入宫前侍卫。第七代掌门人喻俊卿，曾于1953年、1956年先后代表西南地区和四川省参加全国武术比赛，荣获金牌。喻俊卿于1988年12月成立喻家少林六合门拳法研究会，与弟弟喻华丰一道耕耘南充武坛，孜孜不倦培育英才，一生授徒逾万人。第八代弟子刘朝贵。南充喻家少林六合门长期以来为社会培养了大批优秀的武术爱好者及资深教练，为促进南充武术事业发展作出了积极贡献。

第五节　少林拳东传日本第一人

日本的柔道术世界闻名，其创始人是明清之际杰出学者、诗人、武术家陈元赟。陈元赟，浙江余杭人，生于明万历十五年（1587），卒于清康熙十年（1671），是明清之际杰出的学者、诗人和方技家，一生未曾步入仕途。二十七岁时，慕少林寺学习少林拳，并兼学制陶术，后随商去日本传道。他把少林拳与日本原有之术相互交融，创造发明了日本柔术，即今日之柔道。陈元赟在日本留居52年，为促进日本的柔道、制陶术、文学等发展作出了突出贡献，

日本《国史大词典》中为陈元赟列有专目："明归化人陈元赟于正保年间来江户授徒，有福野七郎右卫门、三浦与次右卫门、矶贝次左卫门从其学，尽穷其技。"1942年，日本大东出版社出版的丸山三造的《日本柔道史》中写道："日本之有拳法，是近世陈元赟来我国定居后传三人，（福野、三浦、矶贝）之后。"在日本爱宕山立有《爱宕山拳法碑》，碑文道："拳法之

有传也，自投（归）化人陈元赟始"。中国学者陈家麟在《陈元赟先生事略》中说："先生又精于拳法，正保中此技自先生始也。"日本人下川潮，在其所著《陈元赟与柔道始祖》中说道："据敛心派之秘笈，我国所谓当身之术，即有大明人陈元赟始传日本之杀活（即捕俘、擒拿打）之法，乃原医道之秘事也！"另外，还传授了制陶术，并著有不少文化专著传世，也是将中国公安派文学传播至日本的奠基人。

鉴于陈元赟的特殊功绩，日本人对其极为崇敬，后人不断举行纪念活动，1922 年，日本各界在名古屋曾举办"陈元赟二百五十年追远会并遗品展览会"，以示颂扬。

第六节　其他拳种、功法的孵化地

《少林寺资料集续编》引黄新铭《姬际可传》载："姬际可，字龙峰，山西蒲州诸冯里尊村人。生于万历年间，卒于清康熙初年，享年八十余岁。为形意拳创始人。到河南后，他听说各地反清志士云集少林，便欣然前往。姬际可在少林表演了拳术和枪术，得到了少林僧人的称赞。际可观看少林僧人习武也大受启发。一天他在寺内看书，忽见两鸡相斗，随悟其理。于是参照了当时盛行于少林寺的龙、虎、豹、蛇、鹤五拳创立了新的拳种，名心意六合拳。际可居少林寺十年，眼看清军节节胜利，复明已成泡影，便离寺归里，教授子孙。"

少林武术拳种繁杂，内容丰富，多数是吸纳地方拳种精华又经改良而成，就象形拳而言，其体系中就有猴拳、虎拳、蛇拳、豹拳、鹤拳等。从少林拳的丰富内容来看，少林拳与其他拳种关系甚密，他派中有少林，少林派中也有他派。少林通臂拳、梅花拳、五形拳、关东拳、昆仑拳、杨家枪、俞家棍、岳家拳等，都是其他武术流派与少林武艺相互交融的例证。

除少林拳外，少林寺僧们还注重对健身法、健身术的收集与整理，易筋经、洗髓经、八段锦，各种柔术、气功、硬气功、七十二艺等都是与少林武术相呼应的主要内容。少林拳把他派精华吸取过来，加以改造熔炼，形成自身的风格特点，这是少林拳不断发展壮大的关键所在。

由于少林寺地处深山密林，名声不断远扬，附近居住人口不断增多，僧人和周边百姓的生死病痛时所难免。于是，少林僧便重视中医科的创建发展，由开始的伤科逐步发展成为一个内外科齐全的医疗系统，积累了丰富的传统妙方与治病经验。早在宋元时代，少林寺就成立了"少林药局"，这对促进少林寺、少林武术的全面发展更具有特殊作用。

第十二章　少林拳的现状

历史在发展，时代在变迁。冷兵器时代，武术与军事结伴而行，刀、枪、棍、棒成了军事斗争的主要兵器。勇气、武艺、力量成为英雄的必要条件。万马奔腾、杀声震天、刀光剑影的场景成了时代更迭演变的历史画面，不断演绎着一个又一个时代传奇。然而随着现代兵器的飞速发展，武术的军事功能逐渐被淡化。以技击为核心、以道德为先导的少林拳也正在朝着强身健体、防身自卫、修身养性、欣赏娱乐的方向迈进。

第一节　武术圣地，魅力无穷

一、武术圣地

少林寺的兴旺发达离不开它悠久的历史，也离不开禅拳一体的传统文化优势。现代的少林寺可谓香火旺盛、人气十足。每天来少林寺参观的国内外游客成千上万。每年的 4 月至 10 月，气候宜人，前来少林寺参观的游客络绎不绝。尤其是到了劳动节、国庆节、中秋节等节假日，参观少林寺的游客陡然剧增。游客来少林寺参观，目的大致有三：一是因少林寺是佛教禅宗祖庭，驰名中外，久慕少林名声而来；二是少林寺有很多传奇人物和故事，来寺朝拜英灵或净化心灵；三是慕少林拳威名而来，天下武功出少林，来此一探究竟，大饱眼福。游客中既有青少年，也有中老年，既有国内的，也有国外的，动机不一，兴趣有别，少林寺和少林拳的文化魅力吸引着社会各界人士。

二、对外传播少林武术的重要平台

1982 年《少林寺》电影的公映，使具有丰厚文化底蕴的千年少林寺一下子火了起来。面对日益火爆的少林武术热潮，政府相关部门因势利导，拨专款修复少林寺。1988 年，国家旅游局与河南省人民政府共同投资兴建了宏伟壮观的嵩山少林寺武术馆，为河南省旅游局直属正处级事业单位，1988 年建成投入使用，占地面积 55 亩，建筑面积 28700 平方米，是集旅游接待、武术教学、武术表演、武术文化研究、休闲度假于一体的综合性涉外场馆，主要职责和任务是接待外国政府代表团及民间友好团体，培训海内外少林武术专业人才，整理少林传统武术项目，开展少林武术学术研究和学术交流。主要基础设施有演武厅、练功房、禅武文化展览厅、禅武演习厅、禅居饭店、禅武苑、六祖坛、古兵器博物馆及办公楼等。

建馆以来，嵩山少林寺武术馆累计接待中外游客 4260 多万人次。多位国家领导人、外国政要、专家学者、驻外使节团、驻华使节团等来此观看表演。该馆组织的少林功夫表演团足迹踏遍五大洲 80 多个国家和地区，英国皇家剧院、奥地利金色大厅、美国百老汇剧场和俄罗斯克里姆林宫均在其中。武术馆还是少林武术节的发起者和组织者，于 1988—1990 年发起、组织并举办了三届少林武术旅游节。少林武术旅游节的成功举办受到了河南省乃至国家的高度重视。1991 年，河南少林武术旅游节升级为中国郑州国际少林武术节，至今已举办 12 届。其中前七届大型文体表演活动均在武术馆举办。为"让河南走向世界，让世界了解河南"，武术馆首次将传统少林武术与现代舞台灯光、音乐结合，开辟了功夫舞台剧的先河。先后创编有《少林雄风》《十三棍僧》《禅武不二》《少林魂》《少林武魂》等原创功夫剧，以其独特的禅学思想和武术精神受到中外业界的一致好评。《禅武不二》在中国台北隆重上演后，又应邀参加了第34届中国香港国际艺术节、第26届法国诺曼底国际艺术节及新加坡国际艺术节。2007年，《少林武魂》巡演美国5个半月，被文化部授予"优秀出口文化产品服务项目奖"。2009年进入美国高端演艺市场——美国百老汇侯爵剧场，纽约州州长和纽约市市长共同将首演日2009年1月15日定为"百老汇中国日"。该剧连获美国"剧评人奖""托尼奖"两项大奖提名，成为向世界讲好"中国故事"的一张文化名片。

武术馆拥有一支少林武术专业人才队伍，2010年依托区位优势、资源优势、人才优势，登记注册了国际少林武术家协会，武术馆馆长、总教练焦红波任主席，副馆长、副总教练陈俊杰、王占洋任副主席，并先后在澳大利亚墨尔本、美国休斯敦、瑞士苏黎世成立了少林寺武术馆分馆、国际少林武术家协会分会和河南旅游海外推广中心。

少林寺武僧团、嵩山少林寺武术馆表演队应邀到国外进行交流与表演，现已成了常态。

第二节　登封市（县）业余武术体校的创立与发展

登封市（县）业余武术体校始创于1958年，是经上级教育体育主管部门批准，集文化教学、武术训练、体育竞赛、影视表演于一体的综合性武术学校，已有60余年的发展历史。成立之初，著名拳师释德根等担任武术教师，传授少林真功。后受"文化大革命"的冲击，少林武术教育被迫中断。1975 年，此类培训班（校）又得以恢复，梁以全、王超凡、杨聚才、王宗仁等一批武术名师分别在登封体委武术培训班和登封县十五中开班培训武术专业人才。条件虽然简陋，人数不多，却是少林武术学校发展的先行者、领头羊，所教出的学生后来也成了少林武术发展的骨干。

20 世纪 80 年代初，随着民间武术学校的纷纷出现，登封县少林武术体校作为公办武校挂牌成立，该校一直属登封县体育局管辖，招生办班，未曾中断，规模虽然不大，负责人几经变更，但培育出不少少林英才，实为少林武术发展的开拓者、带动者。

学校占地 30 余亩，建筑面积 7800 多平方米，训练场地 6000 多平方米，在校师生 300 余人；建设有办公楼、厨房、普通部宿舍和餐厅、全托部宿舍和餐厅、散打训练馆、套路训练房、四季有热水的浴室、小学到中专部的各年级教室、电教室、图书室等与教学相配合的基础设施。在登封市武术运动管理中心的直接领导和管理下，设立了河南省体育运动学校登封分校、登封市体校、登封市武术教练员培训中心、体育单招培训学校、少林武术推广中心、影视演艺外派基地等教学单位。建校四十多年来，坚持"以文为主，突出武术特色，文武兼修，读训并重，崇尚武德，弘扬正气"的办学宗旨，为社会培养了数以万计一专多能的复合型人才。向北京体育大学，上海、成都、西安、天津、沈阳、武汉等体院以及河南大学、郑州大学、洛阳师范学院等高等院校输送人才 1200 多名，向全国各地行政机关、企事业单位、武警部队输送公务员、武警、特警、保安、武术演员等优秀人才 2 万余名，为全国各地武术学校培养优秀教练员 1 万多名。在国家、省、市各级武术大赛中荣获奖牌 5658 枚，其中金牌 2236 枚，培养了一批批优秀武术人才。登封大多数武术院校长和武术工作者都出自少林武术体校。世界各地少林武术推广地都与体校有着直接或间接的关系。该校在挖掘、整理、研究、传承、推广少林武术方面作出了突出贡献，先后多次获得河南省十佳馆校、河南省武术工作先进单位、河南省卫生先进单位、郑州市依法治理示范学校、登封市五佳武术院校、登封市武术院校甲级队、登封市武术院校教育教学特等先进单位、登封市安全无事故武校等荣誉称号。

登封市少林武术体校现已被登封市武术运动管理中心授权为"登封市武术教练员培训中心"，被河南省教育厅、省体育局批准为登封市唯一一所公办武术中等专业学校，是北京体育大学、天津体育学院、上海体育学院、沈阳体育学院、武汉体育学院、成都体育学院、吉林体育学院、河南大学、郑州大学、山西师范大学、集美大学、云南师范大学、广西师范大学等本科院校的生源和实习基地。

现任校长沈虎城提出"踏实学习、刻苦训练，学会做人、立志成才"的教学理念，引导教职工把"增强自主意识，深入学生生活，强化细化责任，提高责任心"贯穿到教育教学中，引导学生平等和睦相处，团结活泼。体校设有散打、套路、搏击、跆拳道、影视表演、体育单招、体育普招、暑假班等专业班级。注重武德教育，培养学生虚心好学、刻苦练习的学风，继承尊师爱生的传统风尚。学校组织学生积极参加国家、省、市各级比赛，成绩优秀。文化教学针对考学需求开设语文、数学、英语、政治、武德武风、国学经典等专业，已经形成了从小学、中学到高中、中专的完整教学体系。

第三节　民办武术学校成为培养武术实用人才的重要力量

一、蓬勃发展的武术学校

自1982年《少林寺》电影公映以来，少林武术热潮就一直居高不下，少林武术学校便也如雨后春笋蓬勃发展起来。历经四十多年的发展，60 余所少林武术学校、武术场所已成为推动少林武术发展的重要力量。

2017 年登封市习武学校与场所

校名	法人代表	地址
登封市少林武术体校	沈虎城	市区爱民路
登封市嵩山少林塔沟武术学校	刘宝山	207 国道马庄村
登封市少林鹅坡武术专修院	梁少宗	大禹路西段鹅坡岭
登封市少林寺小龙武院	陈同山	大禹路西段
登封市嵩山少林寺武僧团培训基地	释延鲁	少林小区
登封市少林寺罗汉院	刁山多	太子沟村
登封市少林武术研究院	郑忠孝	市区纪念馆路北
登封嵩山少林寺武僧文武学校	释永帝	中岳区
登封市嵩山少林寺武术学院	雷书昌	崇高路西段
登封市少林精武院	王占洋	大禹路西段
登封市河南少林武术学院	焦宏敏	少林寺景区内
登封市少林棋盘山武院	王海营	大金店镇崔平村
登封市少林寺达摩院	陆海龙	少林水库大坝东
登封市少林南北武院	潘国静	中岳区韩村
登封市少林武术学院	胡发云	少林办玄天庙村
登封市少林寺俗家弟子武术学校	董龙萍	法王寺内
登封市少林寺拳法学院	王永盛	大禹路中段
嵩山少林寺禅武学校	王云龙	少林寺西 1000 米
登封市少林嵩基（集团）武术学校（习武场所）	屈申盈	市区禅武大道中段
登封市少林俗家弟子培训基地	李连河	少林寺西 1000 米
登封市嵩山少林禅武培训基地	李建波	王子沟
登封市嵩山少林武僧后备基地	陶乃旭	王子沟
登封市嵩阳少林武术学院	王伟强	少林办西
登封市少林英豪武术院	赵会霞	城关镇
登封市少林寺实战功夫学院	许荣	郭店村

校名	法人代表	地址
登封市嵩山少林寺武僧后备队	释德扬	少林寺
登封嵩山少林寺武僧培训学院	梁国宏	马庄村
登封市希望文武学校	刘刚	中岳区
登封市少林兴华武校	张遂才	少林郭店
登封市嵩山少林寺传统武术学院	胡正生	西十里铺
登封市嵩山少林寺传统功夫研习院	宋双平	郭店村
登封市少林武僧特训基地	释延君	西十里铺
登封市少林禅武医专修学院	吴南方	少林办西十里
登封市嵩山少林文化传统功夫馆	叶灿森	少林办郭店村
登封市少林护寺武僧功夫院	马计新	少林办王子沟
登封市少林武僧院	胡荆州	道玉沟
登封市少林武僧专修院	张国锋	西十里铺
登封市嵩山少林寺功夫学院	黄万听	王子沟
登封市少林药局禅医功夫学院	钱炜	永泰寺
登封市少林禅宗功夫学校	曹庆明	塔沟村
登封市少林传统功夫交流中心	贺小龙	东郭店
登封市少林延胜文武学校	范胜杰	少林办郭店
登封市武僧弟子功夫院	刘贺龙	西十里铺
登封市嵩山少林释延晨武术馆	陈相锋	三王庄
登封市少林寺禅林功夫院	聂述志	中岳办北高庄
登封市嵩山少林武僧功夫培训学院	尤艳峡	少林办王子沟
登封市少林寺禅武研究基地	刘标	少林办王子沟
登封市嵩山少林武僧禅院	赵武汉	少林办东郭店
登封市少林寺武僧功夫学校	王涛	少林办玄天庙
登封市少林易筋经研究中心	李振阳	石道阮村
登封市少林寺功夫学院	释延传	少林大道东 505 号
登封市少林传统功夫学校	苏醒	少林办郭店村
登封市少林禅宗功夫学院	梁帅克	南环路

校名	法人代表	地址
登封市唐林武校	姜爱芬	西高速下口
登封市嵩山少林释德成武术馆	陈庆振	小龙院内
登封市少林养生功法传承发展培训中心	历建民	雷家沟
登封市嵩山禅医武易筋洗髓研究会	林延文	郭店村
登封市禅宗内功武院	倪根上	王指沟
登封市嵩山少林功夫院	王建涛	少林办郭店
登封市少林西岐武术馆	崔中武	西郭店村
登封市少林武僧弟子学校	迟延延	西郭店村
登封市嵩山少林延裕禅武院	逯帅广	禅宗少林音乐大典
登封市嵩山少林寺第一武术馆	余辉	少林办郭店村
登封市少林延明武院	曹克明	少林寺
登封市嵩山少林寺文武学院	王志刚	王子沟
登封市少林禅缘武术学院	孙毛安	西郭店村
登封市少林俗家弟子联合会	董龙萍	法王寺
登封市嵩山少林传统功夫训练基地	郑小洪	三王庄
登封市少林搏击武院	张书军	高庄
登封市民族武术学院	孙全林	南环路
登封市少林功夫表演培训基地	焦宏敏	登封市内

（2017 年由登封市武术协会秘书长郑跃峰提供）

二、登封市政府对武术学校的整顿与管理

登封市是驰名中外的少林寺所在地，少林武术又是登封市的一张重要文化名片，世界各地成千上万的武术爱好者络绎不绝地慕名来到登封学武，武术学校一直处于发展态势，学校数量长期有增无减。学员多、学校多，难免会出现一些问题。2018 年 6 月，登封市进行机构改革，原来的登封市体育局与教育局合并为教育体育局。面对武术学校因管理不善所出现的各

种问题，登封市政府要求武术学校围绕提升管理水平、优化办学条件、加强教学管理、规范招生秩序、强化安全防范等进行整顿。这次整顿对各个武术学校的校名也进行了规范，过去那种不符实际的"研究院""学院""专修院"等夸大其词的称谓被取消，一律改名为学校。为规范教学，登封市给所有武术学校派驻党建指导员作为第一书记，并按照提升一批、规范一批、整合一批、取缔一批的部署方案，对经过专项整治仍不合格的武术学校依规取缔。截至 2019 年 7 月，登封市共有 20 所武术学校予以保留。

2019 年登封市 20 所武术学校

单　位	地　址
嵩山少林塔沟武术学校	大禹路西端附近
少林小龙武术学校	大禹路 156 号
少林鹅坡武术学校	大禹路西段鹅坡岭
少林廷鲁武术学校	少林大道西段
少林功夫文武学校	少林办西十里村
少林传统武术学校	少林办西十里村
少林永智传统文武学校	少林办事处雷家沟村太子沟
嵩山少林南北武术学校	少林大道东段 1589 号（中岳办）
中岳少林文武学校	少林大道东段 989 号（中岳办）
嵩山少林武术学校	崇高路西段
嵩山少林精武学校	大禹路西段 638 号
嵩山少林文武学校	颍河路与 207 国道交叉口
少林友谊学校	登封大道和洧河路交叉口西 500 米
嵩山少林传统功夫文武学校	大金店镇三王庄村村口北 50 米处
棋盘山武术学校	大金店镇崔坪村（大金店）
国防科技学校	少林办玄天庙村
圆峰文武学校	少林办玄天调村少林水库
嵩阳少林武术学校	少林街道办事处郭店村三组
少林武术研究学校	中岳大街西段
少林拳法学校	大禹路西段 146 号郑大体院内

第四节　具有千人以上规模的武术学校

一、少林塔沟教育集团

少林塔沟教育集团位于登封市区西段，辖少林塔沟武术学校、嵩山少林武术职业学院、少林中等专业学校、少林中学、金塔汽车驾驶员培训学校、塔沟武校青少年体育俱乐部六个教学单位。由出身于武术世家的著名拳师、中国民间文化杰出传承人、全国十佳孝贤、中国武术九段、河南大学客座教授刘宝山先生创办于 1978 年的少林塔沟武术学校发展而来。刘宝山及其子刘海超（中国武术八段）、刘海钦（中国武术八段）、刘海科（中国武术八段）三兄弟分别主抓国际教学、高等教育、国内教学、训练、比赛、表演等几大块。目前该集团拥有三个校区，总占地面积 2300 余亩，建筑面积 198 万余平方米，练功场地 60 万平方米，现有师生 35000 余人。

少林塔沟教育集团武术教学设有散打、套路、拳击、跆拳道、武术表演、影视表演、健身养生、泰拳、自由搏击、综合格斗、少林足球等专业，有武术教学班 800 多个；文化教学有中小学、中专、学历性大专和本科以及被国家汉办确定的汉语国际推广基地，已形成了涵盖幼儿班、小学、初中、高中、中专、大专、本科和国际教学的完整教学体系。

该集团坚持"文武并重，德技双馨，传少林真功，育全新人才"的办学宗旨，重视学生的全面发展。截至 2015 年底，共参加国内外重大武术比赛 840 多场次，共获得奖牌 12529 枚，其中金牌 5910 枚；获得奥运和其他国际级冠军 686 人次，获得全国冠军 1014 人次，在全国性大型武术赛事中获得 45 次团体冠军。在河南省重大赛事中连续 29 年获得散打比赛团体冠军，连续 23 年获得拳击比赛团体冠军，连续 19 年获得跆拳道比赛团体冠军，连续 20 年获得套路比赛团体冠军。

2003年以来，该集团先后承担了河南省男、女散打队的管理和训练工作，刘海科任河南省散打队总教练。在"省队市办校管"模式的支持下，集团学员在武术竞赛中取得了优异成绩。在2008年北京奥运会武术散打比赛中，学员张帅可代表中国队夺得男子散打金牌；在2014年南京青奥会武术散打比赛中，学员李亚各在国家散打队主教练刘海科的带领下，代表中国队夺得男子散打52公斤级金牌；学员陈卫刚、孔洪星等先后在第三至第十三届世界武术锦标赛上获得金牌；学员石旭飞、叶翔等先后在第一至第八届世界杯武术散打比赛上获得金牌；学员刘泽东、孙勋昌、李新杰、孔洪星代表中国先后在第十三至第十七届亚运会散打比赛中获得金牌；学员张宇杰、李俊丽、夏瑞鑫、郭亮亮、陈彦召、李新杰先后在第十、十一、十二届全运会散打比赛中夺得金牌；学员张开印三次在中泰对抗赛上完胜对手，实现了在奥运会、青奥会、世锦赛、世界杯、亚运会、全运会、城运会、青运会等国内外重大武术赛事上夺取金牌大满贯的目标。

2003年至2015年，连续十三年参加中央电视台春节联欢晚会并五次获奖，学员还先后参加了雅典奥运会闭幕式、上海特奥会开幕式、北京奥运会和残奥会开闭幕式、广州亚运会开幕式、南京青奥会开闭幕式、G20杭州峰会等大型活动的演出，并得到了党和国家领导人及著名导演张艺谋、陈维亚、张继钢的高度评价。为了更好弘扬和传播少林武术，该集团武术艺术表演团应邀到世界80多个国家和地区进行武术教学和表演。

该教育集团重视文化课教学，按照国家教育部颁发的教学大纲开全课程，并形成了完整的升学链条，学生不出校门就可以完成从小学到大学本科的全部学业。所辖各教学单位的升学率一直保持在85%以上。多年来，学员通过中招、高招和体育单招考试，先后被全国各专科、本科院校录取，升学率达86.7%，由于成绩突出，塔沟武校多次被上级教育部门评为教学一等先进单位、全国十杰武术学校；少林中学、少林中专、嵩山少林武术职业学院分别获河南省民办教育十大名校、诚信办学先进单位、郑州市民办教育十佳学校等荣誉称号。

如今，少林塔沟教育集团已被国家武术运动管理中心确定为中国武术推广基地、中国武术段位制考评点，还先后被上级各主管部门确定为河南省散打训练基地、解放军散打训练基地、特种兵征兵基地、河南省重竞技运动训练基地、河南省拳击跆拳道训练基地、河南大学体育学院生源基地、河南大学体育硕士专业学位研究生教育实践基地、河南省青少年少林足球培训基地、成都体院武术系教育实习实训基地等。四十多年来，通过参军入伍、武警和公安特招、省市高水平专业队特招、企事业单位录用、安排出国任教、内部安置和到其他学校任教等方式实现就业，已为社会培养了十六万余名文武兼备的优秀复合型专业人才。

二、登封市少林鹅坡武术学校

登封市少林鹅坡武术学校初创于 1977 年 4 月，1981 年 7 月 15 日由河南省体委正式批文挂牌。

1995 年 4 月 10 日学校乔迁新址——登封市大禹路西段鹅坡岭。创办人梁以全是河南省登封市东华镇骆驼崖村梁氏武术世家第十六世传人，中国武术九段，高级教练，中国十大武术名师，享受国务院政府特殊津贴。现任国家体育总局武术研究院专家委员会专家、河南省武术协会副主席、河南省首批武术家、河南省首批民间文化杰出传承人、登封市少林武术协会永远名誉主席等职务，兼任北京体育大学、河南大学等多家院校名誉教授。

校长梁少宗，1990 年毕业于北京体育大学武术系，硕士研究生学位，中国武术八段、少林十八金刚之一。2000 年荣获登封市"十大杰出青年"

光荣称号，登封市五一劳动奖章获得者。现任登封市人大常委、郑州市人大代表、河南嵩岳商会副会长。

总教练梁少飞，中国武术七段，1992年毕业于北京体育大学，曾多次荣获国际、国家武术大赛少林拳冠军。现任河南省武术队领队、河南省体育局武术运动管理中心段位制办公室主任、河南省武术协会副秘书长、郑州市体育总会办公室主任等。

学校总投资3.5亿元，占地面积1200余亩，建筑面积9万多平方米，训练场地6.6万多平方米。建筑楼房24栋，其中教学楼4栋，建筑面积8483平方米；室内训练房12个，建筑面积4992平方米；住宿楼7栋，建筑面积32950平方米；图书楼1栋，建筑面积520平方米；餐厅楼4栋，建筑面积6962平方米；办公楼1栋，建筑面积900平方米。校内硬件配备完善，功能齐全，校园内实现网络监控全覆盖。

学校现有教职工2000人，在校学生10000余名，设小学部、初中部、中专部（2002年由郑州市教育局批准成立）三个教学部，2011年起与河南大学联办专科学历教育，毕业生由教育部门统一颁发毕业证书。

武术课设国家竞赛套路、各武术流派传统套路、散打、跆拳道、摔跤和影视表演、舞龙舞狮、猩猩怪等专业课程。

自开创至今，鹅坡武校在国际、国内等重要武术比赛中荣获奖牌4918枚，其中金牌2540枚。多人多次荣获全国武术少林拳冠军、全国武术套路、散打团体冠军。为高等院校输送武术人才数千人，为社会培养优秀武术人才10万以上。

学校表演团先后出访欧、美、东南亚等80多个国家和地区，在国内外表演3500余场，观众达千万以上，先后受到党和国家领导人以及外国元首和国内外宾朋的接见与赞扬；多次代表国家、河南省参加国务院新闻办公室组织的"感知中国·墨西哥行""感知中国·波兰行""感知中国·印度尼西亚行""感知中国·蒙古行""俄罗斯·中国年"等大型武术文化交流活动；先后组织两万余名师生参加了上海合作组织成员国元首理事会北京峰会、APEC 北京峰会、上海合作组织成员国政府首脑理事会第十四次会议、第二届亚洲室内运动会、中华人民共和国第十一届运动会开幕式、抗日战争暨世界反法西斯战争胜利 70 周年、纪念红军三大主力会宁会师暨长征胜利 80 周年大型文艺演出，尤其是 2015 年 8 月鹅坡武校独家承担了第十五届世界田径锦标赛开幕式的表演活动。

2016 年 2 月 7 日，鹅坡武校师生一日两上央视：央视春晚和《梦想公益盛典》，学校不少学员还参演了《天将雄师》《中国游记》《新少林寺传奇》《拳皇》《雪鹰》《七小罗汉》等影视作品。

鹅坡武校先后被批准为国家青少年武术训练基地、国家青少年武术俱乐部、中国武术培训基地、中国武术登封基地、中国武术协会段位制一级考试点、河南省重点中专、河南省单项体育后备人才训练基地、国际武术留学生学校、全国十大武术名校、全国十杰武术学校、河南省十佳馆校、郑州市民办职业教育学校十佳单位、郑州市中等职业教育教学工作先进单位、郑州市职业教育教学研究工作先进单位、郑州市民办职业院校实验室建设先进单位、郑州市文明学校、登封市五佳馆校。

学校走多元化、产业化、国际化发展之路，以鹅坡武校、鹅坡中专为核心，组建了少林鹅坡教育集团，包括美真宜商贸有限公司、中国少林武术文化博览中心、四星级禅武大酒店、北京禅武传媒有限公司。2013 年起累计投资 10 亿元兴建占地面积 1000 亩的河南省重点建设项目——中国禅武文化国际研修中心。

三、少林寺小龙武术学校

少林寺小龙武术学校，又名嵩山少林寺武术学校，始创于 1980 年，创办人陈同山，是全国较早创办的一所少林武术专科学校。经过 40 多年的发展，如今已成为涵盖文武教育、影视传媒、国际旅游、理疗保健等综合性教育集团。下辖少林寺小龙武院、少林寺释小龙武术中等专业学校、河南山川影视文化传播有限公司、河南登封中国国际旅行社有限公司、奥斯卡小龙国际影城、郑州奥斯卡亚星小龙激光影城、小龙大酒店、小龙国际艺术教学中心、小龙功夫禅茶有限公司、小龙运动康复理疗中心等机构。成为集文武教学、影视人才培训、影视作品拍摄、少林功夫表演、艺术人才培训、国际武术文化交流于一体的综合性现代化武术学校，是经公安和教育行政部门批准的具有招收外籍学员资格的武术学校，是登封市委和登封市政府首批命名的三大教育集团之一。

小龙武校位于登封市大禹路西段 156 号，总占地面积 180 余亩，总建筑面积 15 万多平方米。办公楼、教学楼、宿舍楼、公寓楼布局合理、错落有致；训练馆、健身房、演武厅、篮球场应有尽有、功能齐全；餐厅、浴池、图书馆、电教室、医务室、洗衣房、门市部、理发厅设施完善、服务一流；校报、广播站、宣传栏、大屏幕、文化长廊一应俱全、丰富多彩；环保节能路灯、智能广播系统、安保防范系统是学校科技化管理、现代化管理的体现。

该校组织机构健全，成立有党支部、武装部、工会、团委、学生会等相关组织。还成立有校委会、招生办、就业办、文教部、武教部、后勤部、督查科、宣传科、保卫科等职能部门。文化教学设小学部、初中部、中专部，开设有从幼儿到中专的系列课程。武术教学分设普通全托、中级全托、高级全托、普托幼儿、中托幼儿、全托散打、普通散打、竞训、表演等 10 个部别，开设有散打、套路、跆拳道、气功、功力功法等项目。

文化课教师均具有大中专以上文化学历，武术教练员分别由省、市级以上武术比赛冠军担任，或具有省市级武术管理中心颁发的教练资格证书。

设有武术表演团、少儿艺术团、影视表演班和竞训代表队。武术表演团担负着促进登封市对外武术文化交流的重要任务，参加过数千场次的大型活动及开幕式的演出，并出访过巴西、希腊、新加坡、委内瑞拉、瑞士、阿联酋、匈牙利等60多个国家和地区进行武术文化的传播与交流活动，为党和国家领导人作过专场表演，并受到了高度赞扬。少儿艺术团曾在中央电视台、河南电视台等展现风采，将武术与舞蹈融为一体，实现了武术舞蹈艺术的创新。

40多年来，雷打不动地坚持举行升国旗仪式。学校每年都要举行"诚信教育""感恩教育""尊师守纪"活动和"祖国在我心中""颂歌献给党""师生的心声"演讲比赛、歌咏比赛，以多种形式陶冶学生的情操，净化学生的心灵。自创编印了"武德教育七言歌"小册子发给学生，加强学生德育。每年春秋两季分别举办一次武术运动会，为学员提供展示自我和切磋交流的平台，从中发现优秀武术苗子选拔进学校表演团、代表队进行重点培养。

坚持依法治校和以德治校相结合，学校始终把法制教育和武德教育作为思想政治工作的一项重要内容而常抓不懈。每年定期邀请司法、公安机关等部门专家学者来校进行法制教育和爱国教育专题报告。通过不间断的形式多样的法制教育，学校形成了人人学法、懂法、守法的良好氛围。

自建校以来向社会培养了一大批优秀武术人才，为全国各大体院、省体工队、公安武警部队等用人单位输送优秀武术人才3000多人次，累计培训外籍学员2000多人次，获得世界级冠军、国家级冠军、国家武英级健将称号85人，共获各种奖牌3000多枚，其中国家以上级金银铜牌1000多枚、省市级金银铜牌2000多枚。培养出了释小龙、释小虎、王小龙、蒋璐霞、孟彦森、邱奎、康佳琪等影视新秀，参加拍摄影视作品

100 多部。

释小龙的武术银幕形象早已深入人心；世界散打冠军王世英曾执掌缅甸国家散打队且屡建奇勋；丁峰被称为全国 180 万警察总教官；乔红亮编创的《风中少林》舞台武术剧一度风靡世界；释小虎在 2006 年首届全球功夫之星选拔大赛上荣获"最佳人气奖"；蒋璐霞因自导自拍自演系列室内武术剧《猫耳宝贝》被评为 2007 年中国网络第一健康红人，并成功参拍了香港著名导演为其量身打造的功夫电影《战·无双》；黄久生因资助家乡 600 多名孤寡老人而被评为"2007 年感动中原十大人物"，并荣获"全国五一劳动奖章"。截至目前，小龙武校投资拍摄了《大内低手》《七种武器之孔雀翎》《刀客外传》《中国功夫》《盗墓风云》等影视剧，在中央电视台、地方台相继播出。

积极参与治安维稳、抢险救灾、扶危助困、户外救援、扑火救林、净化环境、绿化育林等各种公益活动，受到了各级主管部门的表彰与赞扬。先后获得"登封市五佳武术馆校""登封市武术甲级队""登封市文化教学一等先进单位""振兴少林武术一等奖""综合目标管理特等先进""郑州市级绿色学校""郑州市级花园式单位""郑州市级文明单位""河南省十佳武术馆校""河南省一级武术馆校""河南省青少年武术训练基地""全国武侠文学作家创作基地""中国十大知名武术学校"以及"助学典范""五爱教育先进单位""诚信单位""安全校园"等荣誉称号。

学校设置有毕业生就业安置指导办公室，与全国各大体院、著名企业、影视公司等建有广泛联络与合作，每年都会推荐优秀毕业生报考体院和大专以上院校进行深造，或者特招到公安、武警、部队，或者投身于影视行业做演员、导演，或者在全国各地开设武馆、健身馆等。学校利用自身的优势和 30 多年的办学管理经验，在致力于发展文武教学、培养精英人才的基础上，还在艺术、影视方面加大投资力度，竭力培养各种艺术人才和影视人才，拍摄影视精品，弘扬社会正能量；在教学方面将为学员创建更高级别的学习平台。

四、少林延鲁武术学校

少林寺延鲁武术学校坐落于少室山东麓登封市少林大道西段，由河南省政协委员、河南省武协副主席、嵩山少林寺武僧总教头释延鲁于1997年创办，现占地面积1500余亩，建筑面积已达20多万平方米，绿化面积35000多平方米，在校人数18000余人。

文化课开设小学、中学、中专、大专课程。下辖嵩山少林寺武僧团培训基地、少林寺释延鲁武术学校、少林弘武中等专业学校、少林足球学校、少林陈中跆拳道教练员培训中心、少林禅拳文化表演团、香港和平电影公司演员培训基地、河南少林寺影视有限公司、霍利菲尔德拳王培训中心、河南大学体育学院教学训练基地、郑州大学体育学院外国留学生实习基地、少林寺海外弟子进修中心、山水实景演出和影视演员培训基地、《禅宗少林·音乐大典》演员培训基地、特种兵兵源输送基地等十五个单位。是一所以少林功夫为特色的集武术、影视、体育、艺术、传统文化、现代科技于一体的新型综合学校。

学员们先后参加了上海世博会、2012年春晚水晶球表演《眷恋》、深圳第26届世界大学生运动会开幕式、广州亚运会开闭幕式、南亚博览会文艺演出、人民大会堂世界华裔青少年"中国寻根之旅"、2013年春节大联欢"百花迎春"、中央电视台六一晚会《中国功夫与舞狮》、南京世界青奥会开闭幕式、2016年中央电视台春节晚会《春到福来》等活动。凭借由五百名师生参加的《禅宗少林·音乐大典》大型山水实景演出，该校2010年被文化部评为国家文化产业示范基地。先后派出师生赴国家体育场参加《鸟巢·吸引》，以及大型舞台剧《菩提·东行》《道解都江堰》《龙船调》《寻梦龙虎山》《清水盛典》《金山佛谕》《白蛇传奇》等大型山水实景演出。

学校直属的河南少林影视有限公司，先后参与拍摄制作了《新少林寺》《七小罗汉》《少年岳飞》《黄飞鸿》《太平轮》《少林小子方世玉》和电视剧《赵氏孤儿》《少林僧兵》等影视作品。香港著名动作导演袁和平、洪金宝等多次前来基地挑选武打演员，并在基地成立了袁和平影视表演培训班，为促进学员在影视方面的发展创建了良好的平台。

该校向国家维和部队、特种部队、雪豹突击队、特警队、海军陆战队、高级特种安保输送武术人才 300 余名，向武警部队、人民解放军、国家知名企业等输送人才 1129 名。向国家级、省市级武术队及全国各大体育院校输送人才 586 名。大量学员在国内外武术团体、公安、武警、解放军、体育、教育、文化等系统作为特殊引进人才就业就职。

学校正在完善图书馆、实验楼、体育馆、会展中心、休闲服务中心等配套设施。"少林足球学校"专家公寓楼、体育场已投入使用。

五、少林永智传统文武学校（原少林寺罗汉院）

少林永智传统文武学校是由少林寺第三十二代高僧刁俊卿（法名释行书，字真悟。1925 年生，河南登封人。四岁入少林寺，拜德力大和尚为师，后随贞俊和尚习武修禅，擅长禅学、传统功夫、书法、中医）1980 年创办的少林武术教研室、少林精武馆演变而来。少林精武馆原址位于佛门圣地少林寺。2004 年，少林寺第三十三代功夫传人刁山多大师（法名释永智，河南大学体育学院客座教授、河南大学武术文化研究所高级研究员）与其弟刁慧音大师（法名释永修）在其父辈创办的少林精武馆的基础上将其搬迁至登封市少林办事处太子沟，并将少林精武馆正式更名为少林武术学校。少林武术学校校长释永智大师自幼随父习武，四岁被送到少林寺学习传统功夫，对禅学、功夫、文学、书法有较深造诣，多次应邀出访表演少林传统功夫。释永修大师的传统功夫，特别是小洪拳、大洪拳有独到之处。

新校区坐落在风景如画的嵩山脚下，东接我国第一尼僧寺院永泰寺，南临千年名刹少林寺。学校占地面积60000平方米，建筑面积22340平方米，其中包含餐厅楼3栋，公寓式宿舍楼8栋，互联网多媒体教学楼2栋，现有在校生6000余名，教职工500余人，教师教练全部持证上岗。

学校始终坚持"德育为首、质量强校、全面育人、以人为本"的办学思想，将"培养人、发展人、完善人"作为教育方针，学生入学接受的第一堂课是安全教育课和遵纪守法教育课。学校注重加强学生传统教育，行为规范教育，引导、规范学生的一言一行。

学校以新课程改革为主线，把教育教学改革的重点放在提高课堂效率、提高教学质量上，从而达到科研兴校之目的，积极推进新课程的改革与发展，注重培养学生良好素质、健全人格和创新精神。

学校2006年在体育局年终优秀学校评审中获得一等奖，并获得2007年度武术馆校目标考核一等奖、2008年迎奥运登封市武术馆校争霸赛体育道德风尚奖、2010年登封武术馆校争霸赛体育道德风尚奖、2011年第八届中国郑州国际少林武术节先进单位、2012年武术院校特等先进单位、2014年民办教育工作先进单位、2016年登封市武术运动会套路竞赛体育道德风尚奖、2016年第十一届中国郑州国际少林武术节登封活动先进展演单位等荣誉。

学员严格按照国家教学大纲要求，学完全部课程，经考试合格后，获得文、武毕业证书。除留院聘用外、推荐报考名牌体育院校，连年来，有数百学子被各体育院校录取深造，其中包含山东体育学院、成都体育学院、西安体育学院、武汉体育学院等。成绩优异者，还被推荐从事公安、武警、解放军、影视演员等工作。

学校以深化课程改革为核心，以师生发展为根本，为学生成长服务，为学生成才保驾护航。依法治教，特色兴校，抓三特建设，以校有特色、师有特点、生有特长的思路，创鲜明特色的学校，建爱岗敬业的师资，培养文明善学的人才。让学生喜欢学校，让老师乐于在学校工作，使师生体验到大家庭的温暖，学校焕发出蓬勃生机。

学校坚持先进办学理念，除文化教学、技术演练有具体详细严格要求外，还积极落实《公民道德建设实施大纲》《小学生守则》和《日常行为规范》，促使学生从小养成良好的生活习惯。

六、登封少林武术研究学校

登封少林武术研究学校创办于 1992 年，位于河南省登封市中岳大街西端，距少林寺 11 公里，是一所集文、武、影视、人才培训于一体的综合性武术学校。校长释延孝（俗名郑忠孝），少林寺方丈释永信任名誉校长。

少林武术研究学校校长、少林寺武僧总教头释延孝（俗名郑忠孝），8 岁习武，1983 年荣获河南省散打比赛次重量级亚军，1988 年 7 月 25 日在少林寺立雪亭前打败前来挑战的西德拳手。少林寺方丈释永信大师亲赠"振我国威"牌匾，以此表彰其爱国壮举。曾出演拍摄《少林寺》《少年张三丰》《少林寺弟子》《杨家将》等多部电影、电视剧目。2000 年参加全国少林拳大赛，获两项一等奖。2001 年被评为"少林十八金刚"。著有《少林武术精华》和《少林八段锦图解》等专业书籍。现任少林武术协会副会长、登封市政协委员、郑州市第十一届人大代表。

学校投资达 1.3 亿人民币，总占地面积 200 多亩。教练由国家级、省级大赛冠军担任。教师由大专以上学历教师担任。学校向社会输送了数十万名优秀毕业生。实行全封闭、半军事化、寄宿制管理，下设多个教学单位。文化教学已经形成从幼儿到高中、中专、合作大专的完整一站式培养体系。武术教学设有套路、散打、搏击、气功、影视表演及少林绝技等专业。

2011年，学生张俊、刘高静等9名学员参加电视剧《笑傲江湖》的拍摄。学员在国际、国内重大武术比赛中取得冠亚军数千名，考入北京、武汉、沈阳等体院深造，走向公安、法警、武警、武术体育教学、保安保镖等工作岗位的学生近万人。学校的武术表演团队曾多次出访亚、非、欧、美、澳等许多国家和地区，并受到热烈欢迎。

1996年被评为"全国先进武术馆校"，后又被评为"全国十大武术名校""河南十佳武术馆校""登封五佳武术馆校""五星级武术馆校""特等先进单位""河南省卫生先进单位""花园式学校""武校文化课统考一等先进单位"，被定为"少林寺武僧培训基地""河南省法警培训基地"。

七、中岳少林文武学校

中岳少林文武学校位于登封市少林大道东段，是在1993年创建的少林寺武僧文武学校的基础上发展而来。由少林寺第二十九代方丈释行正弟子永帝创办。集团由少林寺武僧文武学校、登封中岳中等专业学校、河南司法警官职业学院登封分院、嵩山德善书院、河南省永帝善缘基金会、少林弟子国际联谊总会、河南省永帝文化传播有限公司、郑州市慈善文武学院及登封市外国语学校组成。学校占地面积300亩，建筑面积8.6万平方米，总投资2亿元，是一所覆盖幼儿园到大专的职业化、集团化教育机构。

武术课开设：拳术、器械、散打、擒拿格斗、童子功、软硬气功、少林七十二绝技、十八般兵器、养生健身集锦；文化课开设：国家规定全部课程及国学教育、品德教育等基础教育课程。大专班重点开设财会、司法文秘、司法警务、计算机应用、汽车驾驶与维修等技能素质教育课程。目前，集团拥有一支结构合理、爱岗敬业、业务能力强、学术水平高的师资队伍，专职教练180余名，其中国家级教练员二十多名；专任教师120余名，并外聘教授、副教授、高级讲师数十名。在校生5000余人，教职工400余人。

学校与全国多个地方的政府部门（尤其是政法部门的公安机关）、重点高等院校、武警部队、海军陆战队、国内外大型团体和影视界等建立了良好的合作关系。在国内大中城市乃至世界40多个国家和地区开辟了广阔的就业渠道和良好的就业岗位。已采取多种方式（如：入读大专院校、被公安特警刑警征召、应征入伍、被选拔进入影视业发展以及安排国内外任教等）实现学生就业。先后为社会培养、输送大批技能型、复合型、实用型人才达10万余名。集团共参加国内外重大武术比赛200多场次，共计获得奖牌奖杯3000余枚。开展诵读经典、国学讲座、专题报告等教育活动已达260余场次。近13万人次感受了少林武术和中华经典的魅力。累计义务收养孤儿300余名、免学费收留困境留守儿童3000余人；武术比赛和文化交流足迹遍布世界40多个国家和地区，先后得到了40多个国家和地区的重要领导以及全国人大、团中央、河南省委、省政协、团省委等主要领导的亲切接见和高度赞扬。由于出色的成绩和良好的口碑，连年被国家及省、市、县级主管部门授予和评为"团体一等奖""目标管理先进单位""河南省一级武术馆校""一等先进单位"；被河南省慈善总会授予"慈善文化教育基地""孤儿和留守儿童之家"等荣誉称号。2016年1月，学校组织开展的"守护天使"困境儿童帮扶慈善项目和"磨心砺志"困难家庭儿童夏令营慈善活动被评为第三届郑州慈善项目创新奖。集团创办人永帝也被评为第三届郑州慈善大奖"最具爱心慈善楷模"。2016年5月19日，永帝又被评为首届登封慈善奖"慈善楷模"。该教育集团在巩固既有发展成果基础上，将努力把集团建成"全国德善慈善文化教育基地""解放军特种兵训练基地"，为全国贫困家庭儿童和留守儿童托起美好希望。

八、嵩山少林精武学校

嵩山少林精武学校位于嵩山南麓，紧邻郑少洛高速、焦桐高速，依山而建，风景幽丽。

学校占地100余亩，建筑面积36000余平方米，拥有综合教学楼、综合训练楼、餐厅大楼、表演大厅、各式练武场、练功房、学员宿舍楼；校内设有医务室、理发室、洗衣室、洗浴中心、娱乐室、图书馆等一流的生活及服务设施。

嵩山少林精武学校前身是嵩山少林精武院（又称中岳武馆），于1980年由教育部、国家体育总局备案，经登封市教体局批准，由武术大家王超凡先生创建。现任董事长王占峰，院长王占洋，总教练王占通，副总教练王占利。

学校创始人王超凡，法号素智，生于1936年，自幼受父亲熏陶而矢志习武，寒暑无间，遍访名师，深得少林武术之真传；所习"心意把""炮拳""齐眉棍"称为少林三绝，其武功至臻，先后曾任原登封县第三中学校长、县直高中十五中校长、少林武术研究会会长、嵩山少林寺武术馆武术业务馆长、少林武僧团总教练、河南大学少林武术学院高级教练等职。著有《少林武术基础》《少林拳法要略》《少林兵器优选》《少林武术散打》《少林长护心意门》等大作，在既精武又博文的武林大师中间，堪称嵩岳禅武举旗人。他撰著的《少林武术竞赛规则》，不但被中国武协采用为历届大赛评判得分、失分的标准，并且填补了少林历史上的一项空白；论文《少林武术新戒约》，获国家级一等奖。主要事迹被中央电视台、河南电视台、

《中国人才报》、《武林》等媒体广为传播。

董事长王占峰，王超凡长子，中南大学硕士研究生，少林十大青年拳师之一，中国武术七段。曾获河南少林武术大赛和首届世界传统武术大赛拳术、棍术一等奖。

院长王占洋，王超凡次子，大学学历，少林十大青年拳师之一，中国武术七段。郑州市青联常委，登封市政协常委，新西兰皇家商学院荣誉教授，少林武术传承人，曾带团出访欧美、东南亚、俄罗斯等40多个国家和地区，多次为外国使节及国家领导人进行现场表演，深得好评，被誉为"少林第一刀"。

总教练王占通，王超凡三子，武汉体育学院硕士学位，国家级教练，对少林禅武文化研究颇深。荣获河南国际少林武术精英赛52公斤级冠军、河南省锦标赛52公斤级冠军、河南锦标赛少林拳第一名、河南锦标赛对练第一名、意大利国际武术节特等奖、体育特别贡献奖；1988年以来随团或带团出访过七十多个国家和地区，多次受到国内外政要的接见。

副总教练王占利，王超凡之女，武汉体育学院副教授，中国首批优秀女子散打运动员，多次获全国女子武术散打比赛65公斤级冠军，首次"中国功夫—泰国职业拳王争霸"金腰带获得者，国家亚运会散打教练，澳大利亚拳王自由搏击女子冠军，被国家体育总局派往伊朗出任伊朗国家女子散打队主教练。

学校现有学员3000余人，设有武教部、文教部。武教部教练百余名，其中一级教练50余人；文教部教师80余名，其中大专以上学历50余人，高级教师20余人。

武教部设散打部和套路部；文教部设中专部、中学部、小学部，分部训练、分班教学。

学校现为新西兰皇家商学院"中国分院培训基地"、武汉体育学院培训基地、西安体育学院培训基地。

学校拥有身怀武功的教练团队，具有中级以上职称的文化课教师，还有一批具有较强管理能力的管理团队。

学校培养了一大批优秀人才。向北京体育大学、天津体院、洛阳警察学院、广州体院、成都体院等体院输送数百名优秀学员。数十年来，学校在国际、国家、省、市组织的各级各类武术比赛中，共获金腰带五条；金、银、铜牌1000多枚，在其他武术比赛中获得的特别奖、一、二等奖举不胜举。先后荣获"全国十佳武术馆校""河南省武术馆校一级单位"等称号，被求是杂志社、中华家教万里行工作委员会评为"加强和改造未成年人思想道德建设先进单位"，并被中华人民共和国未成年人保护行动中原行组委会授予"未成年人保护先进单位""登封市武术馆校目标考核特等奖"；学校培养的表演队曾多次为国家领导人和众多外国使节团进行专场表演，为宣传河南、弘扬少林武术，使少林武术走向世界作出了杰出贡献。

学校的办学宗旨是弘扬中华武术、强身健体、崇文尚武，为国家培育优秀人才。力争通过文化课使每位学员达到中学及中专学历，成为高等院校的人才输送基地，拥有较强就业能力。

九、嵩山少林武术职业学院

嵩山少林武术职业学院位于河南郑州登封市嵩山路南段，是2004年经河南省人民政府批准、教育部备案成立的高等职业院校，国家汉语国际推广少林武术基地、中国人民解放军特种作战人才培养输送基地、河南省高水平专业建设单位、河南省文化改革发展人才培养基地和河南省中华优秀传统文化传承基地。

学院坚持"武术为根、文化为魂、育人为本"的办学理念，坚持"立足河南、辐射全国、走向世界"的办学定位，以培养应用型人才为中心，以"武术教育事业、武术文化产业、健康服务行业和国防与安全领域"为发展方向，积极探索校企合作、文武融合、工学结合、知行合一的人才培养路径，培养德智体美劳全面发展的高素质、复合型技术技能人才。现有9个院系（部），40余个本、专科专业（方向），先后与华北水利水电大学、河南中医药大学开展联办本科项目，形成了以普通专科教育为主，五年一贯制专科和本科教育共同发展的学历教育、职业培训、社会服务为一体的办学格局，毕业生就业率达97%以上。

学院是中国人民解放军特种作战人才培养输送基地，3000余名优秀大学生参军入伍，1000余人到武警"猎鹰（雪豹）突击队"、空军"雷神突击队"、海军陆战队及陆军各集团军特战旅等特种部队服役，先后有4人次荣立一等功，12人次荣立二等功，真正做到为党育人、为国育才。学院连续4年被评为"河南省征兵工作先进单位"。

学院是首批国家汉语国际推广少林武术基地，肩负着全球孔子学院、孔子课堂和汉语教学机构的汉语武术教学、武术文化巡演、国际中学生夏令营的承办任务。现已承办18届国际学生汉语武术夏令营（秋、冬令营）、接待了70余批国（境）外校长团（代表团）；向美国、英国等45个国家外派汉语和武术教师、志愿者380余人次；编写《快乐武术学汉语》《传统少林武术套路集成》等系列对外教学教材；"武林汉韵"巡演团先后到14个国家和地区进行文化交流巡演，受众数百万人。学院以武术为特色的文化交流活动已成为河南省和国家对外交往的一张名片。

学院自创办以来先后荣获"全省民办教育系统先进集体""河南省优秀民办学校""河南省最具就业竞争力示范院校""全省民办教育十大名校""民办职业教育十佳单位""河南省教育系统平安校园建设先进单位""河南省职业教育特色院校"和"河南省国际化特色学校"等多项荣誉称号。

学院直属少林塔沟教育集团管理。

第五节 少林武术节与少林拳
赛事、文化活动

随着国家的富强、经济的腾飞、少林武术的兴旺发达，有关少林武术的比赛活动也随之蓬勃发展，各层次赛事活动连续不断。

一、少林寺所在地的武术赛事活动

少林寺所在地的登封市内有众多的武术学校，为了对其加强管理，职能管理部门不但制定各项管理条例，而且自1988年以来，每年都专门组织年度少林武术比赛大会。其竞赛项目有套路、散打、集体项目等。各个武术学校、场馆单位必须参加，有力地促进了本地区少林武术间的相互竞争。随着各个武术学校规模的扩大，人才的不断输入、输出，少林武术的习练人数日益增多，优胜劣汰效应明显。武术竞赛大会渐现诸多矛盾，较大的武术学校之间竞争十分激烈。较小的武术学校在与大的学校进行竞争过程中，实力明显不足，无法抗衡，总以失败而告终。所以，登封市年度武术学校的比赛引起巨大争议，到了2016年，此类比赛终止。由于社会经济的快速发展，全国各地的各类武术比赛大会频频举办，为了鼓励人们参与，彰显大会规模与参赛人数，所以，参赛者的门槛要求较低，参赛者大都能在省级、国家级别的传统武术比赛中获得好成绩。各武术学校组队参加外地组织的各类武术比赛活动，成绩优异，为学校争得不少光彩。

二、少林武术节活动三部曲

(一) 国际少林武术旅游节

1988 年至 1991 年，位于少林寺东 500 米、由国家旅游局和河南省旅游局投资的嵩山少林寺武术馆落成。1988 年 10 月、1989 年 10 月、1990 年 10 月，嵩山少林寺武术馆连续三年承办了国际少林武术旅游节。来自国内外的众多武术爱好者纷纷组队参加，规模与档次逐年攀升。比赛在嵩山少林寺武术馆内举行，异常火爆，热闹非常。为适应武术发展的所需，1989 年，河南省旅游局等单位又继续投资在嵩山少林寺武术馆对面建起了嵩山少林寺武术馆演武场，可供 2 万人以上游客观看武术表演。少林武术旅游节接连举办了三届，到了 1991 年，升格为郑州国际少林武术节，比赛地也挪到了郑州。嵩山少林寺武术馆虽然不再承担国际武术比赛活动，但组团出国对外演出，或每天在馆里定时为游客进行武术专场表演却成了常态化。

(二) 郑州国际少林武术节

1991 年，在国际少林武术旅游节的基础上，郑州市政府与登封市政府决定举行国际少林武术节。其宗旨是"武术搭台，经济唱戏"，振兴地方经济，提高地方知名度，推动少林武术走向世界。大会的成功举办，效果突出。其后，国际少林武术节获得进一步发展，正式升格为由郑州市政府主办，活动也定名为郑州国际少林武术节。武术竞赛会场定在郑州市体育馆。

(三) 中国郑州国际少林武术节

2000 年至 2018 年，郑州国际少林武术节又升格为河南省人民政府与国家体育总局联合主办。每两年举行一次。大会名字也改为中国郑州国际少林武术节。具体承办单位有郑州市人民政府、国家体育总局武术运动管理中心、河南省体育局。中国郑州国际少林武术节期间，来自世界各国的武术爱好者云集郑州参赛。而少林武术的展示活动则分摊给登封市各个武术学校。赛前，大会组委会组织国内外来宾到少林寺参观。此时，从登封市至少林寺的 10 公里大道两旁，各个武术学校的师生组成别开生面的武术大汇展，组成武术方阵，少林功夫、禅宗文化等节目一齐呈现出来，实令观者目不暇接、激动不已、惊奇万分。武术节目的内容、形式、规模堪称武术大观，凸显出了少林武术文化圣地的独特魅力。截至 2018 年，中国郑州国际少林武术节已经举办了十二届。人们以武会友，同台竞技，相互促进，相互学习，有力地促进了少林武术的普及与发展，张扬了少林武术的悠久历史及丰富内涵。

三、全国少林拳比赛大会

为适应形势发展和实际需要，经国家体育总局武术运动管理中心批准，全国性质的专项武术赛事活动——"全国少林拳比赛大会"于 2010 年成功举办。此赛每两年举行一届，与"中国郑州国际少林武术节"交替举办。大会期间，全国各地的少林武术组织积极组队参加比赛，就人数来讲，登封当地各武术学校的参赛人数占绝对优势。一个单项拳种，具备全国性质的竞赛大会，少林拳当属首例，其原因就在于少林拳历史悠久，普及面广，习练者人数众多。

四、少林武术文化产业

2018 年，文化部公布了一项关于中华文化品牌的调查报告，结果显示，"少林功夫"名列榜首。少林拳作为一个拳种，之所以能够在世界范围里享有盛誉，究其原因，在于历史文化底蕴深厚，其蕴含的精神深入人心。

(一)《禅宗少林·音乐大典》

文化是一个城市的名片，少林寺、少林功夫是登封市乃至河南、中国的一个知名文化品牌。《禅宗少林·音乐大典》就是少林寺禅与武的文化产物。

《禅宗少林·音乐大典》是世界最大的山地实景演出项目之一，由郑州市天人文化旅游有限责任公司投资建设。项目总投资 3.5 亿人民币，演出项目投资 1.15 亿人民币。地址在登封市西 10 公里的待仙沟，距少林寺 7 公里。其表演舞台依托一处大峡谷，呈竖状排列，近、中、远景层次分明。峡谷内有溪水、树林、石桥等实景表演要素。演出最高点 1400 米，为世界最大的山地实景舞台。观众席由曲折的木廊和庙宇形态的建筑构成，与自然景观和谐一致，观众席内放置古代常见的蒲团供观众坐用，可容纳 2700 位观众观看。

项目主创人员有：谭盾：音乐原创、艺术总监。国际著名音乐家，格莱美奖、奥斯卡金像奖最佳原创音乐奖等多项著名国际大奖得主。

梅帅元：编剧、导演、总制作人。中国"山水实景演出"创始人，曾经荣获中国曹禺戏剧文学奖、文华奖、"五个一工程"奖等，享受国务院特殊津贴。

黄豆豆：执行导演、舞蹈编导。国际著名舞蹈家，中国舞蹈家协会副主席。

易中天：禅学顾问。厦门大学教授。

《禅宗少林·音乐大典》实景演出由《水乐》《木乐》《风乐》《光乐》《石乐》五个乐章组成。

在整个演出过程中，武术是一大亮点，众多的武僧、精湛的武功、磅礴的气势、高昂的精神、矫健的姿态与禅有机配合，集中体现着中国古典哲学形而上的道与形而下的术的美妙结合。

（二）少林武术表演

进入少林寺，到处可以感受到禅与武的文化气息，人们不但可以观看雄伟朴实的寺院面貌，更可领悟到周边的武术氛围。除了嵩山少林寺武术馆每天定时进行武术专场表演外，具有千人以上规模的各武术学校，几乎都有自己的少林武术表演馆、表演团。表演团主要任务有四：一是进行武术项目的表演，满足旅游者需求。二是参加市级、省级、全国级、国际级各类武术赛事活动，争取好成绩。三是对国内外进行交流表演、商业演出，弘扬少林武术功夫。四是练得一身好武艺，为将来谋出路。表演项目大致内容有：少林拳的各种套路、各种器械套路、对练，集体项目表演、硬气功表演、童子功表演、实战表演、反映少林武术历史文化中的故事情节（编剧）表演、养生功表演等。

（三）武术器械的集散地

少林寺的所在地登封，既是世界各地武术爱好者的聚集地，也是武术各种兵器的大卖场，有需求就有供应。武术器械制造厂、加工厂、武术服装厂等应有尽有。武术人所需的各种器械，在登封市的武术城里都可寻到。刀枪剑戟、铛棍叉钯、斧镰钩拐、鞭铜锤爪、弓箭藤牌、护头护身、护裆护腿、手套头套、表演服装等，虽质量档次不一，但产品丰富、样样俱全。

（四）特色文化的彰显

各个武术学校在重视武术技术传授的基础上，还注重武术文化方面的建设，都十分重视文化课的开设。学员所学内容，与其他中小学所学内容基本一致。在规模较大、学生人数较多的武术学校还设有武术博物馆，主要陈列本校的历史发展过程、所获成绩、业绩等。

在武术学校，文化课与技术课的学习时间属平均对折。

（五）武术带动商业发展

历史上登封被视为小县。除少林寺大有名气以外，因交通不便，地处山区，商业发展极为落后。而随着经济的飞速发展，加之 1982 年电影《少林寺》的上映和改革开放政策的实施，旅游成了登封市的主流产业。宾馆住宿、地方特产、饮食等一系列消费使少林寺文化价值得到井喷式释放。各武术学校都设有属于自己的商店、食堂、洗衣店、洗澡堂、医务所等配套机构。一些大的武术学校还开设面向社会的特色酒店、影院、驾校等。禅武大酒店为四星级酒店，由鹅坡武术学校建造并管理，能承担国际级、国家级等大型会议及其他各种会议的接待工作；少林塔沟武术学校设有少林国际教学中心（宾馆）、学校招待所、汽车培训学校等，均对外开放，可为外来学员、观光人员提供食宿服务。小龙武院下设有小龙大酒店、奥斯卡小龙影视城；精武院设有精武大酒店。总之，各个武术学校都富有商业意识，围绕学生游客提供一条龙式服务。

（六）嵩山少林寺宝剑厂

1992 年，嵩山少林寺宝剑厂在嵩山少林寺武术馆正式挂牌成立，创始人曹延朝挖掘本地区传统锻造技术，锻造出多种样式的宝剑，其中"嵩山宝剑"为主打品牌。品种有嵩山第一剑、嵩山镇宅剑、太宗御剑、少林禅剑、仿清佩剑、乾隆佩剑、秦剑、汉剑、九龙剑、始皇剑、镇山剑及传统十八般兵器等。这些宝剑曾作为地方特产馈赠各国政要、功夫明星等。嵩山少林寺宝剑厂扩大生产规模，在登封市内又建立了分厂，由于产品精美，故常被游客作为心爱之品或纪念之物购置。

五、世界爱少林，"世界功夫之都"正在构建中

2018 年初，中央电视台发布"中国话语海外认知度调研报告"，报告称，中国话语海外认知度呈逐年上升趋势，其中对"少林""中国功夫"的认知度最高，有力证明了少林武术在世界人民心中的地位。

河南省、登封市以少林武术资源为主的综合性推广体系已初步形成，

当地政府正集中精力打造"世界功夫之都"这一文化品牌，计划方案也在制定中，继往开来，这里所产出的少林武术人才（运动员、教练员、教师、保安、军人、演员、编导）等在源源不断地流入社会，走向世界各地。少林武术、少林武术人才、少林武术产业将会出现新局面，新气象。

附录 少林寺、少林拳历史沿革大事年表

南北朝

北魏太和十九年（495），北魏孝文帝迁都洛阳。

太和二十年（496），孝文帝为安置天竺僧高僧跋陀敕建少林寺，净供法衣，取给公府，跋陀于寺西台建舍利塔，塔后建译经堂。

熙平二年（517），洛阳永宁寺建成，十七年后毁于火灾。南天竺僧菩提达摩到访此寺，后入少林寺后五乳峰下自然山洞中坐禅时达九年而终。

正光元年（520），跋陀弟子僧稠任少林寺住持。

东魏

天平元年（534），跋陀弟子、一代律学大师慧光随孝静帝迁邺都、任昭玄统。

天平三年（536），慧光圆寂，有《四分律疏》《玄宗论》《大乘义律章》《仁王七戒》《僧制十八条》等行世。

北齐

北齐乾明元年（560），僧稠圆寂，有《止观法》行世。

北周

北周建德二年（573），周武帝在太极殿召集群臣及僧、道辩论三教先后，少林寺等禅师出席。

建德六年（577），因周武帝灭佛，少林寺被废。

大象二年（580），周静帝下诏重兴佛道二教。少林寺复立，更名陟岵寺，置慧远、洪遵等 120 人为菩萨僧。七月十八日，慧光弟子法上圆寂，有《增一数法》《佛性论》《大乘义章》等行世。

隋朝

隋开皇元年（581），恢复少林寺名。

开皇中（581—600），隋文帝诏赐少林寺柏谷坞地一百顷。

大业十四年（618），天下大乱，少林寺为山贼所劫，塔院被焚、灵塔尚存。

唐朝

武德四年（621）四月二十七日，少林寺上座善护等十三僧，联合辕州司马赵孝宰等翻辕州城，执王世充侄王仁则归唐有功。三日后，秦王李世民奖赏十三位少林僧，其中昙宗被封为大将军。

武德八年（625）二月，秦王赐少林寺柏谷坞地四十顷，水碾一具。

贞观十九年（645）二月，三藏法师玄奘上表，请入少林寺译经，未准。

显庆二年（657）九月二十日，玄奘上表，请入少林寺译经、修禅，未准。

咸亨中（670—674），高宗巡幸少林寺，御题《金字般若碑》，留幡像及施物。

弘道元年（683），禅宗大师法如入少林寺。九月二十五日，武则天遣武三思送金、绢等物至少林寺，立《大唐天后御制愿文碑》，为亡母杨氏造功德。

万岁登封元年（696），少林寺为天册金轮圣神皇帝武则天、皇嗣李旦造塔于二祖庵。

景龙中（707—710），敕少林寺十大德和尚至唐王朝参政议政。

开元十一年（723）十一月，玄宗御书碑额七字及"太宗教书"，遣一行送赐少林寺。

开元十六年（728），少林寺立裴漼撰《皇唐嵩岳少林寺碑》。

元和九年（814），少林僧圆净与淄青节度使李师道合谋反唐未成。

会昌五年（845），武宗下诏毁佛寺，勒令僧尼还俗。

后周显德中（954—959），少林寺被废。

宋朝

元祐二年（1087），报恩开法于少林寺。约于此时，少林寺"革律为禅"。

元符三年（1100），登封县令楼异请建初祖庵，时广庆住持少林寺。

崇宁元年（1102），皇帝下制，天下每州择一寺更为禅寺。

宣和四年（1122），于初祖庵立"面壁之塔"，太师鲁国公蔡京书塔额，河南尹范致虚立石。

宣和七年（1125），初祖庵建成。

金代

正隆二年（1153—1157），少林寺住持祖端立《妙色那罗延金刚神像碑》。

大安元年（1209），立三教圣像碑于少林寺，法席大盛。

兴定四年（1220），住持僧志隆创设"少林药局"。

兴定六年（1222），屏山居士李纯甫撰《重修面壁庵记》《新修雪庭西舍记》，并立碑于初祖庵。

元朝

蒙元称制元年（1242），曹洞宗宗师万松派遣大弟子福裕主持少林寺。

1245年，福裕受忽必烈之命，在少林寺作资戒大会。

定宗三年（1248），福裕为都僧省总统，收回佛寺二百三十七处。

宪宗八年（1258），忽必烈在哈喇和林主持举行佛、道大辩论。福裕为首僧代表佛教界参与辩论，最终，道派败。

中统元年（1260），福裕荣膺"光宗正法大禅师"，任大都大万寿寺住持，计十四年。其间分建和林、燕蓟、长安、太原、洛阳五少林。

至元十二年（1275），福裕圆寂，刊有《雪庭和尚语录》行世。

皇庆元年（1312），谥福裕为晋国公。

泰定四年（1327），日本山阴道但州正法禅寺僧邵元入华，两年后至少林寺，住二十一年，任书记、首座等职。

至正五年（1345），淳拙第二次主持少林寺，立梁武帝撰《达摩碑》。

至正八年（1348）蓟县盘山北少林寺住持巢云云威去世。

至正十一年（1351）三月二十六日，颖州红巾军至少林寺，紧那罗僧以神异阻之。

至正二十一年（1361），天下动乱，少林寺僧仅存二十多人。

明朝

洪武六年（1373），天下大乱，此寺失守。

永乐七年（1409），周定王得子，造玉佛分送少林寺、会善寺、法王寺。

弘治十四年（1501），西天梵僧受古梅住持之请，任少林寺劝缘僧。

正德五年（1510），霸州农民刘氏起事，少林僧奉命出征讨伐。

嘉靖元年（1522），山东青州矿工王堂起事，少林寺武僧奉命征伐。

嘉靖二十七年（1548），少林寺武僧三奇周友立塔，敕名"天下对手，教会武僧"。

嘉靖三十一年至三十三年（1552—1554），少林寺武僧三十多人奉命赴沿海抗击倭寇。

嘉靖三十四年（1555），徽王府为少林寺修建牌坊。

嘉靖四十年（1561），抗倭名将俞大猷至少林寺观武，认为"真诀皆失"，选寺僧宗擎、普从随其学习临阵棍法。

嘉靖四十二年（1563），西天梵僧弟子扁囤和尚圆寂。

嘉靖四十四年（1565），郑王之子朱载堉立《混元三教九流图》于少林寺。

隆庆间（1567—1572），程宗猷等一行入少林寺习武，跟洪纪、宗恕、宗岱等学习少林棍法。

万历九年（1581），因少林寺在与刘六刘七、王堂、师尚诏的战斗中阵亡数僧，立有《豁免粮差碑》。

万历十六年（1588），创建千佛殿，贮神宗母李太后所颁续刻藏经。

万历二十九年（1601），进士公鼐观少林寺众武僧表演后，写《少林观僧比试歌》。

万历三十六年（1608），金忠士写有《游嵩山少林寺记》，其中记述有"观群僧角艺"之事。

万历三十七年（1609），无言主持少林，计十七年。袁宏道游少林，写下《嵩游记》，记述少林武僧的习武状况。

万历四十一年（1613），浙江余杭人陈元赟入少林寺习武，1619 年东渡日本，传少林拳棍等于日本，被日本人奉为"柔道鼻祖"。

万历四十三年（1615），文翔凤《嵩高游记》载："观六十僧，以掌搏者、剑者、鞭者、戟者……"

万历四十四年（1616），程宗猷《少林棍法阐宗》一书面世。

万历四十七年（1619），为都提举，征战有功万安同顺，授教师本乐宗武立塔。

天启三年（1623）二月，徐霞客游少林寺。

崇祯八年（1635），农民马守应率数万人攻打陕州，少林僧协助知州史记言守城。

崇祯十一年（1638），登封农民李际遇起义，少林僧参与其中。

崇祯十四年冬（1641），李自成军入豫，李际遇与之合军，攻克登封县城。兵部尚书杨嗣昌调用少林僧兵 70 人随军征战。

清朝

顺治十一年（1654），寺僧立《修建天地冥阳水陆赈孤荐祖三载功勋圆满碑记》。

康熙十六年（1677），顾炎武《天下郡国利病书》一书中写道："至今寺僧以技击闻，其由来已久矣。"

康熙四十三年（1704），御书"宝树芳莲"及"少林寺"匾额，赐少林寺。

雍正十三年（1735），御批重修少林寺，整顿少林寺门头。乾隆初年，由河东总督、河南巡抚王士俊主持重修少林寺，费银九千两。

乾隆十三年（1748），施奕簪、焦如蘅编定《少林寺志》四卷，五万余字，刊行面世。

乾隆十五年（1750）九月三十日，巡幸少林寺，题诗书匾，夜宿少林寺方丈室。

乾隆二十七年（1762），《少林衣钵》刊印本面世。

乾隆四十年（1775），河南巡抚徐绩主持重修少林寺千佛殿，次年竣工。

道光八年（1828），官员麟庆来少林要求参观少林僧表演。

道光八年（1828），河南巡抚杨国桢等捐金 3700 余两，重修少林寺，是年竣工。

道光二十六年（1846），《西来堂志善碑》立于少林寺，碑文记载了湛声等武僧入寺习武之事。

道光三十年（1850），登封县僧会司德武发心重造"少阳桥"，用时三年，是年竣工。

咸丰四年（1854），王祖源入少林寺习《易筋经》。

同治元年（1862），捻军西征，三月至九月两次过登封县境，是年蝗灾。

光绪七年（1881），王祖源《内功图说》面世。

光绪十九年（1893），周元钊等人重修佛殿。

光绪二十五年（1899），张孔昭、曹焕斗《拳经·拳法备要》在上海出版，1912年复印。

宣统三年至1920年（1911—1920），上海《天铎报》公开刊登具有反清性质的《少林宗法》。

中华民国

1911—1920年，时局动乱，土匪蜂起，少林寺成立保卫团，当家和尚恒林任团长。

1916年，王云华修葺紧那罗王神殿。

1922年，日本各界在名古屋举办"陈元赟二百五十年追远会并遗品展览会"，追颂我国明代东渡日本的少林拳师陈元赟的特殊功绩。

1923年，恒林圆寂，弟子妙兴继任。吴佩孚部收编少林寺保卫团为第一团，妙兴任团长。

1927年，妙兴率团赴舞阳县与任应岐部交战阵亡。

1927年，中央国术馆成立，少林拳被列为重要的习练课程。

1928年3月15日，军阀石友三火烧少林寺。天王殿、大雄宝殿、客堂、钟鼓楼、藏经楼及所藏之大藏经、《少林寺志》木版、北朝石刻造像碑等皆毁。这是少林寺历史上继隋末大火之后被烧得最为惨重的一次，少林精华，特别是史料典籍尽遭浩劫。

1929年，少林寺当家和尚贞绪等召回少林寺优秀弟子，重整旗鼓，训练武僧，延传少林武术。

1930 年，唐豪《少林武当考》出版。

1936 年，日本人宗道臣曾进入少林寺学习少林拳。

1936 年，蒋介石参观少林寺。

1941 年，少林僧创办少林中学，习文练武。

1911—1945 年，少林武术相关著作相继面世。

1946 年，宗道臣回国后创建"日本少林寺拳法联盟"，弟子百万以上。

中华人民共和国成立以来

1951 年，登封县人民政府拨款，维修少林寺千佛殿，开始了新中国成立后对少林寺的第一次维修。

1955 年，许世友（少时在少林寺习武）被授予上将军衔。

1957 年，国家体育运动委员会武术处为制定武术竞赛规则，蔡龙云一行来少林寺考察，与释德根进行交流。

1962 年 8 月，53 岁的海灯法师回四川，受到成都武术界热烈欢迎，并进行了"金钟罩""六通罗汉拳""二指禅"表演。

1963 年，少林寺被河南省人民政府列为省级重点文物保护单位。

1973 年，由河南省人民政府及开封地区行政公署（当时登封归开封地区管辖）投资，登封县人民政府成立了"整修少林寺领导小组"，于次年组织实施了新中国成立后首次大规模整修少林寺工程。

1974 年，落架翻修少林寺山门，并整理少林寺寺院。

1978 年，河南省军区、河南省公安局、河南省人民政府外事办公室联合发文，宣布嵩山风景区的少林寺等景点对外开放。

1979 年，河南省人民政府决定对少林寺进行全面整修，成立了由河南省人民政府外事办公室、省文化局、开封地区行政公署、登封县委、县人民政府等组成的少林寺整修领导小组，共投资 500 多万元，历时十年。

1979 年 4 月 10 日至 15 日，经中国对外友协廖承志会长批准，日本少林寺拳法联盟首领宗道臣一行 70 余人来少林寺归宗朝圣，这是他阔别少林 40 余年后的一次朝圣活动。

1980 年 4 月，宗道臣和女儿宗由贵及其弟子们在少林寺刻立"宗道臣大和尚归山纪念碑"。

1980 年，香港中原影业公司根据"十三棍僧救唐王"的故事，拍摄了大型功夫片《少林寺》。

1980 年 11 月 20 日至 27 日，应日本少林寺拳法联盟邀请，中国武术协会副主席蔡龙云，少林拳师梁以全、耿合营等随同中国体育代表团对日本进行了为期 8 天的访问，其间，蔡龙云表演少林罗汉十八手，梁以全、耿合营表演了少林长拳、大洪拳、双拐、七星拳等。

1981 年，登封县业余武术体校更名为登封县少林武术体校。

1982 年，电影《少林寺》上映后，全世界掀起学习少林武术的热潮。

1987 年，由河南省旅游局出资的"嵩山少林寺武术馆"落成。

1987 年，"天下第一名刹"石牌坊建成，时任国防部长张爱萍题"天下第一名刹""禅宗祖庭""武林胜地"14 个大字。

1988 年，河南大学与登封县政府联合创办"河南大学少林武术学院"。

1988 年，第一届国际少林武术旅游节举行，比赛场馆为嵩山少林寺武术馆。

1988 年 6 月，少林寺武僧团成立。

1989 年，第二届国际少林武术旅游节在嵩山少林寺武术馆举行。

1989 年，全国少林拳学术研讨会在少林寺客堂举行。

1990 年，第三届国际少林武术旅游节在嵩山少林寺武术馆举行。

1990 年 9 月，国际少林拳学术研讨会在少林寺举行。

1991 年 7 月，历时 7 年的少林寺大雄宝殿重建工程竣工。全国政协副主席、中国佛教协会会长赵朴初题写"大雄宝殿"匾额。

1991 年 9 月，第一届中国郑州国际少林武术节举行，标志着少林武术、旅游和文化以更大的步伐向世界迈进，来自世界五大洲 60 多个国家和地区的运动员参加了这一武术盛会。比赛场地为嵩山少林寺武术馆。

1992 年 4 月，中国佛教协会会长赵朴初到少林寺参观。

1992 年 10 月，第二届中国郑州国际少林武术节在嵩山少林寺武术馆举行。

1993 年 10 月，第三届中国郑州国际少林武术节在嵩山少林寺武术馆举行。

1995 年 9 月，少林寺举行建寺 1500 周年庆祝仪式，中国邮政总局专门发行纪念币。

1995 年 10 月，第四届中国郑州国际少林武术节在郑州市体育馆进行。

1996 年，德虔（俗名王长青）著《少林武术大全》由北京体育大学出版社出版发行。此书是在少林寺和尚永祥手抄本《少林拳谱》的基础上编纂而来。

1997 年，永信大和尚率武僧团到马来西亚举行巡回义演活动。

1997 年 10 月，第五届中国郑州国际少林武术节在郑州市体育馆举行。

1998 年 3 月，永信和尚当选为第九届全国人民代表大会代表。

1999 年 8 月，永信担任少林寺方丈。同年 11 月，应英国白金汉宫邀请，率少林寺武僧团参加"1999 英国皇家综艺晚会"，并受到英国女王的亲切接见。

1999 年 10 月，第六届中国郑州国际少林武术节在郑州市体育馆举行。

2000 年 8 月，登封市体育局评定出"少林拳十大拳师""少林拳十八金刚""少林拳十八罗汉"，表彰众多少林武术先进人物，进一步扩大少林武术影响。

2000 年 10 月，全国少林拳比赛在登封举行。这是单项拳种的赛事活动。

2001 年 9 月，第七届中国郑州国际少林武术节在郑州市体育馆举行。

2001 年，《少林拳系列竞赛套路》（少林拳术、少林刀术、少林枪术、少林剑术、少林棍术）由人民体育出版社出版发行（主编张山、统稿副主编栗胜夫、执行主编初稿执笔人郑跃峰）。

2002 年 8 月，全国少林拳比赛大会在登封举行。

2003 年 4 月，少林功夫国际学术研讨会在登封举行。

2004 年 1 月，《中国武术教程》由人民体育出版社出版。栗胜夫教授执笔少林拳一节，少林拳首次被列入全国高等院校武术教材中。

2004 年 4 月，俄罗斯国防部长伊万诺夫由时任中国国防部长曹刚川陪同参观少林寺。

2004 年 10 月，首届世界传统武术节在郑州举行，登封举行盛大迎宾活动——《龙腾少林》，活动沿环山路、北环路、207 国道至少林寺，全长 18 公里的公路两侧由 83 所武术学校、4.8 万名武术队员和 5000 名文艺演出人员组成了 530 个表演方阵，展示了少林武术圣地的精神面貌，场面宏大，震撼人心。

2005 年 10 月，"嵩山少林杯"第五届全国武术之乡武术比赛在登封举行，来自 23 个省市的 82 个武术之乡代表队 855 名运动员参赛，开幕会上，举行了武术大型团体操表演，气势恢宏，精彩夺目。

2006 年 3 月，俄罗斯总统普京访问少林寺，并观看了武僧的精彩表演。

2006 年 5 月，释永信、阿德著《少林功夫》出版发行。

2006 年 8 月，全国少林拳比赛大会在登封举行。

2007 年，《少林武魂》剧目被文化部授予"优秀出口文化产品服务项目奖"，在美国巡回演出 5 个半月。

2008 年 1 月，栗胜夫著《少林拳珍诀秘要》一书由人民体育出版社出版发行。

2008 年 9 月，第八届中国郑州国际少林武术节在郑州四十七中学体育馆举行。

2009 年，嵩山少林寺武术馆表演队进入美国高端演艺市场——美国百老汇侯爵剧场演出，纽约州州长和纽约市市长共同将首演日 2009 年 1 月 15 日定为"百老汇中国日"。该剧又连获美国"剧评人奖""托尼奖"两项大奖提名。

2010 年，释行宇著《少林齐眉棍》由成都时代出版社出版发行。

2010 年，德虔搜集保存的《少林拳谱》由人民体育出版社影印出版发行。

2011 年 7 月，《中国武术段位制》教材《少林拳》由高等教育出版社出版发行，执行主编为栗胜夫，副主编为冯宏鹏、郑跃峰，编委为孙刚、石勇。

2012 年 9 月，第九届中国郑州国际少林武术节比赛会场在郑州四十七中学体育馆举行。

2013 年 11 月，首批"河南省武术家"证书颁发仪式在漯河市举行，七名德高望重者（梁以全、刘宝山、栗胜夫、陈小旺、陈正雷、王西安、朱天才）当选。

2013 年 9 月，国家体育总局主办、河南省体育局承办的全国少林拳比赛大会在登封市举行。

2014 年 7 月，河南省体育局组织编纂《河南省武术志》工作正式启动，由栗胜夫执笔的"少林拳"为第一章第一节。

2014 年 9 月，第十届中国郑州国际少林武术节比赛会场在郑州四十七中学体育馆举行。

2015 年 9 月，国家体育总局主办、河南省体育局承办的全国少林拳比赛大会在登封举行。

2016 年 9 月，第十一届中国郑州国际少林武术节开幕式在登封举行，内容及规模为历届之最。比赛在郑州四十七中学体育馆举行。比赛期间，大会组织参赛人员到少林寺参观。

2017 年 9 月，国家体育总局主办、河南省体育局承办的全国少林拳比赛大会在登封举行。

2018 年 10 月，第十二届中国郑州国际少林武术节在登封举行。

2020 年 9 月，《河南省武术志》由大象出版社出版。

2020 年 11 月，栗胜夫编写的《少林拳文化概论》一书由人民体育出版社出版。

主要参考资料

（北齐）魏收：《魏书》。

（唐）道宣：《续高僧传》。

（宋）普济：《五灯会元》，中华书局 1984 年版。

（明）俞大猷：《正气堂集》，嘉靖四十年（1561）刊刻出版。

（明）戚继光：《纪效新书》，万历二十三年（1595）刊本。

（明）程宗猷：《耕余剩技》，万历三十八年（1610）刊本。

（明）傅梅：《嵩书》，万历四十年（1612）刻本。

（明）郑若曾：《江南经略》，万历四十二年（1614）刊本。

（明）茅元仪：《武备志》，天启元年（1621）刊本。

（清）吴殳：《手臂录》，山西科技出版社 2006 年版。

（清）焦复亨：《登封县志》，顺治九年（1652）本。

（清）施奕簪：《少林寺志》，乾隆十三年（1748）刻本。

（清）升霄道人：《少林衣钵》，乾隆二十七年（1762）刊本。

（清）张孔昭辑：《拳经·拳法备要》。

（清）洪亮吉：《登封县志》，乾隆五十二年（1787）本。

《易筋洗髓二经》，道光三年（1823）友竹山房刊本。

（清）王祖源：《内功图说》，光绪八年（1882）刊本。

（清）徐珂：《清稗类钞》（技勇类），中华书局 1986 年版。

《西来堂志善碑》，道光二十六年（1846）刊本。

上海《天铎报》连载《少林宗法》，1920 年版。

朱霞天：《少林护山子门罗汉拳图影》，中华书局 1935 年版。

尊我斋主人：《少林拳术秘诀》，中华书局 1936 年版。

[日] 松田隆智：《中国武术史略》，四川科学技术出版社 1984 年版。

无谷、刘志学：《少林寺资料集》，书目文献出版社 1982 年版。

梁以全：《嵩山少林拳法》，山东人民出版社 1982 年版。

高德江：《少林武术·连手短打、达摩杖》，黑龙江科学技术出版社 1982 年版。

张家泰：《少林寺》，中州古籍出版社 1980 年版。

赵宝俊：《少林寺》，上海人民出版社 1982 年版。

无谷、姚远：《少林寺资料集续编》，书目文献出版社 1984 年版。

蔡龙云：《少林拳棒阐宗》，浙江科学技术出版社 1983 年版。

少林武功编写组：《少林武功》，科学普及出版社广州分社 1983 年版。

张国臣等：《嵩山》，地质出版社 1983 年版。

薛后：《少林寺珍闻实录》，广东科技出版社 1983 年版。

德虔：《少林气功》，河南科学技术出版社 1983 年版。

黑龙江省武术协会：《少林拳技击》，黑龙江省出版总局 1983 年版。

河南省武术协会编：《少林武术》，河南科学技术出版社 1984 年版。

王西乾、刘振海：《少林武术》，河南科技出版社 1984 年版。

王西乾：《少林洪拳》，河南科技出版社 1984 年版。

编写组：《新编少林寺志》，中国旅游出版社 1985 年版。

编写组：《少林绝技秘本珍本汇编》，吉林科学技术出版社 1985 年版。

少室山人：《少林武术百科全书》，京华出版社 1999 年版。

刘胜魁：《少林十三抓》，中国展望出版社 1984 年版。

吴志寿：《少林正宗练步拳》，中国书店 1984 年版。

编写组:《少林寺与少林拳》,广东科技出版社 1984 年版。

屈春山:《少林诗钞》,河南人民出版社 1985 年版。

编写组:《少林绝技》,吉林科学技术出版社 1985 年版。

张国臣、马青海等编著:《少林搏击术》,北京体育学院出版社 1986 年版。

德虔整理:《少林寺伤科秘方》,北京体育学院出版社 1987 年版。

德虔编著:《少林功夫词典》,北京体育学院出版社 1988 年版。

德虔:《少林武僧志》,北京体育学院出版社 1988 年版。

吴佳明:《少林秘传绝技练功法》,福建科学技术出版社 1989 年版。

德虔编著:《少林武术大全》,北京体育学院出版社 1991 年版。

王雪宝:《嵩山少林寺碑刻选》,中国广播电视出版社 1992 年版。

甄秉浩:《少林寺全传》(上下),河南人民出版社 1993 年版。

徐长青:《少林寺与中国文化》,中州古籍出版社 1993 年版。

栗胜夫、蔡仲林:《少林棍棒技法》,河南大学出版社 1995 年版。

国家体育运动委员会、中国武术研究院:《中国少林拳系列规定套路》,河南大学出版社 1998 年版。

释永信主编:《少林武功医宗秘笈》,中华书局 1999 年版。

温玉成:《少林访古》,百花文艺出版社 1999 年版。

张国臣:《中国少林文化学》,河南人民出版社 1999 年版。

阎德华:《少林破壁》,山西科学技术出版社 2000 年版。

吕宏军:《嵩山少林寺》,河南人民出版社 2002 年版。

郑州市图书馆:《嵩岳文献丛刊》,中州古籍出版社 2003 年版。

刘振海、释永信:《少林拳谱》,宗教出版社 2003 年版。

徐哲东:《国技论略》,山西科学技术出版社 2003 年版。

国家体育总局武术运动管理中心:《中国少林拳竞赛套路》,人民体育出版社 2003 年版。

释永信主编：《少林寺》，宗教文化出版社 2005 年版。

吕宏军、滕磊：《少林功夫》，浙江人民出版社 2005 年版。

程宗猷：《少林弩法阐宗》，山西科学技术出版社 2006 年版。

程宗猷：《少林枪法阐宗·少林刀法阐宗》，山西科学技术出版社 2006 年版。

甄秉浩：《少林寺内传》，河南人民出版社 2006 年版。

中央技击学会：《国术大全》，山西科学技术出版社 2006 年版。

德虔、德炎：《中国少林武术大全》，北京体育大学出版社 2006 年版。

河南省嵩山风景名胜区管理委员会编著：《嵩山志》，河南人民出版社 2007 年版。

（清）施奕簪、叶封等：《少林寺志》，少林书局 2007 年版。

蔡志忠：《少林问禅》，上海人民出版社 2007 年版。

释永信：《少林功夫》，华龄出版社 2007 年版。

栗胜夫：《少林拳珍诀秘要》，人民体育出版社 2008 年版。

温玉成：《少林史话》，金城出版社 2009 年版。

升霄道人：《少林衣钵真传》，山西科学技术出版社 2009 年版。

登封市文化局：《登封文化志》，河南人民出版社 2009 年版。

德虔珍藏：《少林拳谱》1—8 册，人民体育出版社 2010 年版。

田建强：《少林内功真经》，安徽科学技术出版社 2010 年版。

陈火裕：《南少林五祖拳》，人民体育出版社 2010 年版。

释永信：《我心中的少林》，上海锦绣文章出版社 2010 年版。

唐豪：《少林拳术秘诀考证》，山西科学技术出版社 2011 年版。

卢庆辉、周焜民：《五祖拳述要》，泉州少林寺 2011 年版。

凌鸿德：《磨沟神韵》，东方文化出版社 2011 年版。

吕宏军、滕磊:《少林功夫》,文化艺术出版社 2012 年版。

释德扬:《少林寺大罗汉拳》,成都时代出版社 2015 年版。

潘长安主编:《永春少林寺》,海峡文艺出版社 2015 年版。

张广智等:《大嵩山》,大象出版社 2016 年版。

栗胜夫:《中华武术演进论》,人民出版社 2017 年版。

栗胜夫:《少林拳文化概论》,人民体育出版社 2020 年版。

《河南省武术志》编纂委员会编:《河南省武术志》,大象出版社 2020年版。

后 记

少林拳历史悠久、影响深远、传播广泛，是中华民族优秀的文化遗产，也是中华优秀传统文化走向世界的一张名片。少林拳出自少林寺，少林寺是禅宗祖庭，因此少林拳是一门以"拳禅合一"为突出特点的拳种，讲究拳禅一体、神形一片。关于少林拳的历史渊源和传承谱系有种种传说，但是能真正全面、系统、深度阐述的成果尚付阙如；长久以来，少林拳的传播大多靠师徒之间口传心授、身体示范，为方便传承，历代少林拳传人曾以文字的形式记录下一些方法要诀。这些资料经历时间和战火的考验流传至今，成为少林拳发展史上的宝贵资料，但是很多存在碎片化、不准确的弊病，急需考订；新中国成立以来，在党中央的正确领导下，少林拳这块中华优秀传统文化的金字招牌重新焕发光彩，远播四海，影响遍及世界五大洲。以少林拳为中心，教育培训、影视表演等行业蓬勃发展，涌现出一批对少林拳的传承发展作出重要贡献的人才。关于少林拳的新发展新贡献，也需要进行系统整理。综合以上原因，笔者四十余年来怀着对少林拳的深厚感情，坚持挖掘整理相关资料，决定撰写这部《嵩山少林拳志》。

多年来，不少专家学者已经对少林拳进行了深入研究，相关成果已有不少，但是为久负盛名、博大精深的少林拳撰写志书尚属首次，笔者在写作过程中深感不易。这是一个复杂的系统工程，需要考镜源流、严格选材。文献搜集、实地考察、碑文抄录、古迹考证、专家亲访、录音录像、资料对比、动作学练、辨别取舍等程序，均需琢磨考究。值得欣慰的是，虽然过程无比艰辛，笔者四十余年的孜孜探索终于在古稀之年有了初果，圆了心愿。

本书的完成离不开众多同道的大力支持与帮助。感谢河南大学黄河文明与可持续发展研究中心将本书列为重大项目并给予资金支持；感谢河南大学体育学院为笔者提供的良好工作环境；感谢少林塔沟武术学校创始人刘宝山、少林鹅坡武术学校创始人梁以全两位老校长的全方位支持与指导；感谢少林拳中青年专家刘海科、刘海钦、梁少宗、刁山多、陈同山、郑跃峰、陈俊杰、梁继红、王占洋、王志强等同志多方面的积极协助。

希望本书的出版能为少林拳的传承发展作出一点贡献，为有志于少林拳研究的学者提供有价值的参考。笔者在研究写作的路上踽踽独行，深知凭一己之力完成这部志书难免存在种种不足，恳请读者发现问题，不吝赐教。

栗胜夫

2023 年 11 月于河南大学武术文化研究所